教育部首批虚拟教研室建设试点项目成果
广东省本科高校教学质量与教学改革工程建设项目成果
广东省本科高校课程思政改革示范项目成果
21世纪经济管理新形态教材·金融学系列

区块链金融

主　编 ◎ 王小燕　王洪生　李因果
副主编 ◎ 梁焕磊　刘炳男　师冰洁
参　编 ◎ 谢文强　郭亚婕

清华大学出版社
北京

内 容 简 介

本书内容主要分为五个部分。第一部分（第一、二章）区块链技术，主要介绍了区块链、区块链的核心技术。第二部分（第三章）区块链金融原理，主要包括区块链信任机理、区块链金融优势、区块链金融典型应用案例等。第三部分（第四章至第九章）区块链金融应用，主要按照货币应用与非币应用的逻辑展开，介绍了数字货币、数字票据、区块链与跨境支付、区块链与供应链金融、区块链与征信、区块链与保险。第四部分（第十章）区块链金融监管，主要介绍了区块链与金融监管。第五部分（第十一章）区块链金融实验，主要介绍区块链建链以及区块链在票据融资、跨境保理、商业保险等方面的实验项目。为使读者更好地理解区块链技术在金融领域的应用，本书在阐述区块链技术基础上，引入大量应用场景、区块链金融案例以及区块链金融实验。同时，为了更好地实现思政育人，在每章加入思政课堂案例。

本书可作为高等院校金融类本科专业理论与实验教学用书，也可作为相关金融机构或者金融科技企业的岗位培训和自学用书。

本书封面贴有清华大学出版社防伪标签，无标签者不得销售。
版权所有，侵权必究。举报：010-62782989，beiqinquan@tup.tsinghua.edu.cn。

图书在版编目（CIP）数据

区块链金融/王小燕，王洪生，李因果主编. -- 北京：清华大学出版社，2025.1.
（21世纪经济管理新形态教材）. -- ISBN 978-7-302-68123-6

Ⅰ. F830.49

中国国家版本馆 CIP 数据核字第 2025D6Y355 号

责任编辑：徐永杰
封面设计：汉风唐韵
责任校对：王荣静
责任印制：刘 菲

出版发行：清华大学出版社
网　　址：https://www.tup.com.cn，https://www.wqxuetang.com
地　　址：北京清华大学学研大厦 A 座　　邮　编：100084
社 总 机：010-83470000　　　　　　　　邮　购：010-62786544
投稿与读者服务：010-62776969，c-service@tup.tsinghua.edu.cn
质量反馈：010-62772015，zhiliang@tup.tsinghua.edu.cn
印 装 者：河北鹏润印刷有限公司
经　　销：全国新华书店
开　　本：185 mm×260 mm　　印　张：18　　字　数：300千字
版　　次：2025 年 1 月第 1 版　　印　次：2025 年 1 月第 1 次印刷
定　　价：59.80 元

产品编号：096997-01

前　言

2022年，我国数字经济规模达50.2万亿元，总量稳居世界第二，占国内生产总值比重41.5%。[①] 党的二十大报告提出要"加快发展数字经济，促进数字经济和实体经济深度融合"，数字经济正成为中国式现代化的重要支撑。

区块链作为支撑数字经济发展的关键技术，被公认是继互联网之后最有潜力引发颠覆性革命的新一代信息技术，目前全球主要国家都在加快对它的布局。2016年底，我国将"区块链"首度写入了《"十三五"国家信息化规划》，强调要加强对区块链等新技术的创新、试验和应用，以实现抢占新一代信息技术主导权。2019年10月24日，习近平总书记在中共中央政治局第十八次集体学习时强调"区块链技术的集成应用在新的技术革新和产业变革中起着重要作用。我们要把区块链作为核心技术自主创新的重要突破口……加快推动区块链技术和产业创新发展"。

区块链技术是P2P（peer-to-peer，点对点或对等）网络、密码学、共识机制、智能合约（smart contract）等多种技术的集成创新，它本质上是一种去中心化的分布式账本数据库，能够实现数据可信共享和价值传递，因此在优化企业业务流程、降低运营成本、提升协同效率、实现监管穿透管理等方面具有技术优势。如何正确地认识区块链技术以更好发挥它在金融领域的价值，如何有效应用区块链技术更好地解决金融行业痛点、推动金融创新都是我们要面临的问题。与此同时，金融行业对区块链人才的需求变得非常迫切和广泛，不仅在区块链技术岗位上，而且在区块链运营、管理等方面人才存在大量缺口。

党的二十大报告指出，教育、科技、人才是全面建设社会主义现代化国家的基础性、战略性支撑。必须坚持科技是第一生产力、人才是第一资源、创新是第一动力，深入实施科教兴国战略、人才强国战略、创新驱动发展战略，开辟发展新领域新赛道，不断塑造发展新动能新优势。鉴于此，本书在查阅大量相关文献资料的基础上，通过对国内外现有区块链和区块链金融发展现状及研究成果的梳理，构建了关于区块链金融的技术框架和理论框架。本书通过对大量国内外区块链金融领域实践项目和区块链金融应用场景与案例介

---

① 2022年我国数字经济规模达50.2万亿元[EB/OL].（2023-04-28）. https://www.gov.cn/yaowen/2023-04/28/content_5753561.htm.

绍，希望使学习者领悟到区块链技术在未来全球数字经济竞争中的重要地位和作用。

本书共分五部分。

第一部分：区块链技术。本部分主要介绍了区块链技术原理和区块链底层技术，包括区块链的起源与发展，区块链的概念与基本原理、特征、类型，区块链的应用发展趋势，区块链系统的基础架构，以及密码安全技术、P2P网络技术、共识机制和智能合约。同时本部分还介绍了跨链、区块链大规模基础设施、多方安全计算（secure multi-party computation, MPC）等区块链扩展技术。

第二部分：区块链金融原理。本部分介绍了我国区块链金融的发展现状，社会信任机制的演变、区块链信任机理，区块链金融的基础架构，以及区块链在金融中应用的优势与面临的挑战。实践证明将区块链技术应用到金融领域，不但能够增强金融数据安全、实现数据共享、推动金融创新以及提高价值传递效率，而且能够有效解决信息不对称问题，帮助金融机构降低经营成本，提高企业效益。

第三部分，区块链金融应用。本部分应用"区块链+"思维，按货币应用与非币应用的逻辑展开，主要介绍了数字货币（digital currency）、数字票据以及区块链在跨境支付、供应链金融、征信、保险等金融领域的应用。其旨在让读者理解区块链赋能金融并非简单的技术叠加，而是一项复杂的系统性工程。

第四部分，区块链金融监管。本部分重点介绍区块链技术在金融领域应用可能给现有法律体系和监管框架带来的影响与挑战。

第五部分，区块链金融实验。本部分安排了区块链建链、区块链钱包搭建、区块链票据融资、区块链跨境保理和区块链商业保险等五个区块链在金融行业应用实验，通过知行合一，更好地领悟区块链技术带来的商业模式创新与应用价值。

本书由王小燕负责统稿，其中第一章至第五章由王小燕、刘炳男编写，第六章由梁焕磊编写，第七章由师冰洁编写，第八章由王小燕、谢文强编写，第九章由王洪生编写，第十章由李因果编写，第十一章由郭亚婕编写。感谢新工科联盟和北京知链科技有限公司为本书顺利出版提供的支持和帮助，感谢清华大学出版社徐永杰编辑的倾情付出。本书在写作过程中，参考和借鉴了相关领域专家、学者的理论和著作，以及大量行业研究报告，在此向他们致以诚挚的感谢！本书还得到了我的研究生袁晨亮、钟曼婷、肖燕玲同学的帮助，对他们细致的校稿工作表示感谢。

最后，竭诚希望广大读者对本书提出宝贵意见，以促使我们不断改进。但由于区块链技术的发展速度非常快，在金融中落地场景也层出不穷，加上编写时间和编者水平有限，书中的疏漏和不足之处在所难免，敬请广大读者批评指正，以便日后充实和完善。

王小燕

2023年5月

目 录

第一章　区块链概述 ··· 001
　【学习目标】 ·· 001
　【能力目标】 ·· 001
　【思维导图】 ·· 002
　【导入案例】 ·· 002
　　第一节　区块链的起源与发展历程 ··· 003
　　第二节　区块链的定义 ··· 005
　　第三节　区块链的基本原理 ·· 007
　　第四节　区块链技术的"不可能三角" ·· 013
　　第五节　区块链发展现状与趋势 ··· 016
　【本章小结】 ·· 024
　【复习思考题】 ·· 025

第二章　区块链的核心技术 ·· 026
　【学习目标】 ·· 026
　【能力目标】 ·· 026
　【思维导图】 ·· 027
　【导入案例】 ·· 028
　　第一节　区块链系统基础架构 ··· 028
　　第二节　密码学与安全技术 ·· 032
　　第三节　P2P 网络 ··· 041
　　第四节　共识机制 ··· 044
　　第五节　智能合约 ··· 048
　　第六节　区块链的扩展技术 ·· 053

【本章小结】…………………………………………………………… 061
【复习思考题】………………………………………………………… 061

第三章 区块链金融概述……………………………………… 062

【学习目标】…………………………………………………………… 062
【能力目标】…………………………………………………………… 062
【思维导图】…………………………………………………………… 063
【导入案例】…………………………………………………………… 064
第一节　我国区块链金融发展概述…………………………………… 064
第二节　区块链信任…………………………………………………… 069
第三节　区块链金融的基础架构……………………………………… 074
第四节　区块链应用在金融中的优势………………………………… 076
第五节　区块链金融典型应用案例…………………………………… 080
第六节　区块链金融发展中面临的主要挑战………………………… 085
第七节　促进我国区块链金融健康发展对策建议…………………… 088
【本章小结】…………………………………………………………… 091
【复习思考题】………………………………………………………… 091

第四章 数字货币……………………………………………… 092

【学习目标】…………………………………………………………… 092
【能力目标】…………………………………………………………… 092
【思维导图】…………………………………………………………… 093
【导入案例】…………………………………………………………… 093
第一节　数字货币概述………………………………………………… 093
第二节　数字货币的发展现状………………………………………… 101
第三节　典型的央行数字货币实践…………………………………… 107
【本章小结】…………………………………………………………… 118
【复习思考题】………………………………………………………… 118

第五章 数字票据……………………………………………… 119

【学习目标】…………………………………………………………… 119
【能力目标】…………………………………………………………… 119

【思维导图】 120
　　【导入案例】 120
　　第一节　票据及票据业务概述 121
　　第二节　区块链技术与票据业务的适配性 126
　　第三节　数字票据概述 127
　　第四节　数字票据平台介绍 130
　　第五节　数字票据应用案例 133
　　【本章小结】 136
　　【复习思考题】 137

第六章　区块链与跨境支付 138
　　【学习目标】 138
　　【能力目标】 138
　　【思维导图】 139
　　【导入案例】 139
　　第一节　跨境支付概述 140
　　第二节　区块链＋跨境支付 148
　　第三节　区块链＋跨境支付案例 154
　　【本章小结】 158
　　【复习思考题】 159

第七章　区块链与供应链金融 160
　　【学习目标】 160
　　【能力目标】 160
　　【思维导图】 161
　　【导入案例】 161
　　第一节　供应链金融概述 162
　　第二节　区块链在供应链金融中的应用优势 175
　　第三节　区块链在供应链金融中的创新场景 176
　　第四节　区块链供应链金融案例 180
　　【本章小结】 185
　　【复习思考题】 185

第八章　区块链与征信 ································ 186
【学习目标】································ 186
【能力目标】································ 186
【思维导图】································ 187
【导入案例】································ 187
第一节　征信概述 ································ 188
第二节　我国征信业概述 ································ 190
第三节　区块链在征信业中的应用优势 ································ 194
第四节　征信业区块链应用模式 ································ 197
第五节　区块链征信应用案例 ································ 199
第六节　区块链在征信业应用中面临的挑战与对策 ································ 204
【本章小结】································ 207
【复习思考题】································ 207

第九章　区块链与保险 ································ 208
【学习目标】································ 208
【能力目标】································ 208
【思维导图】································ 209
【导入案例】································ 209
第一节　数字转型中的保险业概述 ································ 210
第二节　区块链与保险业务的契合性分析 ································ 214
第三节　区块链在保险业中的应用优势 ································ 216
第四节　区块链技术在保险业中的典型应用场景 ································ 219
第五节　保险行业区块链应用案例 ································ 222
第六节　区块链技术在保险业应用中的挑战与建议 ································ 229
【本章小结】································ 233
【复习思考题】································ 233

第十章　区块链与金融监管 ································ 234
【学习目标】································ 234
【能力目标】································ 234
【思维导图】································ 235

【导入案例】 235
第一节 金融监管概述 236
第二节 区块链赋能监管科技 241
第三节 区块链技术对金融监管的影响 244
第四节 区块链金融监管的国际经验 250
第五节 中国区块链金融监管政策思考 257
【本章小结】 259
【复习思考题】 260

第十一章 区块链金融实验 261

【学习目标】 261
【能力目标】 261
实验一 区块链建链 262
实验二 区块链钱包搭建 262
实验三 区块链票据融资 263
实验四 区块链跨境保理 265
实验五 区块链商业保险 267

参考文献 269

第一章 区块链概述

【学习目标】

1. 了解区块链技术的相关概念和基本原理。
2. 熟悉区块链的构成与区块链的形成过程。
3. 掌握区块链主要技术应用和未来发展前景。

【能力目标】

1. 了解区块链技术的相关概念和基本理论,能自主查阅相关资料拓展知识。
2. 熟悉区块链技术的"不可能三角",培养学生的系统思维和批判性思维能力。
3. 掌握区块链的应用方向和发展趋势,提高学生的创新意识和技术应用能力。

【思维导图】

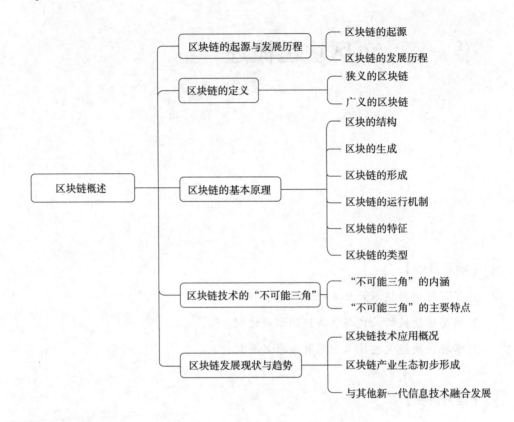

【导入案例】

区块链技术随着数字货币的出现进入一般大众的视野，并得到广泛关注。作为一种去中心化技术，区块链技术有可能演变成为继蒸汽机、电力、信息和互联网技术之后的第五次颠覆式革命技术。区块链技术对人类社会已经产生了广泛的影响，它被广泛应用于金融、政务、司法存证、版权保护、产品溯源等多个领域。要想深刻地理解区块链技术对金融行业产生的深远影响，更好发挥它在金融领域的价值，就需要理解区块链技术。

本章主要介绍了区块链技术的起源与发展、区块链的概念与基本原理、特征、类型以及区块链技术发展现状与趋势。

第一节 区块链的起源与发展历程

一、区块链的起源

2008 年,一位化名中本聪(Satoshi Nakamoto)的学者首次提出了区块链的概念,他构建了一套完全基于点对点技术实现的电子现金系统,提出了"基于密码学原理而非信用,使达成交易(transaction)的双方可直接进行支付、不需要第三方中介参与"的交易系统,该系统解决了在没有中心机构的参与下数字货币的发行和流通问题。2009 年 1 月 3 日,中本聪又将理论付诸实践,挖掘出第一个序号为 0 的创世区块,这标志着区块链的正式诞生。从那时起,区块链技术逐渐从一种数字货币的底层逻辑发展成为一项全球性的技术并迅速发展,被广泛应用于各种领域。它被认为是一种具有潜力的技术,可以应用于金融服务、供应链管理、智能合约、数字资产管理等领域,为实现去中心化、可信任和高效率的交易与数据管理提供了新的可能性。

二、区块链的发展历程

区块链专家梅兰妮·斯万[①](Melanie Swan)在其著作《区块链:新经济蓝图及导读》中,根据区块链技术在不同阶段的应用场景与实现功能,把区块链的发展划分为区块链 1.0、区块链 2.0 和区块链 3.0 三个阶段,目前得到了业界广泛的认可。

(一)区块链 1.0:数字货币(2008—2014 年)

区块链 1.0 以加密数字货币的应用为主,目标是实现数字货币的去中心化以及解决数字货币的交易与支付问题。

区块链的出现开启了无须"第三方信任机构"的数字货币时代,这项技术使去中心化的数字货币得到了大规模试验。数字货币的快速兴起,催生了大量的数字货币交易平台,同时也引起了各国中央银行、金融机构的广泛关注,越来越多的国内外金融机构开始"拥抱区块链"。由于越来越多的人认知到了区块链技术的价值,对区块链的研究与应用热情不断高涨,投入区块链技术的资源

---

① 梅兰妮·斯万是区块链研究所(Institute for Blockchain Studies)创始人,她解释了区块链在本质上是一个公开账簿,拥有成为所有资产的登记、编册和转让的全球性的、去中心化记录的潜力——这些资产不仅仅包括资金,也可应用于诸如投票、软件、健康数据和思想等各类财产和无形资产。

也开始不断增长。

从 2014 年开始，针对区块链技术的并购和投资便火热起来，包括巴克莱银行、桑坦德银行和摩根大通集团在内的全球众多金融机构开始积极开展区块链技术的研发和储备，为逐步将区块链技术应用到金融领域打下基础。2014 年，戴尔、微软等公司先后宣布加入开放式账本系统研发，区块链并购投资出现热潮。同时，许多国外大型金融机构和企业纷纷开展区块链技术的应用试验。分布式账本初创公司 R3 CEV、LLC 公司宣布与高盛、瑞士银行等几家银行结成联盟，共同开发区块链技术，共享区块链技术试验数据，共同探索区块链技术在金融领域的应用。同年，微软联合 R3 CEV 区块链联盟，共同研究并积极探索区块链技术，与全球 40 多家大型银行签署区块链合作项目。中国平安保险集团成为国内首家加入 R3 CEV 区块链联盟的金融机构。

（二）区块链 2.0：可编程金融（2015—2017 年）

2015 年被称为区块链元年，划时代的标志是《华尔街日报》刊文称"区块链是近 500 年以来金融领域最重要的突破"。2015 年 10 月 31 日，《经济学人》期刊刊登了《信任的机器》一文，该文提出"区块链是制造信任的机器"，区块链可以让人们在没有中央权威机构监督的情况下彼此之间建立起信任。并且其强调"区块链技术创新所承载的意义延伸价值远远超出了加密货币本身"。

进入 2016 年后，区块链价值的重要性开始被业界大规模地认识到。在这一阶段产生了运行在区块链上的智能合约，区块链技术应用进入可编程金融的区块链 2.0 阶段。智能合约作为区块链 2.0 时代的重要标志，是一种模块化、可重用、自动执行脚本的合约，其核心是应用程序算法替代人工来执行合约，其中，以太坊（Ethereum）是区块链 2.0 的典型代表，它实现了数字资产的编程应用，让一切有价物在技术上都可实现资产化。

通过应用智能合约区块链技术大大拓展了它的应用范围，其开始被应用于股权、债权和产权的登记、转让，以及延伸到保险、证券、租赁、征信、清算结算等金融合约的交易与执行等领域。2017 年世界经济论坛发布的区块链白皮书中预测，到 2025 年区块链产业的产值将占全球 GDP（国内生产总值）的 10%。

（三）区块链 3.0：可编程社会（2018 年至今）

区块链 3.0 被称为可编程社会，该阶段区块链技术突破了在金融领域的应用，作为一种泛解决方案开始被广泛应用在政府行政管理、金融、物流、物联网、企业供应链、医疗、法律、版权保护、社交通信等其他众多领域。区块链的应用提高了整个社会各个行业运行效率，由于区块链具有底层开源和创新业务多方共识（consensus）等逻辑，因此区块链成为未来整个 IT（信息技术）架构和互联网转型的重要支撑，它是价值互联网的核心。区块链技术让人类生活建立在许多应用和工具中，社会进入"可编程"状态和智能化的时代。

实际上，区块链发展的三个阶段仅是区块链技术应用的范围不同，从区块链 1.0 到区块链 3.0 都处于平行发展状态，区块链 1.0 是区块链技术的萌芽和主要在数字货币上的应用，区块链 2.0 是区块链在数字资产、智能合约方向的技术落地，区块链 3.0 是为了解决各行各业的信任问题与数据传递安全性的技术实现。

第二节　区块链的定义

区块链是一项集成了计算机科学、数学、密码学、经济学等多学科领域研究成果的组合式创新技术。在工业和信息化部信息化和软件服务业司及国家标准化管理委员会指导下，2016 年由中国区块链技术和产业发展论坛编写的《中国区块链技术和应用发展白皮书（2016）》是我国关于区块链技术的第一份官方指导文件，其中对区块链从狭义和广义两个层面进行了诠释。

一、狭义的区块链

狭义的区块链是指"一种按照时间顺序将数据区块以顺序相连的方式组合成的链式数据结构，并以密码学方式保证数据难以篡改和不可伪造的分布式账本"。

狭义的区块链也被称为分布式账本技术（distributed ledger technology，DLT），在中国人民银行 2020 年 2 月发布的《金融分布式账本技术安全规范》中，将分布式账本定义为"可以在多个站点、不同地理位置或者多个机构组成的可分享资产数据库"。

从数据结构的角度看，区块链是一条由哈希指针串联起来的区块链表，每个区块（block）中包含一系列交易。从系统的角度看，区块链是由多个互不信任的节点共同维护全网一致账本的分布式系统。从应用的角度看，区块链可以被看作一个根据时间顺序记录了某一时间段内所有发生交易的相关信息的完整"账本"。该"账本"最大的特点是只能对数据进行添加而不能删除，也就是说，区块链存储了所有的历史数据,并且以只增的方式进行维护。所有参与者共同记录、集体维护以保证账本的真实可信与安全。

分布式账本与中心化账本如图 1-1、图 1-2 所示,二者主要区别见表 1-1。

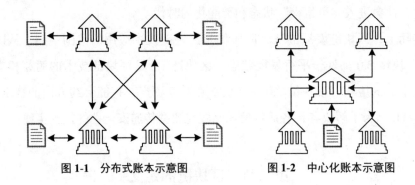

图 1-1　分布式账本示意图　　　图 1-2　中心化账本示意图

表 1-1　分布式账本与中心化账本的主要区别

项目	分布式账本	中心化账本
存储方式	分布式存储	中心化存储
审核方式	参与者共同审核	中心集中审核
共享方式	所有节点共享数据	不能共享数据
数据记账权	共识算法获得	中心指定
保密方式	非对称加密技术 + 哈希算法	密码

二、广义的区块链

广义上,区块链是指"利用区块链式数据结构来验证与存储数据、利用分布式节点共识算法来生成和更新数据、利用密码学的方式保证数据传输和访问的安全、利用自动化脚本代码组成的智能合约来编程和操作数据的一种全新的去中心化基础架构与分布式计算范式"。

从广义的区块链定义可以看出,区块链并不是"某一项技术",而是"多种技术"的有机整合,它整合了链式数据结构、P2P 网络技术、共识算法、密码学、自动化脚本等多种技术。其中,基于时间戳的链式区块结构、分布式网络的共识机制、可编程的智能合约是区块链技术最具代表性的创新。区块链技术实现的所有功能都是由这些技术共同支撑的,缺一不可。

从技术角度上，区块链主要解决了三个关键问题：①如何完整地存储数据并可实现数据追溯；②如何构建一个可以实现分布式共识的网络；③如何确保网络的安全运行。

区块链的本质是"一个去中心化的共享总账数据库"。作为公共的数据账本，区块链网络中每个节点都存有一个完整的数据备份，这意味着它存在高度的数据冗余。但这种数据冗余不只是为了保证系统的可靠性，甚至可以说基本不是为了确保系统的可靠性而作出的冗余，而是所有技术的设计与应用是为更好地维护好该分布式数据账本，以确保数据不可篡改、不可伪造，确保数据的高度透明与共享。

第三节 区块链的基本原理

"区块+链"的数据结构是区块链的核心技术之一。区块在区块链网络中承载交易数据，是一种标记有时间戳和前一区块的哈希值的数据结构；链是由区块按照发生的时间顺序，通过区块的哈希值串联而成的链式结构，是区块交易及状态变化的日志记录。

一、区块的结构

区块是构成区块链的基本单位，它主要由区块头和区块主体两部分组成，如图1-3所示。

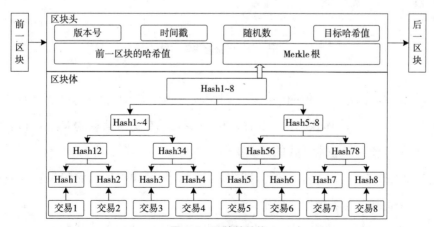

图1-3 区块的结构

（一）区块头

区块头主要包括区块的版本号、前一区块的哈希值、时间戳、随机数、区块产生的难度值、目标哈希值、区块的 Merkle 根等信息，见表 1-2。

表 1-2　区块头的构成

字段	描述
区块的版本号	标识软件及协议的相关版本信息
前一区块的哈希值	本区块的父区块头的哈希值，将本区块与前一区块组成首尾相连的区块链
时间戳	本区块产生的时间，精确到秒
随机数	本区块工作量证明算法的难度值
目标哈希值	本区块的哈希值
区块的 Merkle 根	该值由所有交易的哈希值生成，如果其中一个交易被修改，该值就会变化

（二）区块主体

区块主体用来存储数据，一般包含一段时间内所有的交易信息。所谓交易，是一次针对数据账本的操作，它会导致账本状态的一次改变。一个区块主体要至少包括一个交易，如添加一条转账记录。

二、区块的生成

区块的生成过程如图 1-4 所示。

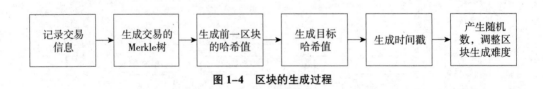

图 1-4　区块的生成过程

（1）记录交易信息。把网络上某个时间段的所有交易信息记录到区块体中。

（2）生成交易的 Merkle 树。在区块体中生成所有交易信息的 Merkle 树，并把 Merkle 树的根值存储在本区块的区块头中。

（3）生成前一区块的哈希值。把前一区块（父区块）的哈希值保存在本区块头的"前一区块的哈希值"字段中。

（4）生成目标哈希值。通过哈希算法将区块头中的数据生成哈希值，并保存在本区块头中的"目标哈希值"字段。

（5）生成时间戳。把当前时间保存在本区块头的"时间戳"字段中，其中，时间戳是用来证实该区块在某特定时间是存在的。

（6）产生随机数，调整区块生成难度。其代表本区块产生的难度值。难度值会随着前一段时间区块生成平均时间进行调整，以应对整个网络不断变化的计算量。如果计算量降低，系统会提高数学题的难度值。

在当前生成的区块加入区块链后，则开始下一个区块的生成。

三、区块链的形成

从外观上看，区块链是以区块为基本单位连接形成的链状数据结构，它是一个线性的链表，这也是"区块链"名字的来源，如图 1-5 所示。其中"链"是通过应用时间戳机制以确保一个个"区块"按生成的时间顺序连接起来。同时，在当前区块的区块头中都存有前一个区块（父区块）的哈希值，这样就形成了区块链。

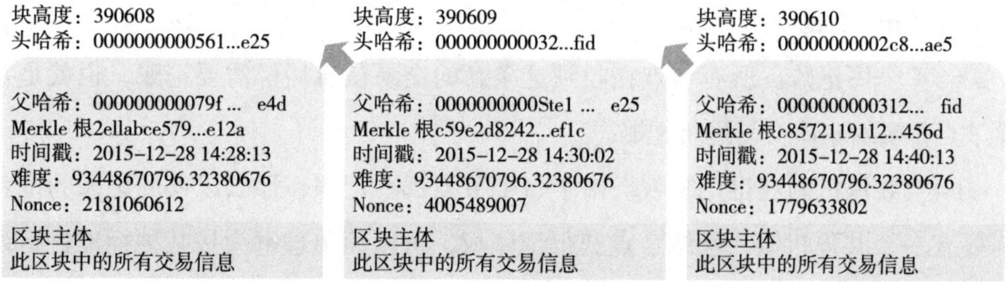

图 1-5 区块链示意图

四、区块链的运行机制

区块链中的每个区块就如同"总账"中的一页，都会记录从上一个区块生成后至本区块被创建的这段时间内所发生的全部交易信息，其中，交易信息可以是一条或者多条。生成添加一个新的区块就相当于账本上多了一页，从而保证了"总账"的完整性。网络中的任一节点都可以提议生成一个新的区块，但这个新的区块以及区块中的交易是否合法需要通过计算哈希值的方式进行检验，并经过共识机制对最终上链的区块达成一致。

区块链的运行机制理解起来并不复杂,它实际上就是针对整个交易状态变化的日志记录。如果把区块链看作一个状态机,那么每次交易就是试图改变一次状态;每次通过分布式网络共识机制生成的区块,就是参与者对区块中交易导致的状态改变结果进行的一次确认。

下面举例说明区块链如何运行,如图1-6所示。

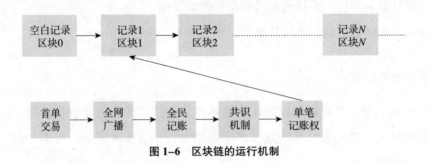

图1-6 区块链的运行机制

假设当前网络中还没有进行过任何的交易,也就是账本为空。

(1)首单交易。网络中的节点1与节点2进行了一次交易。

(2)全网广播。新的交易将向全网进行广播,也就是节点1与节点2的交易信息发送至网络中的每个节点。

(3)全民记账。所有节点在收到这条新的交易信息后都需要记账,也就是每个节点都要对本次交易进行记账。

(4)共识机制获得记账权。由于每个节点都在记账,那么以谁的记账为准就需要有一个共识机制,网络节点获得记账权,可以简单理解为按某种标准进行评比后择优录用,如以又快又准作为标准。经过共识机制后,假设网络所有节点都认为节点3对这笔账记得最快最准,那么就会把这笔交易的记账权授予节点3。

(5)写入区块并更新账本。节点3对这次交易的记录被确认为第1条记录写入区块。同时,由节点3对交易记录信息进行全网广播,其他节点就相当于获取了账本副本。

随着交易继续进行,以上(1)至(5)过程就会周而复始地进行下去。这样一条条的记录也就生成了网络中唯一的账本,形成了一个合法记账的区块链。

五、区块链的特征

区块链技术具有去中心化(decentralized)、防篡改性(untampered)、可追溯性

（traceability）、去信任（trustless）和自治性（autonomy）等主要特征。

（一）去中心化

去中心化是相对于中心化而言的，区块链系统采用的是分布式存储和计算，网络中没有中心化的服务器或管理机构。网络中每个节点都可以成为中心独立运行，每个节点权利与义务均等，任意两个节点之间都可以进行点对点交易而无须第三方机构介入。即使有节点出现故障或者遭受攻击，也不会影响整个网络的运行。

（二）防篡改性

防篡改性是指在区块链中每个节点都记录并保存了一个完整的历史交易数据账本，并由全网所有节点对数据进行集体维护，一旦交易数据经过全网节点的验证并添加到区块链就很难被修改或删除。这主要是因为区块链的数据结构保证了区块链数据的不可篡改。前面讲过，每个区块的区块头中都储存有上一个区块的哈希值，一旦链上某一区块记录的数据发生变动，该区块的哈希值就会随之改变，这就意味着后续所有区块内容都会发生变动，因此所有节点都能发现数据被篡改过并选择不认可丢弃该无效数据。

当然，区块链中的分布式账本也不是绝对不能被篡改，但篡改的难度很大。由于所有节点都拥有一个完整统一的账本，对单个节点账本的修改无效，只有控制了网络中超过51%的节点才能实现篡改数据。并且当区块链延伸到一定长度的时候，要想攻击51%以上的节点技术上是非常困难的，所以区块链的数据稳定性和可靠性较高。

（三）可追溯性

可追溯性是指由于区块链是带有时间戳的链式区块结构，区块链上发生的任何一笔交易都有完整记录，时间戳技术保证了交易信息按时间顺序全程可追溯至起始区块。同时，区块的区块头中都包含前一个区块的哈希值的设计，使数据也可追溯至起始区块。数据的可追溯在间接上也保证了数据的公开透明性。

（四）去信任

去信任是指区块链在去中心化的前提下实现了点对点的直接交易。去信任并不是说不需要信任，完整地描述应该是"去第三方信任"。区块链技术通过自身一套独特的信任机制创造了信任，网络中的节点交易无须建立预设的信任机制，如交易双方因熟悉产生的信任、依赖第三方中介产生的信任等。

(五)自治性

自治性是指区块链是基于共同协商一致的规范和协议,使网络所有节点能够在去信任环境中按照共识规则来记录、共享分布式账本。区块链技术的自治性还体现在智能合约的应用上。密码学家尼克·萨博(Nick Szabo)1994年首次提出了智能合约,它是指一旦条件触发合约就会不受干扰自动执行,从而实现从对"人的信任"到对"机器信任"的转变。

六、区块链的类型

根据应用场景与设计体系不同,区块链可分为公有链、私有链和联盟链三类。

(一)公有链

公有链是指网络中不存在任何中心化的节点,任何节点均可自由加入、退出区块链系统,并参与链上数据的读写。所谓"公有"就是指数据完全公开透明,节点没有权限设定,也没有身份认证,任一节点都可查看。公有链中节点的数量是不固定的,节点是否在线也无法控制,甚至某一节点是不是恶意节点也不能保证。由于没有第三方管理,公有链需要依靠一组事先约定的规则,该规则确保在不信任的网络环境中每个节点能发起可靠的交易。

凡是需要公众参与,需要最大限度保证数据公开、透明的系统都适用公有链,如数字货币系统、众筹系统、金融交易系统等。

(二)私有链

私有链与公有链相对,它也被称为专有链。所谓"私有"就是指不对外开放。私有链的节点来自机构内部,且节点只有经过认证、授权后才能加入私有链系统,并共同维护区块链的正常运行。私有链仍具有区块链多节点运行的通用结构,但在使用中除了有注册和身份认证要求外,还具备一套权限管理体系。每个节点的写入权限由内部控制,而读取权限可视需求有选择地对外开放。在私有链系统中,节点数量、节点状态通常可控,因此私有链一般不需要通过竞争的方式获取对区块的写入权限,可以更节能环保。

适用私有链的主要场景有特定机构内部的数据管理与审计,如企业的票据管理、账务审计、供应链管理,或某些政务管理系统等。

(三)联盟链

联盟链是指各节点通常有与之对应的实体机构,经过授权后才能加入和退出联盟链系统。联盟链中的各机构组成利益相关的联盟,共同维护区块链的运转。联盟链的网络范围介于公有链与私有链之间,与私有链一样,联盟链系统一般也具有身份认证和权限设置,且节点的数量往往也是确定的。

联盟链通常被用在明确的机构之间,可用于机构之间的事务处理,如银行间的支付结算与清算、企业间的物流信息交换等。

表1-3列出了公有链、联盟链和私有链三类链的主要不同。因公有链和私有链都存在一定的技术限制,在应用中存在一定的缺陷,所以采用部分中心化的联盟链代表区块链未来的应用趋势。

表1-3 不同类型的区块链比较

项目	公有链	联盟链	私有链
参与节点	所有节点进入或退出不受限制	节点必须经授权才可进入	通常在一个组织机构内部
匿名性	节点通常是匿名的	节点身份需要审核	节点身份需要审核
共识机制	PoW/PoS/DPoS 等	分布式一致性算法	分布式一致性算法
记账人	所有参与者	联盟成员协商确定	自定义
激励机制	需要	可选	可选
中心化程度	去中心化	多中心化	中心化
突出特点	信任的自建立	效率与成本优化	效率高
数据写入能力	3~20次/秒	1 000~1万次/秒	1 000~20万次/秒

【案例】基于联盟链的机构间对账平台

第四节 区块链技术的"不可能三角"

一、"不可能三角"的内涵

在传统货币银行学中存在"不可能三角",也称为"三元悖论",即开放经济下,一国无法同时实现货币政策独立、汇率稳定与资本自由流动,最多只能同时实现两个目标,而放弃另一个目标。类似地,当前的区块链技术也存在"不可能三角"。所谓区块链技术"不可能三角",就是指当前的区块链技术无法同时满足去中心化、安全性和高效性三个条件。选择应用区块链技术时需要在三者中进行权衡,最多只能同时满足其中两项。

二、"不可能三角"的主要特点

（一）满足"去中心化"与"安全性"无法完全实现"高效性"

去中心化和安全性被认为是区块链技术的最大优势，但因它主要依赖于分布式账本技术，区块交易数据需要在全网广播并需要被所有网络节点进行验证，因此效率低成为区块链技术应用中的最大缺陷，具体表现在以下四个方面。

（1）在数据结构上，虽然区块链基于时间戳的区块链式结构在交易数据的可追溯、防篡改上具有安全优势，也易于分布式系统中的数据同步，但当需要对数据信息进行查找、验证时，会涉及对整个链的遍历操作，而遍历是一种较低效率的查询方式。

（2）在数据存储上，区块链每个节点都存储所有数据包，通过强冗余性实现强容错、强纠错，使得网络实现民主自治。但每个节点存储所有交易数据致使对存储空间的高消耗。随着区块链所承载信息内容的不断增加，这对单个节点的存储能力也提出了挑战。

（3）在内容验证上，区块链的每个节点都有完整的交易数据，同时还要对区块内的所有交易数据进行哈希运算，虽然提高了安全性，但对大量数据处理会影响效率。

（4）在并发处理上，区块链只允许网络中的一个节点获得记账权并建立区块，实质上是对整个链进行串行的"写"操作。虽然它能有效保证网络运行的安全性和稳健性，但效率远低于我们常用的关系数据库。因为关系数据库是将数据分为若干表，仅仅根据操作涉及的数据锁定表或表中记录，其他表仍能实现并发处理。

目前主流的私人数字货币的区块链技术是一种追求"去中心化"和"安全性"而无法达到"高效性"的典型技术组合代表。国际清算银行（Bank for International Settlements）研究发现：与在线支付、PayPal（贝宝）相比，主要私人数字货币的交易效率与传统支付方式仍然有巨大差距，见表1-4。

表1-4 主要私人数字货币与传统支付方式的交易效率比较

类型	VISA	MASTER	PayPal	以太币	莱特币
交易效率/(次/秒)	3 526	2 061	241	3.18	0.26

资料来源：Bank for International Settlements. BIS Annual Economic Report 2018[EB/OL].（2018-06-24）. https：//www. bis. org/publ/arpdf/ar2018e.htm.

（二）满足"安全性"与"高效性"无法完全实现"去中心化"

从共识机制的角度，在确保区块链安全性的前提下，为解决区块链技术所使用的工作量证明机制的低效性，出现了权益证明机制、股份授权证明机制。但无论是基于网络权益代表的权益证明机制，还是利用受委托人通过投票实现的股份授权证明机制，实际上都是对完全"去中心化"的退让，最终形成"部分去中心化"。

如私有链中，为确保安全与高效，其已经完全演化成为一种"中心化"的技术。联盟链只允许预设的节点进行记账，加入的节点需要申请和身份验证，实质上也是在确保安全与提高效率的基础上进行的"部分去中心化"或"多中心化"的妥协。还有如作为区块链 3.0 的代表，商用分布式区块链操作系统 EOS（enterprise operation system，企业运营系统）方案，就是一种旨在追求分布式应用性能的"高效性"与"安全性"，却牺牲"去中心化"的技术组合。

（三）满足"去中心化"与"高效性"无法完全实现"安全性"

一个极端的例子就是基于 P2P 的视频播放软件。在过去，一旦在线观看人数增加，基于中央服务器设计的视频服务器会因承载压力变大而导致播放速度缓慢。为了提高效率，P2P 视频播放软件被设计为：①资源的分享采用不再依赖于中央服务器的"去中心化"模式。网络中的每个节点不仅是下载者同时也是服务器，一个节点在下载、观看视频文件的同时，也能将数据传输给其他节点。去中心化网络中参与节点越多，数据传输越快、效率越高。② P2P 视频播放软件牺牲安全性，允许传输的数据出现少量错误。视频中少量图片的局部数据损坏并不影响正常的视觉感官，但因数据校验而出现的图像延迟是不可接受的。当然，金融业数据错误是不可接受的，安全性是首要考虑的目标。

"不可能三角"的重要意义在于：当前的技术条件尚无法同时满足三者的需求，区块链技术设计中不能完全抛开"三角"中的其他两者而孤立地去谈其中之一。倘若能对这三者中的一个或两个条件进行妥协，所产生的新技术集合就可能因更符合实际需求，在应用中的吸引力更大。

第五节　区块链发展现状与趋势

一、区块链技术应用概况

作为数字经济发展的重要支撑，区块链在推动经济转型、产业升级方面发挥的支撑作用愈加明显。在政策、技术、市场的多重推动下，区块链技术的创新应用加速，全球区块链产业也处在快速扩张中。据统计，2021年全球区块链产业共有1 812笔融资事件，其中，1 433笔公开披露具体融资总额，总计达486.74亿美元、平均单笔融资额达3 396.65万美元；3月的融资数量为全年最高，有239笔；8月的融资金额为全年最高，合计达73.07亿美元，如图1-7所示。

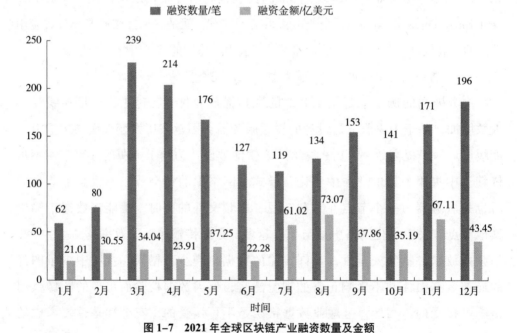

图1-7　2021年全球区块链产业融资数量及金额

资料来源：零壹智库.全球区块链投融资报告（2021）[EB/OL].（2022-02-16）. https://www.01caijing.com/article/311093.htm.

截至2022年9月，全球共有区块链企业6 900余家，其中，中美两国区块链企业合计占比超过50%，处于全球领先水平；新加坡、英国均超过400家，位于第二梯队；印度、加拿大、瑞士、韩国、德国、中国香港等国家和地区均超过100家，位于第三梯队。[①]

[①] 中关村区块链产业联盟.全球区块链产业图谱报告[R].2022.

目前,全球区块链应用主要通过组建区块链联盟模式来推进,国际上共有五个区块链联盟组织(表 1-5)。组织成员通过合作开展相关技术和场景应用的探索,并通过发挥区块链联盟组织的辐射效应,吸引更多企业加入相关联盟组织。

表 1-5 区块链联盟组织基本信息

发起时间	联盟名称	发起机构	现有成员数	联盟宗旨
2015 年 9 月	R3	R3 CEV 公司联合巴克莱银行、高盛、J.P. 摩根等 9 家机构	近 400 家	推动全球金融市场中加密技术和分布式总账智能协议的应用,帮助区块链技术的落地应用、商业化
2017 年 8 月	Blockchain in Transport Alliance(区块链货运联盟)	行业发起	近 400 家	降低成本、提高运输效率。推动新兴技术落地,发展区块链行业标准、交流与推广区块链应用、解决方案及分布式账本技术
2015 年 12 月	Hyperledger(超级账本)	Linux 基金会	近 300 家	让成员共同合作、共建开放平台。满足来自多个不同行业各种用户的需求,并简化业务流程。实现区块链的跨行业发展与协作,并着重发展性能和可靠性,使之可以支持全球商业交易
2017 年 3 月	Enterprise Ethereum Alliance(企业以太坊联盟)	摩根大通、微软、英特尔等 30 家企业	200 余家	致力于合作开发标准和技术,提高以太坊区块链的隐私性、安全性和扩展性,使其更加适用于企业应用
2019 年 4 月	INATBA(国际可信区块链应用协会)	欧盟	150 余家	制定规范,促进标准统一和监管融合,以支持创新型区块链技术的开发和应用

德国在 2019 年 9 月 18 日发布了"德国区块链战略",明确区块链国家战略,认为区块链技术在未来是互联网的组成部分,可以有效助力德国数字经济的发展。美国在 2020 年 10 月公布了"国家关键技术和新兴技术战略",将区块链纳入管制技术以保护国家基础设施的安全。澳大利亚于 2020 年 2 月 7 日发布了"国家区块链路线图",强调区块链技术的潜力,同年发布《数字经济战略 2030》,进一步强调要在区块链等新兴技术领域保持前沿地位。日本于 2022 年 5 月将以区块链基础设施为技术支撑的新一代互联网框架 Web 3 发展上升为国家战略,并于同年 6 月批准了日本《2022 年经济财政运营和改革的基本方针》,提出将努力为实现一个去中心化数字社会进行必要的环境改善。

在我国,区块链于 2019 年被提升至国家战略层面,2020 年被列入新基建范畴,2021 年被列入"十四五"规划成为数字经济重点产业之一。区块链产业正呈现出健康发展的态势，除了在金融领域的广泛应用外，区块链技术正在加速与实体经济融合，助力实体经济高质量发展。数据显示，自2016年开始，我国区块链企业注册数量快速增长，2020年有2万多家。其中，广东的注册企业最多，其次是山东、海南。2021年，我国区块链产业规模由2019年的10.7亿元增长至65亿元，市场规模在两年内扩张了五倍，行业发展趋势向好，如图1-8所示。根据预测，中国区块链市场将保持高速增长，2021—2026年市场规模年复合增速达73%，2026年的市场规模将达到163.68亿美元，且在未来20年，中国区块链行业市场规模有望达万亿级别。

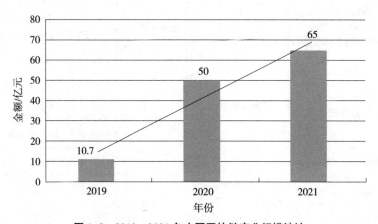

图1-8 2019—2021年中国区块链产业规模统计

资料来源：零壹智库. 全球区块链投融资报告（2021）[EB/OL].（2022-02-16）. https://www.01caijing.com/article/311093.htm.

2021年5月，为准确把握区块链发展的机遇和挑战、注重区块链产业与国家整体发展战略的协同，工业和信息化部、中央网络安全和信息化委员会办公室联合发布《关于加快推动区块链技术应用和产业发展的指导意见》，首次为区块链产业制定明确的发展路线图和时间表。明确了未来5年和10年区块链产业的发展目标，这意味着区块链技术应用和产业发展按下了"加速键"。该指导意见中提出从标准体系、技术平台、质量品牌、网络安全、知识产权等方面着力提升区块链产业基础能力；进一步明确了赋能实体经济、提升公共服务、夯实产业基础、打造现代产业链、促进融通发展等发展区块链的重要任务。可以说，该指导意见的出台，标志着我国区块链产业顶层设计的进一步完善，主要的区块链技术标准和行业标准见表1-6与表1-7。

表 1-6 区块链技术标准相关文件

序号	标准编号	标准名称	标准状态
1	GB/T 42752—2023	《区块链和分布式记账技术 参考架构》	现行
2	GB/T 43579—2023	《区块链和分布式记账技术 智能合约生命周期管理技术规范》	现行
3	GB/T 43580—2023	《区块链和分布式记账技术 存证通用服务指南》	现行
4	GB/T 43572—2023	《区块链和分布式记账技术 术语》	现行
5	GB/T 42571—2023	《信息安全技术 区块链信息服务安全规范》	现行
6	GB/T 42570—2023	《信息安全技术 区块链技术安全框架》	现行
7	GB/T 43582—2023	《区块链和分布式记账技术 应用程序接口 中间件技术指南》	现行
8	GB/T 43575—2023	《区块链和分布式记账技术 系统测试规范》	现行

资料来源：赛迪区块链研究院。

表 1-7 主要的区块链行业标准

序号	标准编号	发布单位	标准名称	行业标准类型	日期	标准状态
1	JR/T 0193—2020	中国人民银行	《区块链技术金融应用 评估规则》	金融行业标准	2020年7月	现行
2	YD/T 3747—2020	工业和信息化部	《区块链技术架构安全要求》	通信行业标准	2020年8月	现行
3	YD/T 3905—2021	工业和信息化部	《基于区块链技术的去中心化物联网业务平台框架》	通信行业标准	2021年5月	现行

资料来源：赛迪区块链研究院。

二、区块链产业生态初步形成

目前，形成的区块链产业主要由区块链上游、区块链中游、区块链下游三个部分构成。

（一）上游的硬件、技术及基础设施

上游主要是提供区块链应用所必备的硬件、通用技术以及基础设施支持。其中，硬件设备包括矿机、矿池、芯片厂商等；通用技术包括分布式存储、去中心化交易、数据服务、分布式计算等相关技术。

（二）中游的区块链应用及技术服务

中游主要包括基础平台建设和提供技术服务支持。其中，基础平台建设分为通用基础链和垂直领域基础链；技术服务支持包括技术支持和服务支持，技术支持与上游相关技术类似，负责为购买者提供区块链安全防护等一系列基于区块链

产品的技术支持；服务支持包括数字资产交易场所、数字资产存储、媒体社区等系列服务。

（三）下游的区块链产业应用领域

下游主要包括应用区块链技术与现有行业的结合，主要面向金融行业、物流行业、版权保护与交易、工业、能源、医疗、公益、大数据交易、数字营销、电子政务等众多领域，区块链作为新兴技术，下游应用领域众多，发展潜力巨大，如图 1-9 所示。

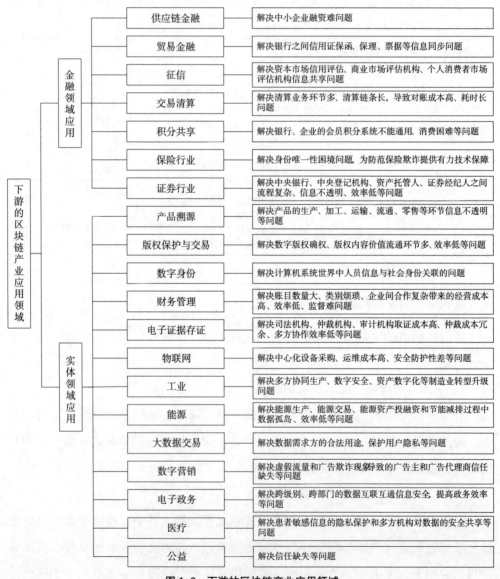

图 1-9 下游的区块链产业应用领域

德勤《2020年全球区块链调查报告》通过对涵盖14个国家和地区约1 500位企业高管的调查发现，55%的受访者将区块链视为前五大战略优先重点；超过4/5的受访者认为，如果不采用区块链，他们将失去竞争优势；63%的受访者表示在区块链领域向前发展至关重要。

2021年，我国区块链应用落地项目共计336个，其中政务服务领域区块链应用是2021年我国区块链技术落地项目最多的领域，共计87个，占比25.89%。金融仍然是应用场景最为丰富的行业领域，金融领域全年应用落地项目数量达82个，如图1-10所示。2021年以来，银行与金融部门进一步主导数字人民币、数字藏品等新兴市场，市场潜力不断扩大。

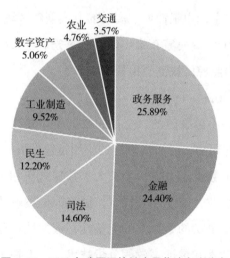

图1-10　2021年我国区块链应用落地占比分布
资料来源：2021年中国区块链年度发展白皮书[EB/OL].（2022-06-14）. https://dsj.guizhou.gov.cn/xwzx/gnyw/202206/t20220614_74881576.html.

三、与其他新一代信息技术融合发展

区块链与云计算、大数据、物联网、人工智能和5G（第五代移动通信技术）等高新技术共同构成的现代科技集群，已经成为数字经济发展的驱动性技术。区块链在与产业融合过程中，将面临重构产业发展模式、重塑商业模式的挑战。因此在规划设计之初，它需要和大数据、云计算、物联网以及5G等多种技术实现底层耦合，才能真正解决产业转型升级的问题。

从国内外发展趋势和区块链技术的发展演进路径来看，区块链技术与应用的发展需要云计算、大数据、物联网、人工智能等新一代信息技术作为基础设施支撑，同时，区块链技术与应用的发展也对推动新一代信息技术产业发展具有重要的促进作用，它们之间互相渗透、共同促进。

（一）区块链与云计算

区块链技术的开发、研究与测试工作涉及多个系统，时间与资金成本等问题将阻碍区块链技术的突破，基于区块链技术的软件开发依然是一个高门槛的工作。云计算服务具有资源弹性伸缩、快速调整、低成本、高可靠性的特质，能够帮助中小企业快速低成本地进行区块链开发部署。两种技术融合将加速区块链技术成熟，推动区块链从金融业向更多领域拓展。如 2015 年 11 月，微软在 Azure 云平台里面提供 BaaS（blockchain as a service，区块链即服务），并于 2016 年 8 月正式对外开放。开发者可以在上面以最简便、高效的方式创建区块链环境。IBM（国际商业机器公司）也在 2016 年 2 月宣布推出区块链服务平台，帮助开发人员在 IBM 云上创建、部署、运行和监控区块链应用程序。

（二）区块链与大数据

（1）区块链是一种不可篡改的、全量的数据库存储技术，巨大的区块数据包含着每一笔交易的全部历史，随着区块链的应用迅速发展，数据规模会越来越大，不同业务场景区块链的数据融合进一步扩大了数据规模和丰富性。同时，因为区块链的可信任性、防篡改、安全性等特点，更多数据被解放出来，推进数据的海量增长。但由于区块链提供的是账本的完整性，数据统计分析的能力较弱，大数据具备海量数据存储技术和灵活高效的分析技术，极大提升与增加了区块链数据的价值和使用空间。

（2）区块链的可追溯特性使得数据从采集、交易、流通到计算分析的每一步记录都可以留存在区块链上，数据质量获得前所未有的强信任背书，保证了数据分析结果的正确性和数据挖掘的效果。

（3）区块链能够进一步规范数据的使用，精细化授权范围。脱敏后的数据交易流通则有利于突破信息孤岛，建立数据横向流通机制，并基于区块链的价值转移网络，逐步推动形成基于全球化的数据交易场景。

（三）区块链与人工智能

基于区块链的人工智能网络可以设定一致、有效的设备注册、授权及完善的生命周期管理机制，有利于提升人工智能设备的用户体验及安全性。此外，若各种人工智能设备通过区块链实现互联、互通,则有可能带来一种新型的经济模式,即人类与人工智能设备、不同人工智能设备之间进行信息的交互甚至是业务的往来。统一的区块链基础协议则可让不同的人工智能设备之间在互动过程中不断积累学习经验,从而实现人工智能水平的进一步提升。

(四)区块链与物联网

物联网作为互联网基础上延伸和扩展的网络,通过应用智能感知、识别技术与普适计算等计算机技术,实现信息交换和通信,同样能满足区块链系统的部署和运营要求。另外,区块链系统网络是典型的 P2P 网络,具有分布式异构特征,而物联网天然具备分布式特征,网中的每一个设备都能管理自己在交互作用中的角色、行为和规则,对建立区块链系统的共识机制具有重要的支持作用。

随着物联网中设备数量的增长,如果以传统的中心化网络模式进行管理,将带来巨大的数据中心基础设施建设投入及维护投入。此外,基于中心化的网络模式也会存在安全隐患。区块链的去中心化特性为物联网的自我治理提供了方法,可以帮助物联网中的设备理解彼此,并让物联网中的设备知道不同设备之间的关系,实现对分布式物联网的去中心化控制。

(五)区块链与新一代移动通信网络

区块链是点对点的分布式系统,节点间的广播通信会消耗大量网络资源。随着区块链体量的逐步扩大,网络资源的消耗会以几何倍数增长,最终会成为区块链的性能瓶颈。

5G 网络作为新一代移动通信网络,理论传输速度可达 10 Gb/s,这比 4G(第四代移动通信技术)网络的传输速度快数百倍。对于区块链而言,区块链数据可以达到极速同步,从而减少了不一致数据的产生,提高了共识算法的效率。新一代通信网络的发展将极大提升区块链的性能和扩展区块链的应用范围。

(六)区块链与加密技术

现代信息的应用越来越趋于全球化和全民化,对于信息安全的要求除了防篡改、抗抵赖、可信等基础安全之外,更需要加强隐私保护、身份认证等方面的安全。从某种意义上看,区块链技术是因为现代密码学的发展才产生的,但今天区块链技术所用的密码学主要是 20 年前的密码学成果,还存在很多问题需要解决。

将区块链技术应用于更多分布式的、多元身份参与的应用场景,现有的加密技术是否满足需求,还需要更多的应用验证,同时需要深入整合密码学前沿技术,包括目前国际国内零知识证明、多方保密计算、群签名、基于格的密码体制、全同态密码学等前沿技术。

新兴的区块链技术有助于推动信息化沟通模式从多对多沟通模式发展到物联网沟通模式，密码学需要不断创新才能满足趋于复杂的通信方式的安全需求，从某种程度上说，区块链技术在推动密码体系创新的同时，也给现代密码学带来新的发展契机。同时在区块链治理过程中，身份认证系统是第一要务，数字证书对于区块链技术也是极其重要的，区块链技术的发展对数字证书的应用与发展也有极大的促进作用。

【本章小结】

1. 区块链在本质上是一种分布式账本技术，但它并不是单一的技术，而是各种技术的有机结合。区块链包含基于时间戳的链式数据结构、P2P网络技术、共识算法、密码学、自动化脚本等计算机技术。

2. 区块链具有去中心化、防篡改性、可追溯性、去信任和自治性等主要特征。

3. 区块链以区块为基本单位连接形成，其中，区块是一种记录交易信息的数据结构，主要由区块头和区块主体两部分构成。

4. 当前的区块链技术存在着"不可能三角"，即无法同时满足去中心化、安全性和高效性，因此应用区块链技术时需要在三者之间作出权衡。

5. 根据应用场景与设计体系不同，区块链可以分为公有链、联盟链和私有链三类。应用场景不同对区块链的需求侧重不同，其中公有链和私有链都有一定的技术限制，应用中存在一定的缺陷，而采用部分中心化的联盟链代表了未来区块链的应用趋势。

6. 区块链技术发展主要经历了以数字货币为代表的区块链1.0、以智能合约为代表的区块链2.0和以提高整个社会行业运行效率为代表的区块链3.0三个阶段。

7. 从区块链产业发展的角度来看，其主要由上游的硬件、技术及基础设施，中游的区块链应用及技术服务和下游的区块链产业应用领域三部分构成。区块链在与产业融合过程中，将面临重构产业发展模式、重塑商业模式的挑战。因此在区块链规划设计之初，需要与大数据、云计算、物联网以及5G等多种技术实现底层耦合，才能真正解决产业转型升级面临的问题。

【复习思考题】

1. 什么是区块链？简述区块链的基本特征。
2. 简述区块的构成和形成过程。
3. 简述区块链"不可能三角"的主要内容。
4. 简述公有链、私有链、联盟链的特点及适用场合。

第二章 区块链的核心技术

【学习目标】

1. 了解区块链系统基础架构。
2. 熟悉区块链中使用的主要密码学技术。
3. 掌握 P2P 网络中的主要共识机制。
4. 掌握智能合约的运作原理。
5. 了解区块链的主要扩展技术。

【能力目标】

1. 了解区块链系统基础架构,培养学生的系统观。
2. 熟悉分布式账本技术与智能合约的运作原理,增强学生的应用能力。
3. 掌握区块链中的密码学典型算法以及主要应用,培养学生分析问题和解决问题的能力。
4. 掌握 P2P 网络中的主要共识机制,培养学生的思辨能力。

第二章 区块链的核心技术

【思维导图】

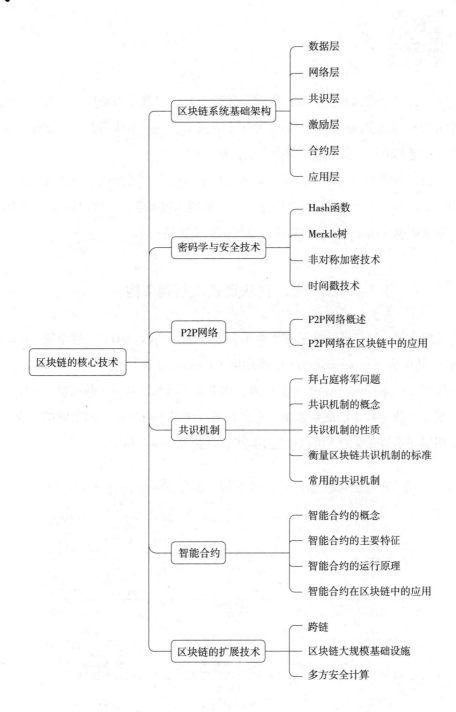

区块链是分布式数据存储、点对点传输、共识机制、加密算法、智能合约等计算机技术的新型应用模式,是多种技术有机结合的技术体系。区块链技术实现的所有功能都由这些技术共同支撑完成,缺一不可。

为更好地掌握与应用区块链,本章从技术的角度主要介绍了区块链系统基础架构、密码学与安全技术、P2P 网络、共识机制和智能合约,同时还介绍了跨链、区块链大规模基础设施、多方安全计算等区块链扩展技术。

第一节　区块链系统基础架构

一般来说,区块链系统基础架构主要由数据层(data layer)、网络层(network layer)、共识层(consensus layer)、激励层(actuator layer)、合约层(contract layer)和应用层(application layer)六层组成,如图 2-1 所示。其中,数据层、网络层和共识层是区块链技术的底层基础,是区块链系统必不可少的;而激励层、合约层和应用层并不是必要的,可以根据不同的区块链系统进行取舍。

图 2-1　区块链系统基础架构

一、数据层

数据层，属于区块链系统中的最底层，这一层主要设计了区块链的数据结构。数据层封装了数据区块、链式结构、时间戳、哈希函数、Merkle 树、非对称加密（asymmetric cryptosystem）等。

数据层主要实现两个基本功能：①数据存储。数据存储主要通过区块的方式和链式结构实现，也就是"区块＋链"实现了数据的分布式存储。②保证交易安全。交易的实现基于哈希函数、Merkle 树和非对称加密技术等多种密码学算法，保证在去中心化的情况下交易能够安全进行。

二、网络层

网络层，主要包括 P2P 网络、数据传播机制以及数据验证机制。分布式算法以及数字签名等都在网络层中实现，区块链上的各个节点通过这种方式来保持联系，共同维护整个区块链账本。

首先，区块链网络是一个点对点网络系统。与有中心服务器的网络系统不同，P2P 网络不需要有集中化的中心来管理，网络中每个用户端既是一个节点，也具有服务器的功能。其次，每个节点既生成信息也接收信息，信息在两个节点之间直接往来。最后，全网节点共同维护并更新区块链系统的总账本。当网络上一个节点生成一个新的区块时，其会用广播的形式将此信息通知给其他的节点；其他节点收到信息后，便会对该区块进行验证，当被网络中超过 51% 的节点验证通过后，这个新的区块就可以被添加到链上。

三、共识层

共识层，主要封装分布式网络节点的各类共识算法，共识层负责同步全网各节点的账本，协调保证各节点数据的一致性。

共识算法决定了在去中心化的区块链网络中到底由谁负责记账。常见的共识算法有工作量证明（proof of work，PoW）、权益证明（proof of stake，PoS）、股份授权证明（delegated proof of share，DPoS）等。在区块链系统中，数据由网络中每个节点独立存储，在共识机制的协调下，实现节点选举、数据一致性验证和数据同步等功能。数据的一致性和同步使区块链系统具有信息透明、数据共享的特性。

四、激励层

激励层，是将经济因素集成到区块链技术体系中来，主要包括发行机制、分配机制和奖励机制。

奖励机制是指在区块链中常制定一些相关制度激励记账节点，惩罚恶意节点。通常以奖励数字资产形式激励全网节点参与持续不断地提供算力，参与数据记录、账本数据更新与维护工作等。

激励层主要出现在公有链中，因为在公有链中只有激励遵守规则参与记账的节点，并惩罚不遵守规则的节点，才能让整个系统朝良性方向发展。

五、合约层

合约层，主要负责将区块链系统的业务逻辑以代码的形式实现、编译并部署，完成既定规则的条件触发和自动执行，最大限度地减少人工干预。

合约层是实现区块链系统灵活编程和操作数据的基础，主要内容包括脚本代码、算法机制和智能合约。

六、应用层

应用层，是最终呈现给用户的内容，主要作用是调用智能合约层的接口，适配区块链的各类应用场景，为用户提供各种服务和应用。

根据实现方式、作用和目的的不同，当前基于区块链技术的应用主要有三类场景：①存证类，将信息记录到区块链上，如电子合同。②价值转移类，数字资产在不同账户之间转移，如跨境支付（cross-border payment）。③授权管理类，利用智能合约控制数据访问，如数据共享。当然，随着应用需求的不断升级，还会出现更多不同的场景。

图2-2、图2-3、图2-4分别给出了区块链1.0（可编程货币）、区块链2.0（可编程金融）和区块链3.0（可编程社会）的完整架构。与之前的架构相比，区块链3.0的系统架构最大的特点就是增加了一个网关控制，目的是增加对安全保密需求的支持，并且通过数据审计加强对数据的可靠性管理。另外，数字货币不再是一个必选组件，如若需要也可以通过智能合约的方式来实现数字货币。区块链3.0架构实际上可以看成一套框架，通过对框架的配置和二次开发可以适应各行各业的

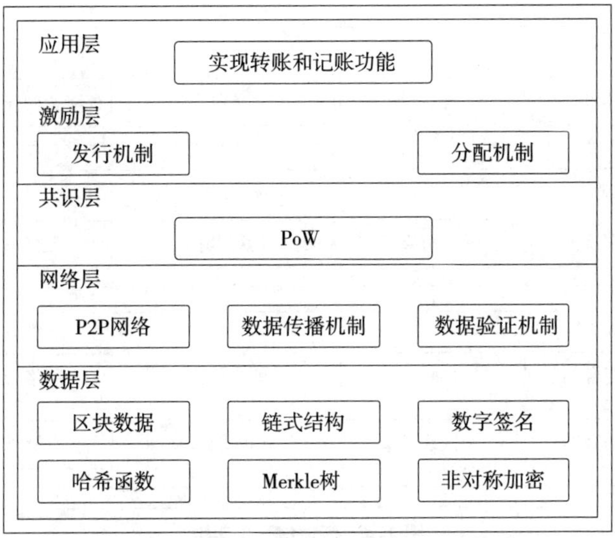

```
┌─────────────────────────────────────┐
│ 应用层                               │
│   ┌─────────────────────────┐       │
│   │   实现转账和记账功能        │       │
│   └─────────────────────────┘       │
│ 激励层                               │
│   ┌──────────┐      ┌──────────┐    │
│   │ 发行机制  │      │ 分配机制  │    │
│   └──────────┘      └──────────┘    │
│ 共识层                               │
│        ┌──────────┐                 │
│        │   PoW    │                 │
│        └──────────┘                 │
│ 网络层                               │
│   ┌──────┐ ┌──────────┐ ┌──────────┐│
│   │P2P网络│ │数据传播机制│ │数据验证机制││
│   └──────┘ └──────────┘ └──────────┘│
│ 数据层                               │
│   ┌──────┐ ┌──────────┐ ┌──────────┐│
│   │区块数据│ │ 链式结构  │ │ 数字签名  ││
│   └──────┘ └──────────┘ └──────────┘│
│   ┌──────┐ ┌──────────┐ ┌──────────┐│
│   │哈希函数│ │ Merkle树 │ │ 非对称加密││
│   └──────┘ └──────────┘ └──────────┘│
└─────────────────────────────────────┘
```

图 2-2 区块链 1.0 架构

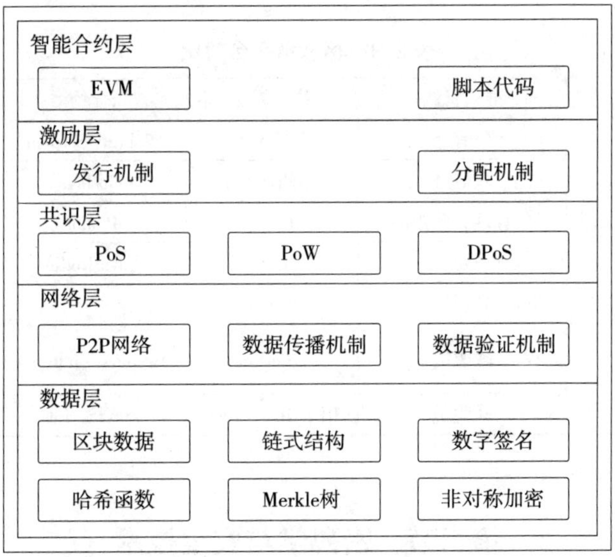

```
┌─────────────────────────────────────┐
│ 智能合约层                           │
│   ┌──────────┐      ┌──────────┐    │
│   │   EVM    │      │  脚本代码 │    │
│   └──────────┘      └──────────┘    │
│ 激励层                               │
│   ┌──────────┐      ┌──────────┐    │
│   │ 发行机制  │      │ 分配机制  │    │
│   └──────────┘      └──────────┘    │
│ 共识层                               │
│   ┌──────┐   ┌──────┐   ┌──────┐   │
│   │ PoS  │   │ PoW  │   │ DPoS │   │
│   └──────┘   └──────┘   └──────┘   │
│ 网络层                               │
│   ┌──────┐ ┌──────────┐ ┌──────────┐│
│   │P2P网络│ │数据传播机制│ │数据验证机制││
│   └──────┘ └──────────┘ └──────────┘│
│ 数据层                               │
│   ┌──────┐ ┌──────────┐ ┌──────────┐│
│   │区块数据│ │ 链式结构  │ │ 数字签名  ││
│   └──────┘ └──────────┘ └──────────┘│
│   ┌──────┐ ┌──────────┐ ┌──────────┐│
│   │哈希函数│ │ Merkle树 │ │ 非对称加密││
│   └──────┘ └──────────┘ └──────────┘│
└─────────────────────────────────────┘
```

图 2-3 区块链 2.0 架构

资料来源：工业和信息化部信息化和软件服务业司. 中国区块链技术和应用发展白皮书（2016）[EB/OL]. （2016-10-18）. http://www.cdsafety.org.cn/upload/file/20180706/1530845903898893.pdf.

需求。如"可插拔共识"，就是指共识机制不是固定的，而是可以通过用户自己去选用配置。

表 2-1 分别从准入机制、共识算法、智能合约语言、底层数据库几个方面对常用区块链平台进行了对比。①

---

① 邵奇峰. 区块链技术：架构及进展 [J]. 计算机学报, 2018（5）: 969-985.

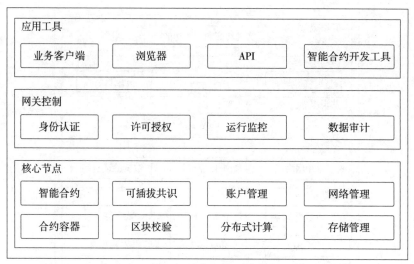

图 2-4　区块链 3.0 架构

表 2-1　区块链平台对比

区块链平台	准入机制	共识算法	智能合约语言	底层数据库
Ethereum	公有链	PoW/PoS	Solidity/Serpent	LevelDB
Hyperledger Fabric	联盟链	PBFT/SBFT	Go/Java	LevelDB/CouchDB
Hyperledger Sawtooth	公有链/联盟链	PoET	Python	—
Corda	联盟链	Raft	Java/Kotlin	常用关系数据库
Ripple	联盟链	RPCA	—	RocksDB/SQLite
BigchainDB	联盟链	QuorumVoting	Crypto-Conditions	RethinkDB/MongoDB
TrustSQL	联盟链	BFT-Raft/PBFT	JavaScript	MySQL./MariaDB

第二节　密码学与安全技术

　　区块链是靠密码学支撑的技术。密码学是关于加密和解密变换的一门科学，它是集数学、计算机科学、电子与通信、物理和生物等诸多学科于一身的交叉学科。随着网络应用的不断发展，信息安全除了要保证信息的机密性，同时还要保证信息的完整性，即保证信息在存储、传输和使用的过程中不会被非法篡改、伪造和破坏。

　　现代密码学的应用就是为了保证信息的机密性、完整性与准确性。区块链技术中应用的密码学主要是哈希函数和非对称加密技术。这些加密技术不仅保证了每个新的区块能与上一个区块安全连接，同时也保证了链上每个区块数据的正确性和防篡改。

一、Hash 函数

（一）Hash 函数的概念与特性

Hash 函数（Hash function）也称为散列函数、哈希函数，它可以将"任意长度"的输入经过变换后得到固定长度的输出，是一种从任何一种数据中创建小的数字"指纹"的方法。

Hash 值的生成过程可以表示为

$$h=H(M)$$

其中，H 表示哈希函数；M 代表输入的字符串；h 代表输出的 Hash 值。

Hash 函数具有以下基本特性。

（1）输入任长性。输入值 M 是"任意长度"的由随机字母和数字组成的字符串，当然"任意"是实际存在的。

（2）输出定长性。输出值 h 是固定长度的 Hash 值。

（3）有效性计算。对特定输入字符串，在合理的时间内可以计算出哈希函数的输出。

（4）单向性。对于给定的输出结果 h，要逆推找到输入值 M，使 $H(M)=h$，在计算上是不可行的。

（5）抗弱碰撞性[①]。给定字符串 M_1，要找到不同的字符串 M_2，使得 $H(M_1)=H(M_2)$，在计算上是不可行的。

（6）抗强碰撞性。找到两个不同的字符串 M_1 和 M_2，使得 $H(M_1)=H(M_2)$，在计算上是不可行的。

（二）Hash 函数的应用

Hash 函数是一种以较短的信息来保证文件唯一性的标志，同时作为一种单向密码体制，它只能实现加密，却不能解密。Hash 函数在信息认证和数字签名领域有着广泛的应用。

---

① 碰撞是指对于两个不同的输入，产生相同的输出。如果对于 Hash 函数，没有人找到碰撞，我们则认为该函数具有碰撞阻力。

（1）信息认证。Hash 函数可以生成原始信息的"信息摘要"（哈希值）。由于 Hash 函数的抗强碰撞性特点，当信息原文一旦发生改变，其信息摘要一定也会改变。因此，信息摘要能够实现对发送信息的认证功能是确保信息完整性的重要措施。

（2）数字签名。Hash 函数可以生成数据块的"数据指纹"，可被应用在数字签名上。

（三）典型的 Hash 算法

Hash 函数的设计主要分为两类：一类是基于加密体制实现的，如使用对称分组密码算法的 CBC（密码分组链接）模式来产生 Hash 值；另一类是直接构造复杂的非线性关系实现单向性。目前后者使用得较多。Hash 算法中比较著名的是 MD（message digest）系列和 SHA（secure hash algorithm）系列。

1. MD 系列

MD 系列是在 20 世纪 90 年代初由 MIT（麻省理工学院）计算机科学实验室和 RSA 数据安全有限公司的罗纳德·L. 李维斯特（Ronald L. Livest）设计的。原始的 MD 算法从未公开发表过，第一个公开发表的是 MD2，接下来是 MD4 和 MD5。MD2、MD4 和 MD5 都产生一个 128 位的消息摘要。

李维斯特在 1989 年开发出 MD2 算法。在该算法中，首先对信息进行数据补位，使信息的字节长度是 16 的倍数；然后以一个 16 位的检验和追加到信息末尾，并且根据这个新产生的信息计算出散列值。

为了加强算法的安全性，李维斯特在 1990 年又开发出 MD4 算法。MD4 算法中信息被处理成 512 位迭代结构的区块，而且每个区块要通过三个步骤的处理。但研究人员很快发现了攻击 MD4 版本中第一步和第三步的漏洞，并向大家演示了如何利用一部普通的个人电脑在几分钟内找到 MD4 的碰撞（对不同的内容进行加密，却可能得到相同的加密结果）。

于是，1991 年李维斯特对 MD4 进行改进并设计了 MD5 算法，如图 2-5 所示。MD5 算法比 MD4 算法复杂，并且速度较 MD4 快了近 30%，在抗安全分析方面表现更好，因此在实际应用中受到欢迎。

2004 年 8 月，在美国加州圣巴巴拉国际密码学会议（CRYPTO 2004）上，我国学者山东大学的王小云教授做了破译 MD5 等算法的报告，公布了 MD 系列算法的破解结果，MD 系列算法被破解。

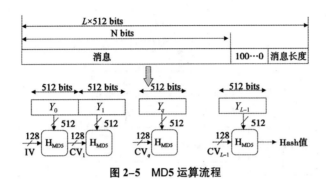

图 2-5 MD5 运算流程

2. SHA 系列

安全散列算法 SHA 系列是美国国家标准与技术研究院 NIST 于 1993 年开发的。两年之后，这个算法被修改为今天广泛使用的形式。修改后的版本 SHA-1 是数字签名标准中要求使用的算法。为了保证哈希算法的安全性，其产生的哈希值的长度不应太短，因为输出长度太短会影响其安全性。SHA-1 接受任何有限长度的输入消息，并产生长度为 160 比特的 Hash 值，相比 MD5 仅仅生成 128 位的摘要，其抗穷举性更好。

2008 年，美国国家标准与技术研究院对国家标准进行更新，规定了 SHA-1、SHA-2，SHA-2 又包括 SHA-224、SHA-256、SHA-384 和 SHA-512 这几种单向散列算法。其中，SHA-1、SHA-224 和 SHA-256 适用于长度不超过 2^{64} 二进制位的消息，SHA-384 和 SHA-512 适用于长度不超过 2^{128} 二进制位的消息。

对 Hash 函数的攻击也是寻找碰撞的过程，攻击者的主要目标并不是要恢复原始的明文，而是要用非法消息替代合法消息进行伪造和欺骗。Hash 函数比较常见的攻击方法有生日攻击、比特追踪、模差分等。当然，没有完全安全的算法，SHA-256 算法只能保证区块链技术现在的安全性，但是在发展过程中会出现取代它的算法，中本聪也承认算法的升级是必要的。

二、Merkle 树

（一）Merkle 树的特点

Merkle 树，也称为默克尔树、哈希树，是一种二叉树，它由一个根节点、一组中间节点和一组叶节点组成，如图 2-6 所示。

Merkle 树的特点如下。

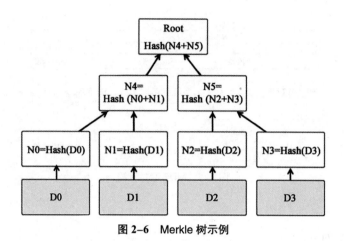

图 2-6　Merkle 树示例

（1）最下面一层的叶节点，如 N0 中包含存储数据或其哈希值。

（2）每个中间节点是对它的两个子节点内容两两哈希运算的哈希值，如 N4 是通过对 N0、N1 的值进行哈希运算获得的。

（3）根节点是由它的两个子节点 N4、N5 内容的哈希值组成的。

Merkle 树是哈希大量聚集数据块的一种方式，它依赖于将这些数据块分裂成较小单位的数据块。每一个小单位数据块仅包含几个数据块，然后取每个小单位数据块再次进行哈希，重复同样的过程，直至剩余的哈希总数仅变为 1，也就是根哈希。

（二）Merkle 树在区块链中的应用

在 Merkle 树中，底层子节点数据的任何变动都会传递到父节点，再一直到树根。因此 Merkle 树常常被用来进行数据比对和验证。

应用 Merkle 树的好处主要有以下两点。

（1）极大地提高了区块链的运行效率和可扩展性，在区块链中只包含根哈希值而不必封装所有底层数据，这使哈希运算可以高效地进行。

（2）可支持"简易支付验证协议"（simplified payment verification，SPV）。在不运行完整区块链网络节点的情况下，能够对交易数据进行检验。

SPV 中的"Merkle 证明"是用于证明某笔特定交易存在于特定的一个区块中，用户无须检查区块中的所有交易。中本聪的论文描述了简易支付验证。它允许交易接收者仅需利用 Merkle 树就能证明交易发送者对所支付的资金具有控制权。但这并不能保证这笔资金之前没有被花费掉，将交易提交给矿工才能获得这种保证。

尽管如此，若这笔资金此前被花费掉，SPV 证明也可以被当作受法律认可的数字签名技术，从而成为欺诈行为的有力证据。SPV 允许用户之间安全地进行点对点交易，而节点之间则形成结算层。

三、非对称加密技术

区块链中是使用非对称加密技术来构建节点信任的。

非对称加密是现代密码学最重要的发明。一方面，非对称加密算法是基于数学函数的，而不是建立在字符或位方式替换和置换操作上的；另一方面，与对称密码加密、解密使用同一密钥不同，非对称密码使用两个独立密钥。

（一）非对称加密的提出

1976 年，惠特菲尔德·迪菲（Whitfield Diffie）和马丁·赫尔曼（Martin Hellman）在《密码学的新方向》一文中提出了"非对称加密体制"的思想。他们两人虽然没有给出一个真正的非对称加密算法，但首次提出了单向陷门函数的概念，将非对称加密的研究归结为单向陷门函数的设计，为非对称加密的研究指明了方向。

函数 $f(x)$ 被称为单向陷门函数，必须满足以下三个条件。

（1）给定 x，计算 $y=f(x)$ 是容易的。

（2）给定 y，计算 x 使 $y=f(x)$ 是困难的。

（3）存在 δ，已知 δ 时，对给定的任何 y，若相应的 x 存在，则计算 x 使 $y=f(x)$ 是容易的。

对于以上条件，若仅满足（1）和（2）两条，称为单向函数；第（3）条称为陷门性，δ 称为陷门信息。

当用单向陷门函数 f 作为加密函数时，可将 f 公开，这就相当于公开加密密钥。由于加密函数是公开的，任何人都可以将信息 x 加密成 $y=f(x)$，然后发送给函数的选取者。f 函数的设计者将 δ 保密，用作解密密钥，此时 δ 即为私有密钥。由于只有他拥有私钥（private key），可以利用私钥求解 $x=f^{-1}(y)$。同时，单向陷门函数的第（2）条性质也表明窃听者由截获的密文 y 推测 x 是不可行的。

（二）基本原理与功能

非对称加密的模型如图 2-7 所示。

（1）在发送方发送信息前，首先要获取接收者所发布的加密密钥，也称为公开密钥，简称"公钥"（public key）；然后使用公钥将明文加密成密文后发送。

图 2-7 非对称加密的模型

（2）接收方接收加密信息后，使用解密密钥将密文还原为明文。解密密钥需要保密，因此也称为私有密钥，简称"私钥"。

非对称加密采用的加密密钥（公钥）和解密密钥（私钥）是不同的。由于加密密钥可以公开，因此非对称加密体制又被称为公钥密码体制。非对称加密的通信安全性主要取决于私钥的保密性。

由于非对称加密基于某种数学难题，计算又非常复杂，它的运行速度远比不上对称加密，因此在实际应用中对称加密并没有被非对称加密完全取代，而是利用它们各自的优点，如采用对称密码加密文件，采用非对称密码加密"加密文件"的密钥，从而较好地解决运算速度和密钥分配管理的问题。

非对称加密技术主要的功能体现为以下四点。

（1）信息的机密性。通过数据加密保证非授权人员不能获取加密信息。

（2）数据的完整性。通过数字签名保证信息内容不被篡改或替换。

（3）身份认证性。通过数字签名证明对方的真实身份。

（4）不可否认性。通过数字签名以防发送者否认其已发送的信息。

（三）非对称加密技术在区块链中的应用

在区块链中，非对称加密技术主要用于身份认证和信息加密，它是区块链在去中心化后通过应用密码学产生信任的基础。

1. 身份认证

假设在区块链中存在用户 Alice 和 Bob。Alice 需要向 Bob 证明自己才是真正的 Alice，此时 Alice 只需要用自己的私钥对文件进行加密，并将此加密文件发送给 Bob；然后，Bob 使用 Alice 公开的公钥对此文件进行解密。如果解密成功，不但证明了文件的发送者就是 Alice，也防止了交易抵赖行为。身份认证过程如图 2-8 所示。

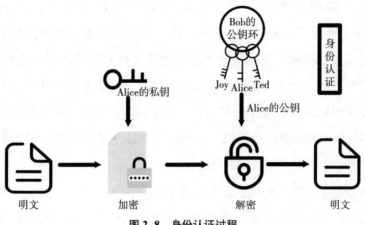

图 2-8　身份认证过程

2. 信息加密

如果 Alice 想要在分布式网络中发送一个文件给 Bob，并且不想该文件被其他人看到，Alice 需要用 Bob 的公钥对文件进行加密后发布至网络。然后，只有拥有与 Bob 公钥配对私钥的 Bob 才能对加密文件进行解密，得到一份明文。通过该加密与解密的过程，可以保障信息传递的安全性。信息加密过程如图 2-9 所示。

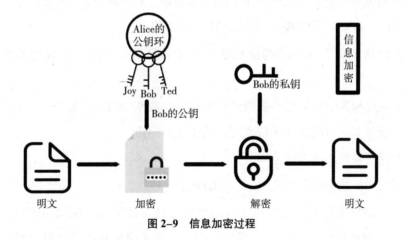

图 2-9　信息加密过程

四、时间戳技术

（一）时间戳的概念

时间戳是指能表示数据在某个特定时间之前已经完整存在并且可以验证的一种技术。

1991年，斯图尔特·哈伯（Stuart Haber）与斯科特·斯托内塔（Scott Stornetta）在《密码研究》期刊发表的一篇论文中首次提出散列化数据链技术设想，他们的初衷很简单，即用其永久留存数字文件的创建时间、最后修改时间，便于解决知识产权归属等纠纷。该问题原本也有一种简单的解决方法，就是由第三方时间戳管理机构负责将文件储存在"数字保险箱"中，这与我们将重要纸质文件存到银行保险箱中是一个道理。但缺陷很明显，文件的所有者牺牲了其隐私，且无法排除第三方机构滥用数据的可能性。

他们认为数字文件时间戳技术需要解决两个问题：第一，数据本身需要携带时间戳；第二，时间戳本身要无法更改。这样就能够实现不再将文件交付第三方时间戳管理机构，而只需提交经过加密的散列值，服务机构签署文件时完成创建时间的确认。

（二）时间戳在区块链中的应用

由于信息在传递过程中存在时差，而数字签名无法解决，所以需要时间戳。时间戳在本质上是经过加密后形成的一种凭证，主要包含文件摘要、数字签名以及接收文件的时间，给予了每个区块独一无二的身份。

时间戳主要负责记录每个区块接收信息的时间，确保每个区块信息的先后顺序。时间戳在区块链中的基本工作原理包括以下几点。

（1）网络节点先对区块的信息通过哈希运算进行加密，生成哈希值（信息摘要）。

（2）通过相关的服务器，提取该哈希值以及数据的时间信息。

（3）服务器会对哈希值进行二次加密生成时间戳。

（4）返回到区块链系统之中。

应用时间戳技术可以实现以下三个方面。

（1）证实特定数据在某个特定时间确实存在，证明区块链交易的真实性。由于时间戳是附在区块交易中的一部分，所以它能证明交易数据此刻已经存在。由于时间具有唯一性，所以每一笔加盖了时间戳的交易也具有唯一性，这使得整个区块链网络能够有确定性地验证某一笔交易是否真实，能有效解决"双花问题"，即重复支出问题。如一笔资金在某人手中已经支出，但因为这笔交易数据的丢失，导致这笔资金可以用来重复支出。要解决重复支出问题，就需要让所有的参与者了解所有的交易，这就要求所有的交易都必须是公开的。一旦出现重复支出，则网络节点要根据交易的真实时间,即时间戳信息作出判断以确认哪一个交易先到达,并且大多数节点要对该结果保持一致的态度。

(2)保证数据不可被篡改。任意数据的变动都会改变区块,时间戳可以确保数据不会被篡改。

(3)实现数据可溯源。时间戳具有时序性,从而使区块与区块之间也具有时序性,交易过程的数据按时间记录,可以实现对数据的溯源防伪。

第三节 P2P 网络

一、P2P 网络概述

P2P 网络主要用于文件共享、点对点共通信、点对点交易等领域。

在计算机科学中,对等网络是由一组共同存储、共享信息的设备组成的,每个参与者(节点)地位相等,充当一个独立的对等方,其结构如图 2-10 所示。

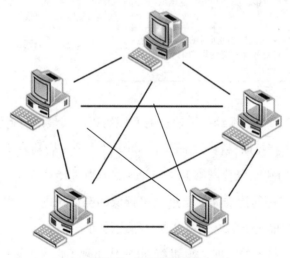

图 2-10　P2P 网络结构

传统客户端/服务器(client/server,C/S)系统中,客户端设备从集中式服务器下载信息,即通过一个中心化的服务端节点,对多个申请服务的客户端进行应答和服务。C/S 系统中服务端是整个网络服务的核心,客户端之间通信需要依赖服务端的协助。一旦服务端出现网络故障,整个网络可能瘫痪。如当前流行的即时通信(instant message,IM)应用大多采用 C/S 架构,手机端 App 仅被作为一个客户端使用，客户端节点之间相互收发消息需要依赖中心服务器，发送方手机客户端会先将信息发给中心服务器，再由中心服务器转发给接收方手机客户端。

与传统 C/S 系统不同，通常情况下，P2P 网络中没有中心服务器或管理员的概念，每个节点都充当其他节点的客户端和服务器。每个节点都可以从其他节点处下载信息、保存信息副本，或者将信息传输至其他节点。由于每个节点都存储、传输和接收信息，因此随着网络用户群的扩大，P2P 网络趋向于更快、更高效。同时，这样的分布式结构也使 P2P 网络不存在单点故障问题，可以很好地抵御网络攻击。本质上，P2P 网络由分布式网络用户共同维护。

P2P 网络与 C/S 网络主要特性对比见表 2-2。

表 2-2 P2P 网络与 C/S 网络主要特性对比

项目	P2P 网络	C/S 网络
中心化	去中心化，每个节点都是中心	完全中心化，依赖中心服务器
扩展性	扩展性好，节点越多，服务和资源越充足	扩展性弱，受制于中心服务器，单个服务端节点的处理能力是有限的，因此中心服务节点的性能往往成为整体网络的瓶颈
健壮性	服务是分散在各个节点之间进行的，部分节点或网络遭到破坏对其他部分的影响很小，具有耐攻击、高容错的优点	单一的服务端，一旦服务节点发生故障，整个服务会陷入瘫痪

实际上，P2P 网络技术经历了较长的发展历程，其最早可追溯到 1979 年杜克大学研究生汤姆·特拉斯科特（Tom Truscott）及吉姆·埃利斯（Jim Ellis）开发出的使用 P2P 结构的新闻聚合网络 USENET。由于当时计算机及计算机网络还处于初步发展阶段，文件的传输需要通过效率较低的电话线进行，集中式的控制管理方法效率极低，便催生了 P2P 网络这种分布式的网络结构。

随着 P2P 网络技术的发展，20 世纪 90 年代出现了世界上第一个大型的 P2P 应用网络 Napster，它同样是由几位大学生开发出来的，主要被用于共享 MP3 文件。Napster 网络采用一个集中式的服务器提供它所有的 MP3 文件的存储位置，而将 MP3 文件本身放置在千千万万的个人电脑中。用户通过集中式的服务器查询所需 MP3 文件的位置，再通过 P2P 方式到对等节点处进行下载。目前由于 Napster 的版权问题已停止运营，但它使用的 P2P 技术却得到广泛传播。

借鉴 Napster 的思想，Gnutella 网络于 2000 年早期被开发。这是第一个真正意义上的"分布式"P2P网络，Gnutella的所有信息都存放在分布式的节点上，用户只要安装了Gnutella就将自己的电脑变成一台能够提供完整目录和文件服务的服务器，并会自动搜寻其他同类服务器。但Gnutella的缺点是承受不住大量的请求。

二、P2P网络在区块链中的应用

虽然C/S架构应用非常成熟，但这种存在中心服务节点的特性显然不符合区块链去中心化的需求。同时，在区块链系统中要求所有节点共同维护账本数据，即每笔交易都需要发送给网络中的所有节点，如果按照传统C/S这种依赖中心服务节点的模式，中心节点需要将大量交易信息转发给所有节点，这几乎是不可能完成的任务。

P2P网络的设计思想与区块链的理念完美契合。在区块链系统中，所有交易及区块的传播并不要求发送者将信息发送给所有节点。节点只需要将信息发送给一定数量的相邻节点，相邻节点收到信息后会按照一定的规则转发给自己的相邻节点，最终将信息发送到网络所有节点。

传统银行系统采用C/S网络架构，以银行服务器为中心节点，各个网点、ATM（自动取款机）为客户端。当需要发起转账时，首先要提供银行卡、密码等信息证明身份，然后生成一笔转账交易发送到中心服务器，中心服务器校验余额充足后记录到中心服务器，便完成了一笔转账交易。

但在区块链系统中，并不存在一个中心节点来校验并记录交易信息，校验和记录工作由网络中的所有节点共同完成。当某一节点需要发起转账时，需要明确转账地址、转账金额等信息，同时还需要对该笔交易进行签名。由于网络中不存在中心服务器，该笔交易会随机发送到相邻节点，相邻节点收到交易信息后进行签名，确认身份合法性后再校验余额是否充足等信息。校验完成后，将该信息转发至其他相邻节点。依次重复，直至网络中所有节点都收到该交易信息。最后，获得记账权的节点会将该交易信息打包至区块，然后再广播至整个网络。区块广播过程如同交易广播过程，收到区块的节点完成区块内容验证后，即会将该区块永久地保存在本地，即交易生效。

通过以上分析，可以发现使用P2P网络技术可以提高区块链网络的安全性。大量分布的节点使区块链技术不受拒绝服务（denial of service，DoS）攻击的影响。

另外，通过与共识机制的结合，在将任何数据添加到区块链之前必须在多数节点之间建立共识，这使得攻击者几乎不可能篡改数据，尤其是在面对体量足够大的区块链网络时更是如此。

当然，尽管拥有如此多优点，但将 P2P 网络技术应用于区块链也有一定的局限性。由于每个参与的节点都必须更新公共账本，因此向区块链添加交易需要大量的计算能力。这在提供极强安全性的同时，也大大降低了使用效率，这是目前区块链在可扩展性和广泛使用方面所面临的主要障碍之一。

第四节　共识机制

一、拜占庭将军问题

拜占庭将军问题（Byzantine Generals Problem）是莱斯利·兰伯特（Leslie Lamport）在 1982 年提出的，核心是要解决信任问题。拜占庭帝国（东罗马帝国）国土辽阔，驻守边疆的各支军队距离远，将军间依靠信差传递消息。根据规定，只有在所有将军和副官达成共识的情况下才能攻打敌人。但因为军队内部存在叛徒和间谍，他发出的错误信息可能会影响出兵决定。"拜占庭将军问题"就是在已知存在叛徒的情况下，忠诚的将军如何不受影响达成正确共识的问题。

将"拜占庭将军问题"应用到科技领域，就是要处理分布式系统的信息交互问题，即当网络中任意节点都无法相互信任时，如何防范信息被篡改并达成共识进行安全的信息交互。

二、共识机制的概念

共识，是指不同群体所寻求的共同的认识、价值、想法等在某一方面达成一致意见。共识机制就是确定达成某种共识和维护共识的方式。区块链的共识机制就是一种重要的规则安排，这种规则安排用技术来实现。它是结合经济学、博弈论等设计出来的一套保证区块链中各节点都能维护区块链系统的技术方法。

共识机制是至关重要的，可以说共识机制是区块链技术的核心。共识机制在很大程度上决定了整个区块链系统节点间的相互信任程度，也决定了其他使用者对于区块链上数据的信任程度。借助共识机制，必须在尽可能短的时间内完成 P2P 网络分布式数据的记录，做到整个流程安全，由此形成一种难以攻破的、不可篡改的、诚实可信的分布式多节点数据记录系统，最终实现对人的去信任以及对技术的信任。

三、共识机制的性质

共识机制是保持区块链安全稳定运行的核心。由于区块链采用的是分布式的 P2P 网络，因此各节点记账时难免会出现内容不一致、时间不一致等问题，甚至有些节点还会人为造假、篡改数据，这就需要共识机制来对各节点进行验证，保证最新区块被准确添加至区块链，就区块信息达成全网一致共识。

共识机制作为区块链的重要组件，需要满足两个性质。

（一）一致性

区块链系统中所有记账节点的数据要一致，保证全网一致的区块链账本。

（二）有效性

由某个诚实节点发布的信息将被其他所有诚实节点记录在自己的区块链中。

四、衡量区块链共识机制的标准

区块链技术可支持不同的共识机制，不同的共识机制对系统整体性能产生不同影响。设计共识机制是区块链的关键，一般要考虑安全性、扩展性、性能效率和资源消耗四个方面。

（一）安全性

安全性是指是否具有良好的容错能力。如在金融交易中，最主要的安全问题就是如何检测和防止二次支付行为。

（二）扩展性

扩展性是指是否支持网络节点的扩展，通常以网络吞吐量来衡量。扩展性主要考虑当系统成员数量和待确认交易数量增加时，其带来的系统负载和网络通信量的变化。

（三）性能效率

性能效率是指从交易达成共识被记录在区块链上到最终被确认的时间延迟，可以理解为系统每秒处理确认的交易数量。

（四）资源消耗

资源消耗是指在达成共识的过程中系统消耗的计算资源 [主要包括 CPU（中央

处理器）、内存等] 以及网络通信资源。

五、常用的共识机制

下面主要介绍区块链常用的共识机制，主要有拜占庭一致性算法、工作量证明、权益证明和股份授权证明。

（一）拜占庭一致性算法

拜占庭问题的容错算法（Byzantine fault tolerance，BFT）要解决的是网络通信可靠，但节点可能发生故障的情况下，网络如何实现一致性的问题。1999年，数学家米格尔·凯斯特罗（Miguel Castro）和芭芭拉·利斯科夫（Barbara Liskov）提出实用拜占庭容错算法（practical Byzantine fault tolerance，PBFT），其核心思想是每个收到命令的将军都要去询问其他人他们收到的命令是什么，以此来确定命令的真实性。该算法解决了原始拜占庭容错算法效率不高的问题，将算法复杂度由指数级降低到了多项式级，使得拜占庭容错算法在实际系统中变得可行。

PBFT 共识机制是"少数服从多数"，根据信息在分布式网络完成所有节点的传播和交换，而后各个节点列出所得到的信息，一个节点代表一票，选择大多数节点的投票结果作为共识方案。

PBFT 将容错数量控制在全部节点的 1/3，只要有超过 2/3 的正常节点传播接收正确信息，整个系统就会正常运作。

（二）工作量证明

工作量证明是加密货币系统使用的一种共识机制，它是用工作量结果来证明贡献大小，再根据贡献大小确定记账权和奖励。PoW 的核心是当一个"新的区块"要加入区块链时，区块链中的各节点要通过竞争解决一个数学难题以获得对区块的记账权。其具体过程如下。

（1）每个参与的节点必须不断通过尝试将不同的随机数（nonce 值）作为哈希函数的输入，并计算哈希值，该哈希值要小于某一给定的目标值。

（2）一旦某个节点计算得到满足条件的随机数就会被广播到网络中，其他参与节点只需要验证该值的正确性。其中，验证该哈希值是否正确的难度要远远低于找到随机数，难于计算但易于验证是工作量证明机制的主要特点。

（3）其他节点在确认该值正确后，还需再进一步验证区块中交易的合法性。

（4）最终参与计算该值的交易集合被承认为合法交易，以"新的区块"被添加到区块链中。如此这般网络持续同步，网络上的所有节点都使用一致的账本。

由于在某个节点上找到一个有效的哈希值前会计算出很多的无效值，这将会降低网络信息的传输速率。PoW 算法是通过增加发送信息成本、降低信息传输速率，并加入一个随机元素，以确保在某一时刻网络中只有一个节点可以进行信息广播。

在分布式网络中，由于存在多个不同节点同时找到满足条件的随机数的可能性，这时会出现多个有效的区块，从而导致分叉。但在两个分支中再次同时出现有效区块的可能性会大大降低，因此工作量证明遵循"最长链机制"，即要求所有参与节点在自己认为的最长链后继续生成新的区块。

（三）权益证明

由于 PoW 机制会造成巨大的电力消耗，引发人们对能源大量消耗的担忧，继而产生了不需要大量计算的权益证明机制。

PoS 机制并不要求区块链中的参与节点通过大量的计算去寻找符合要求的随机数，而是要求参与节点证明它对一定数量货币的所有权。通常大家会认为拥有更多货币的人更希望网络能够正常运转，故其攻击网络的可能性较小。PoS 缩短了达成共识的时间，记账效率高于 PoW。

但完全基于账户余额的做法非常不公平，这将会导致部分人在网络中占绝对的主导地位，因此出现了许多改进的方案，通过结合权益的大小来决定下一个区块的生成方案。如 Blackcoin 使用一种公式，结合权益大小，通过随机概率来寻找最小的哈希值以确定下一个区块的生成者。PPcoin 采用"币龄"的概念，持有更多且更久的货币参与者将更有可能获得下一个区块的生成权。

（四）股份授权证明

股份授权证明是一种基于投票选举的共识机制，即在 PoS 基础上加上"选举"限制条件。DPoS 是先通过权益进行投票选出多个区块生产者，然后由区块生产者按照既定的时间表轮流生产出区块。在基于 DPoS 的区块链中，由节点代表负责验证和记账，但是全体节点可以随时罢免和任命节点代表。

DPoS 机制大幅缩减了参与验证和记账节点的数量，提升了网络的性能和效率。但由于验证节点的数量有限，使去中心化的程度大大降低。

以上四种共识机制的主要差异见表 2-3。

表 2-3　四种共识机制的主要差异

特性	PBFT	PoW	PoS	DPoS
节点管理	需许可	无许可	无许可	无许可
交易延时	低（毫秒级）	高（分钟）	低（秒级）	低（秒级）
吞吐量	高	低	高	高
节能	是	否	是	是
安全边界	恶意节点不超过 1/3	恶意算力不超过 1/2	恶意权益不超过 1/2	恶意权益不超过 1/2
代表应用	Fabric（Rev0.6）	Ethereum	Peercoin	BitShares
扩展性	差	好	好	好

第五节　智能合约

一、智能合约的概念

2013 年 12 月，以太坊创始人维塔利克·布特林（Vitalik Buterin）开发了以太坊区块链平台，除了可基于内置的以太币（Ether）实现数字货币交易外，还提供了图灵完备的编程语言以编写智能合约，从而首次将智能合约应用到区块链。

智能合约最早由萨博于 1994 年提出，他将智能合约定义为"执行合约条款的可计算交易协议"。2016 年，英国政府顾问报告中将智能合约定义为"一种用计算机语言取代法律语言去记录条款的合约，可以由一个计算系统自动执行"。2017 年，在我国工业和信息化部中国电子技术标准化研究院发布的《区块链 数据格式规范》（中国区块链技术和产业发展论坛标准）中，将智能合约定义为"以数字形式定义的能够自动执行条款的合约"。

综上所述，我们可从不同角度来对智能合约进行描述。

（1）从计算机科学的角度，智能合约是一套以数字形式定义的承诺[①]，包括合约参与方执行这些承诺的协议。这些协议一旦制定与部署，不需要人为干预就能实现自我执行（self-executing）与自我验证（self-verifying）。

（2）从技术开发者的角度，智能合约是一个运行在安全环境下的计算机程序，可以自主地执行全部或部分与合约相关的操作，并产生相应的可以被验证的证据来说明执行合约操作的有效性。智能合约有狭义和广义之分，其中，狭义的智能合约是指内嵌于区块链上的自定义程序脚本。广义的智能合约包含程序脚本的编

---

① 承诺是指合约参与方同意的权利和义务。

程语言、编译器、虚拟机、事件、状态机、容错机制等。

（3）从应用的角度看，智能合约可以约束参与方以事先约定的规则自动执行业务，使区块链能够灵活支持各类去中心化业务应用。

在理解智能合约时，还需要注意以下两点：第一，智能合约里面的"智能"并不是人工智能的"智能"，智能合约属于事件驱动型概念，而不是人工智能。为了避免造成误解，IBM 称之为"链上代码"（chaincode）。第二，智能合约的"合约"并不是法律合约。因为一方面智能合约是没有匹配的法律框架的技术；另一方面智能合约并非法律所界定的有效力的合同，没有相关的法律条文及框架来保护参与者。智能合约与法律合约之间的差别具体见表 2-4。

表 2-4 智能合约与法律合约之间的差别

对比项	智能合约	法律合约
自动化方面	自动判断触发条件	人工判断触发条件
主客观方面	适合客观性（可用数学去衡量价值）的请求	适合主观性（需要人类的判断）的请求
成本方面	低成本	高成本
执行方面	事前预防	事后执行（提供了事前的激励）
违约惩罚方面	依赖于司法体系	依赖于抵押品或保证金
适用范围方面	受限于具体辖区	全球性

二、智能合约的主要特征

智能合约具有以下主要特征。

（一）数字化

智能合约是一段运行在区块链上的数字化计算机程序代码，它由计算机执行。

（二）自治性

智能合约一旦部署到区块链上，其执行过程和验证过程是自治的，即实现自我执行和自我验证，不需要合约发起者的任何干预。

（三）防篡改性

把执行合约的基本环境与共识算法融合在一起，合约状态的改变不是由单个节点决定，而是由多个节点一起决定，从而保证了合约执行的可验证性与可信性。

(四)透明性

区块链对合约代码与状态的存储保证了智能合约的透明性,可以通过用户界面观测合约的所有状态,包括合约本身及合约执行过程的记录等。

(五)强制性

在传统合约中,任何一方必须彼此信任并履行义务。但智能合约与之不同,同样是履行义务,但无须信任彼此。因为智能合约不但是由代码进行定义的,也是由代码(强制)执行的,通过全自动执行替代人的自主判断,人工无法干预。

当前智能合约的操作对象大多为数字资产,数据上链后难以修改、触发条件强等特性决定了智能合约的使用具有高价值和高风险,如何规避风险并发挥价值是当前智能合约大范围应用的难点。

三、智能合约的运行原理

(一)智能合约模型

智能合约模型是运行在可复制、共享的账本上的计算机程序,可以维持自己的状态,控制自己的资产(状态、价值与代码一样被存储在账户上),还可以对接收的外界信息进行回应,如图 2-11 所示。

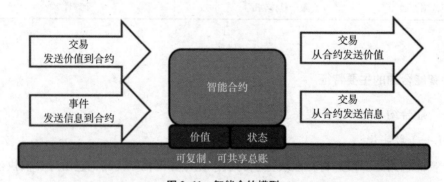

图 2-11 智能合约模型

该程序就像一个可以被信任的机构,可以临时保管资产,总是按照事先的规则执行操作。

(二)智能合约运作原理

智能合约只是由一个事务 / 事件处理模块和状态机构成的系统,并不能产生智能合约,也不会修改合约,只是为了让一组复杂的、带有触发条件的事务 / 事件能够正确执行。

智能合约由发送到合约的事务／事件驱动，其中，事务主要包含发送的数据，而事件则是对这些数据的描述信息。一旦触发条件满足，智能合约自动发出预设的事务，以及触发条件所对应的响应事件。由此可见智能合约以事务或者事件的方式经过智能合约模块处理后还是一组事务和事件。

四、智能合约在区块链中的应用

基于区块链的智能合约构建与执行主要包括以下几个方面。

（一）多方用户共同参与制定智能合约

（1）每个用户首先注册为区块链的用户，区块链返回给用户一对公钥和私钥。其中，公钥作为用户在区块链上的账户地址，私钥作为操作该账户的唯一钥匙。

（2）多个用户根据需要共同商定一份承诺，承诺中包含各方权利和义务。利用智能合约语言将权利和义务数字化后并进行编译。参与用户分别用各自的私钥进行签名，以确保智能合约的有效性。

（3）将签名后的智能合约发送到区块链网络。

（二）部署智能合约到区块链

（1）智能合约通过 P2P 的方式在区块链网络中被广播，每个节点都会收到。其中，区块链中的验证节点会将收到的智能合约先进行保存，等待新一轮的共识时间触发对该份智能合约的共识与处理。

（2）共识时间到后，验证节点会把最近一段时间内保存的所有智能合约打包成一个智能合约集合，并计算出该智能合约集合的哈希值，之后将哈希值组装成一个区块广播到全网。其他验证节点收到这个区块后，会把包含的智能合约集合的哈希值与自己保存的智能合约集合进行比较，同时发送一份自己认可的智能合约集合给其他验证节点。通过这种多轮的发送和比较，所有的验证节点最终在规定的时间内对最新的智能合约集合达成一致。

（3）最新达成的智能合约集合会以区块的形式被广播至全网，如图 2-12 所示。每个区块包含当前区块的哈希值、前一区块的哈希值、达成共识时的时间戳以及其他描述信息。同时，区块中最重要的信息是一组已经达成共识的智能合约集合。收到智能合约集合的节点，都会对每条智能合约进行验证，验证通过的智能合约才会最终写入区块链中。例如写入以太坊区块链上，即可获得合约账户地址，以及调用合约所需的接口，验证的内容主要是合约参与者的私钥签名是否与账户匹配。

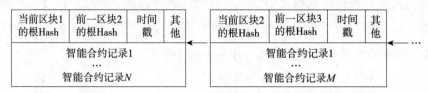

图 2-12 合约区块链

（三）自动执行智能合约

（1）智能合约会定期检查自动机状态，逐条遍历每个智能合约内包含的状态机、事务以及触发条件，将条件满足的事务推送到待验证的队列中等待共识，未满足触发条件的事务将继续存放在区块链上。

（2）进入最新轮验证的事务，会被广播到每一个验证节点，与普通区块链交易或事务一样，验证节点首先进行签名验证，以确保事务的有效性；验证通过的事务会进入待共识集合，等大多数验证节点达成共识后，事务会成功执行并通知用户。

（3）事务执行成功后，智能合约自带的状态机会判断所属合约的状态，当合约包括的所有事务都按顺序执行完后，状态机会将合约的状态标记为完成，并从最新的区块中移除该合约；反之将标记为进行中，继续保存在最新的区块中等待下一轮处理，直到处理完毕。整个事务和状态的处理都由区块链底层内置的智能合约系统自动完成，全程透明、不可篡改。

部分区块链系统的智能合约特性见表 2-5。

表 2-5 部分区块链系统的智能合约特性

区块链平台	是否图灵完备	开发语言
以太坊	完备	Solidity
EOS	完备	C++
Hyperledger Fabric	完备	Go
Hyperledger Sawtooth	完备	Python
R3 Corda	完备	Kotlin/Java

第六节　区块链的扩展技术

区块链的扩展技术主要包括跨链、区块链大规模基础设施、多方安全计算等数字化技术，可以提升区块链技术对各种场景的应用适配能力。

一、跨链

（一）跨链概述

所谓跨链，就是指通过连接两个或多个相对独立的区块链系统，实现不同链之间的区块链账本互操作。

在目前大多数的区块链应用中，底层的链大多是一个独立、垂直的封闭体系，链与链之间缺乏统一的互联互通机制，这极大地限制了区块链技术和应用生态的健康发展。此外，单链由于受到目前共识速度的限制，节点的执行性能无法做到线性扩展，这限制了区块链在高交易吞吐量、低延迟场景中的应用。随着区块链运行时间的增长，其存储量也将逐渐增长，且这种数据增长的速度甚至会超过单链存储介质的容量上限。

跨链技术是实现万链互联的关键技术，它的出现打通了链与链之间的数据隔离，成为连接各底层区块链的桥梁，通过横向扩展突破了单链架构下的性能瓶颈。它能够解决现有区块链技术在单链架构下存在的性能、容量、隐私、隔离性、扩展性上的瓶颈，能够解决区块链应用在单链上无法完整实现的困扰，是打破价值孤岛、确保信用、实现价值流转的关键。

跨链技术是实现区块链网络向大规模组网发展的基础，也是实现价值互联网的关键，它在资产转移、资产交换、金融衍生品抵押、担保、跨链数据访问、跨链智能合约交互等场景下具有重要作用。

（二）主要跨链技术

目前主流的跨链技术包括公证人机制（notary schemes）、侧链/中继（sidechains/relays）、哈希锁定（Hash-locking）三种。

1. 公证人机制

公证人机制是一种简单的跨链机制，它本质上是一种新型中介方式。因为跨区块链交易双方不互信，故要引入"公证人"，即双方都能够共同信任的第三方中介进行交易。公证人不断地进行数据收集，并进行交易验证和确认。公证人机制通常用于数字货币交易、金融公证与金融风险防控等场景中。

2. 侧链 / 中继

侧链 / 中继是一种协议，侧链的技术形式保障了资产在不同区块链之间的安全转移，它本质上是锚定某种原链上的代币为基础的新型区块链。若两条链的连接是由某数据结构完成的，则称这个数据结构是两条链的中继。如果数据结构本身也是区块链结构，通常称为中继链（relay chain），中继链更为灵活，中间人不存在数据的认证，而是仅收集数据提供给另一条链。接收链收到中间人发送来的链数据后自行验证，并完成交易确认的工作。

3. 哈希锁定

哈希锁定全称哈希时间锁定合约（Hash time lock contract）。哈希锁定模式是指"用户在规定的有限时间段内对于哈希值的原值进行输入以确认支付的一种机制"。具体来讲，它是在智能合约进行的基础上，双方先行实施对资产的锁定。若双方能够在既定的有限时间段内输入正确的哈希值原值，即交易成立。哈希锁定通常用于小额支付的快速确认。

（三）跨链技术应用方案

各种跨链方案虽然有不同的优缺点与适用场景，但是都解决了各区块链底层之间难以互联互通、互认互信的问题，也解决了区块链技术在单链架构下存在的性能容量不足等问题。从全链到跨链，意味着区块链作为一种去中心化的单链逐步互联，从而成为区块链网络，大大提升了网络中各主体的交互、融合能力。

如浙商银行分布式融合跨链平台，能够实现公有链、联盟链、私有链以及其他跨链协议、跨链网络的互联互通，实现价值在不同底层区块链网络中的可靠流转，该跨链平台架构如图 2–13 所示。

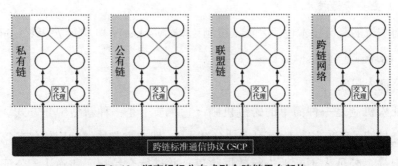

图 2–13　浙商银行分布式融合跨链平台架构

该跨链方案在安全性、可靠性与可用性标准上符合金融行业应用对高安全、高可用、高效率的要求，在促进跨行业、跨机构、跨地域的跨链价值可靠传递和商业合作上起到了桥梁的作用。该跨链平台组件如图2-14所示。

图 2-14　浙商银行分布式融合跨链平台组件

二、区块链大规模基础设施

（一）区块链大规模基础设施概述

在跨链技术的支持下，区块链大规模组网得以实现。然而单纯的横向跨链扩展将使得区块链网络既复杂又难以管理。随着区块链技术应用的推广及在垂直领域应用的深入，为了提升区块链网络的可扩展性与大规模组网能力，区块链大规模基础设施应运而生。区块链多层级大规模基础设施主要包括区块链计算资源、区块链存储资源、区块链网络资源、区块链底层平台及区块链相关开发组件资源等。

区块链大规模基础设施方案对区块链大规模组网的网络架构进行了设计，提升了网络的可用性与可靠性。区块链大规模基础设施方案主要包括区块链的多层级组网模式、BaaS 平台、中间件平台等基本解决方案。

1. 多层级组网模式

多层级组网模式通过对区块链节点的分层管理来实现区块链组网的大规模横向扩展性。区块链大规模基础设施通过全局统一标识与跨链技术，支持多层级的区块链组网模式，支持国家级的大规模区块链应用与治理需求。上级主链通过锚节点获取子链中的关键数据，对子链进行管理。

同时，每条子链都可以以共识节点、非共识节点、轻节点、轻客户端等多个层级构成的网络架构提高该级子链的扩展性，扩大组网规模，如图 2-15 所示。其中，共识节点参与区块链上交易的共识，每个共识节点将存储全量数据；非共识节点不参与区块链上交易的共识，但也将存储全量数据；轻节点只用于交易的证明验证，存储部分数据；轻客户端往往由物联网终端设备组成，进行外部数据的可信采集。为了提升区块链网络的共识效率，共识节点的数量一般被控制在一定范围以内，非共识节点、轻节点、轻客户端的数量往往可以横向扩展至较大数量级，从而提升区块链网络的可扩展性。

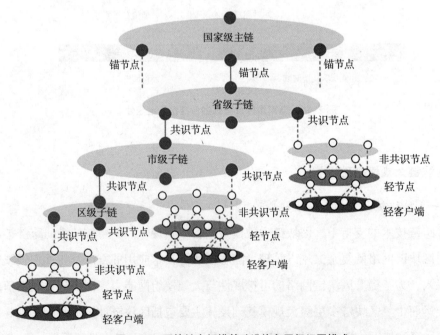

图 2-15　区块链大规模基础设施多层级组网模式

2. BaaS 平台

BaaS 是指将区块链框架嵌入云服务中，利用云服务设施的部署和管理优势，为用户提供快速便捷地创建、管理和维护区块链网络及应用的一站式区块链服务。

BaaS 平台加速了区块链业务应用程序的开发、测试和启动流程，并有助于在各个行业中实现区块链业务应用场景。开发者往往可通过 BaaS 平台直接调用场景化 API（应用程序编程接口），简化开发流程，降低区块链技术应用到业务场景的技术门槛，让区块链 BaaS 应用平台服务于多种应用场景。

3. 中间件平台

中间件可以实现区块链网络的快速部署和可视化监控运维、智能合约的便捷开发、业务场景的快速落地，为用户提供便捷的区块链生态配套服务。

中间件平台一般封装了搭建区块链服务所需的基本服务功能，适合多种合作模式下的区块链服务搭建，对区块链开发者也更为友好。合作方可通过接入层 OpenAPI 直接调用区块链存证服务，也可以对接中间件平台的服务层功能模块，自主开发符合自身需求的上链服务以及区块链信息管理服务。同时针对不同的区块链底层平台，中间件平台均进行了适配，使区块链开发者可以更加专注区块链服务的开发。

（二）典型的区块链大规模基础设施应用方案

1. 星火·链网

星火·链网是国家区块链与工业互联网协同新型基础设施，于 2020 年 8 月 30 日正式启动，在工业和信息化部的指导与支持下，由中国信息通信研究院牵头发起。

星火·链网包括超级节点、骨干节点、企业节点、公共递归节点等网络层级，目前已在全国 10 余个城市推进超级节点建设，10 余个面向产业的骨干节点在建，未来将形成以产业、人才和资金集聚为特征的多层次化的开放生态体系。[1]

2. Hyperchain

杭州趣链科技有限公司（以下简称"趣链科技"）成立于 2016 年，专注于数据共享平台。Hyperchain 是趣链科技自主研发的区块链底层平台，在 2021 年 9 月发布的新版本中支持了全新的多层级异构区块链并行网络架构，将区块链网络架构分为主链、基础子链与扩展子链，实现了多级异构（同构）子链的扩展与管理，以及多类型区块链节点的分层组网模型，形成大规模可治理的区块链网络。[2]

---

[1] 星火·链网 https://www.bitfactory.cn/xhlw.html.
[2] 趣链科技 https://www.hyperchain.cn/.

三、多方安全计算

（一）多方安全计算概述

随着数据资产化的发展，人们渐渐认识到对于数据资产的流转来讲，没有隐私计算，不能解决数据本身的安全和隐私保护问题；没有区块链，不能解决数据的确权问题以及在更大范围内的数据网络协作问题。将区块链和隐私计算二者结合起来，建设大规模数据流通网络，在目前的实践中成为有所共识的探索方向。

多方安全计算是密码学技术的一个重要分支，是由姚期智院士于1986年提出的概念，其目的是在多方协同计算的场景下保证各方数据的私密性。

传统意义上，密码学是为了隐藏内容，从而保证数据通信和传输的安全性与完整性。而多方安全计算可以保证多个数据所有者在互不信任的情况下进行协同计算，输出计算结果，并保证任何一方均无法得到除应得的计算结果之外的其他任何信息。换句话说，多方安全计算技术可以获取数据使用价值，却不泄露原始数据内容。

区块链具有业务协同、存证溯源的优势，而多方安全计算具有隐私保护的优势，通过结合区块链技术与多方安全计算技术，可以实现多企业、机构之间的高效安全数据共享，促进跨部门、跨机构、跨领域系统数据的互联互通，在保护数据隐私的基础上提升多方数据协作的效率，更好地发挥数据价值。

多方安全计算流程如图2-16所示。其中，任务发起方向调度方发起多方安全计算任务的请求，由算法提供方提供算法逻辑之后，调度方进行任务信息的配置；计算方在用相应的计算因子对数据提供方的数据进行计算之后，将结果发送给结果使用方。一个区块链节点可以同时扮演多种多方安全计算角色，例如计算方与

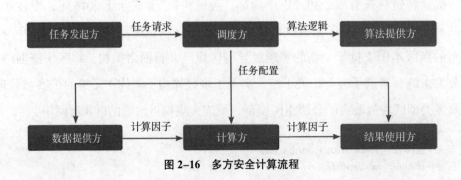

图2-16 多方安全计算流程

数据提供方是同一个机构；多个区块链节点也可以组成同一个多方安全计算角色，例如将多个节点以集群的方式组成一个计算方。

（二）典型应用方案

区块链与隐私计算的结合是未来的必然趋势，技术融合解决方案的探索正在进行当中。

1. 微众银行的 WeDPR 平台

2020 年 1 月，微众银行发布了即时可用场景式隐私保护高效解决方案 WeDPR。WeDPR 融合了区块链技术与隐私计算技术，使实际商业场景中的敏感数据在区块链上可以得到更好的隐私保护。WeDPR 为"区块链 + 隐私计算"的融合发展探索出新路径，助力落地更多的应用场景，可应用于支付、供应链金融（supply chain finance，SCF）、跨境金融、投票、选举、榜单、竞拍、招标、摇号、抽检、审计、隐私数据聚合分析、数字化身份、数字化资质凭证、智慧城市、智慧医疗等广泛的业务场景。2021 年 5 月，结合区块链和多方安全计算的优势，微众银行又推出多方大数据隐私计算平台 WeDPR-PPC。

2. 蚂蚁链的 FAIR 平台

2021 年 10 月 22 日，在云栖大会上，蚂蚁集团旗下蚂蚁链推出全新区块链网络平台 FAIR。这是蚂蚁链区块链架构的全新升级。在新架构上，隐私计算成为一种原生能力，在出厂设置中就与区块链一起融合到单个系统内。这是业内首个提出将隐私计算作为原生能力的区块链网络平台。在未来，这有可能成为数据资产流转的"高速公路"。

FAIR 平台是面向数据隐私计算与协作融合的一体化产品。核心基于区块链和隐私计算技术，提供包括数据接入发布、协作计算、价值分配和流转的全生命周期处理能力，是面向未来数据要素流通领域所设计的数据交付平台。基于智能合约编排、调度，实现数据从分类分级导入、发布注册、授权计算到价值流转分配全链路的可信、可证和隐私安全。得益于蚂蚁链在底层技术的积累，该平台融合了多方安全计算、可信执行环境（TEE）、联邦学习（FL）三类主流的隐私计算技术。

FAIR 平台已经在政务领域、大型企业中落地，并且在金融等更多领域的探索正在进行当中。

3. 趣链科技的 BitXMesh

以趣链科技为代表，通过引入隐私计算技术，为已有联盟链提供数据交换、数据保护、数据共享的信任平台，提升联盟链的数据交换效率，扩大联盟链的应用范围。

趣链科技提出"链上链下协同"的概念，研发出数据共享与安全计算平台 BitXMesh，实行链上授权、链下交换的数据协作模式，在金融、政务、医疗、司法、新能源等领域实现了商业化落地。

2019 年，趣链科技在为多家银行搭建金融数据共享平台时，发现区块链技术在隐私保护能力和数据处理性能上无法满足客户的需求。以金融风控为例，个人用户的开卡信息、银行的黑名单都是敏感数据，如果以公开透明的明文信息进行展示，很容易产生数据泄露，致使数据被非法交易，从而危害企业利益、侵犯用户个人隐私。以数据处理为例，抵押贷款信用评级需要使用多家银行、多个企业的多种业务数据，区块链技术更侧重于数据的可信确权以及便于流通审计溯源，不善于跨机构数据的隐私安全计算。能否保护敏感数据的隐私和安全，直接影响各场景下数据流通和共享，趣链科技发现隐私计算既能拓展平台的数据储存和处理能力，还能保证敏感数据的隐私和安全。因此，2019 年趣链科技开始在区块链技术中引入隐私计算，推动技术融合。在技术应用的探索中，趣链科技还发现隐私计算技术的应用可以大大帮助拓展联盟链的业务节点规模。未来，随着互联网硬件设施基础能力的提升，联盟链的价值会进一步提升。

目前，趣链科技的区块链与隐私计算技术相结合的应用已经在金融领域落地。趣链科技与央行分支机构、银行开展合作，运用区块链＋隐私计算技术创新了数据报送模式。趣链科技在江西南昌成功落地金融业数据共享平台，将以此为标杆性案例，推广至全国更多的城市。

除了金融领域，医药行业、科研机构等领域也存在不信任的多方主体共享隐私数据的市场需求，但由于行业数据涉及隐私、数据格式不统一、收益分配机制不完善等问题难以达成合作，区块链技术＋隐私计算可以实现隐私数据的"可用不可见"和合作双方的互惠共赢，从而满足这一市场需求。截至 2021 年，趣链科技通过搭建区块链平台，与超过百个客户开展了合作，实现了区块链技术的多场景落地。在区块链平台实现数据互联互通的基础上，趣链科技融入隐私计算，提升了区块链平台的数据处理和数据保护能力，降低了联盟链的准入门槛，助力更多中小企业以低成本加入联盟链，拓展了客户群体。

【本章小结】

1. 各类区块链虽然在具体实现上各有不同，但在系统构成上存在共性。一般来说，区块链系统由数据层、网络层、共识层、激励层、合约层和应用层组成。

2. 分布式账本是区块链的核心技术之一。与典型的账本系统不同，分布式账本系统由该系统的所有参与者而不是由一个中心方（例如银行或清算中心）进行维护。它以密码学技术为基础，通过分布式多节点共识机制，完整、不可篡改地记录交易过程。

3. 区块链应用的密码学技术主要包括 Hash 函数、Merkle 树、非对称加密技术以及时间戳技术。

4. P2P 网络由一组共同存储和共享文件的设备组成，每个参与者（节点）地位相等，充当一个独立的对等方。P2P 网络已经成为大多数数字货币的核心技术。

5. 区块链采用的是分布式系统架构，一致性是分布式系统最为基础的研究问题。共识机制主要包括一致性和共识性两个部分：一致性主要是指区块链中的节点数据一致；共识性是指区块链中的节点在数据一致的前提下，达成共识的一种方式方法。区块链常用的共识算法主要有拜占庭一致性算法、工作量证明、权益证明和股份授权证明。

6. 智能合约是以数字形式定义的能够自动执行条款的合约。智能合约具有以下主要特征：数字化、自治性、防篡改性、透明性和强制性。作为一种嵌入式程序化合约，智能合约可以内置在任何区块链数据、交易、有形资产或无形资产上，形成可编程控制的软件定义的系统、市场和资产。

【复习思考题】

1. 简述区块链系统构成。
2. 简述 Hash 算法的特征与应用。
3. 简述工作量证明机制。
4. 简述智能合约的运行原理。

第三章 区块链金融概述

【学习目标】

1. 了解我国区块链金融的发展现状。

2. 理解区块链信任生成机理。

3. 掌握区块链在金融中的应用优势与主要应用场景。

【能力目标】

1. 了解我国区块链金融的发展现状和面临的挑战,培养学生提出问题、分析问题和解决问题的能力。

2. 理解区块链信任生成机理,培养学生的抽象思维能力。

3. 掌握区块链在金融中的应用优势,增强学生的创新意识和创新能力。

第三章 区块链金融概述

【思维导图】

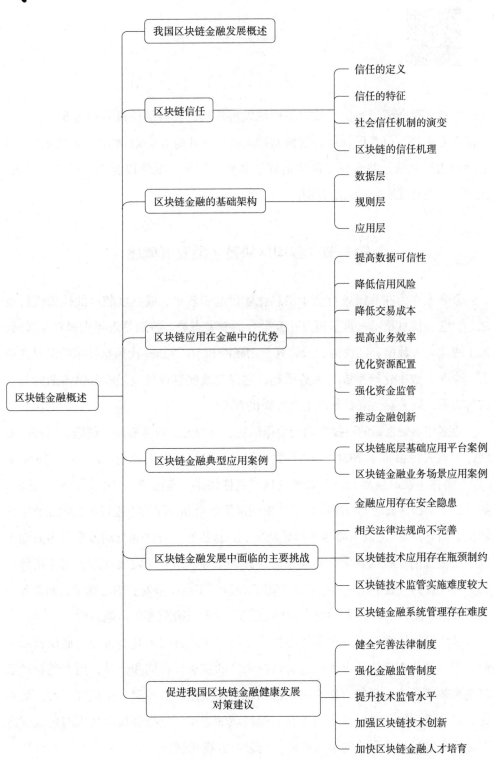

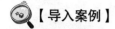【导入案例】

本章主要介绍了我国区块链金融的发展现状、社会信任机制的演变、区块链信任主要机理，以及区块链金融的基础架构，区块链在金融领域中应用的优势与面临的主要挑战，并介绍了区块链底层基础应用平台案例以及以银行业为代表，介绍了区块链技术应用场景案例。

第一节 我国区块链金融发展概述

金融业作为在我国各行业中信息化建设起步较早、成熟度较高的代表性行业之一，它与信息技术一直呈现着相互融合的发展态势。特别是近年来面对互联网、人工智能、大数据、区块链、云计算、物联网和5G等新一代信息技术的颠覆式冲击，金融业数字化转型成为大势所趋，它深刻改变着现代金融服务供需两侧的结构与关系，影响着金融服务的生产与提供方式。

为强化金融创新的科技驱动与数据赋能，支撑金融业务有序、健康、可持续发展，中国人民银行于2021年12月发布了《金融科技发展规划（2022—2025年）》（以下简称《发展规划》），金融科技从"立柱架梁"全面迈入"积厚成势"阶段。随后，中国银保监会办公厅印发了《中国银保监会办公厅关于银行业保险业数字化转型的指导意见》（以下简称《指导意见》），从机制、方法和行动步骤等多方面予以银行业保险业机构数字化转型领先实践的指导。结合《发展规划》与《指导意见》可以看到，数字化转型已成为金融机构进一步高质量发展的必选项，而业务为纲、数据赋能、技术驱动、协同链接则是金融业数字化转型的战略方向。

区块链属于金融科技中的核心技术，因为区块链技术是金融业的底层技术革命。斯万认为在区块链上可以进行任何资产的注册、存储和交易；所有的资产都将变成数字资产，都能直接在区块链系统上实现跟踪、控制、交换和买卖。简单说，区块链金融就是区块链技术在金融领域的应用，泛指区块链技术与传统金融在融合发展过程中形成的金融产品、金融业务模式创新。

面对来自市场需求、同业竞争和内部管理等多重挑战,国内的金融机构已普遍选择区块链技术作为数字化转型的驱动力。2016年,金融机构在私有链的应用方面取得进展,平安集团、招商银行等机构加入R3。2018年IDC(国际数据公司)发布的《全球半年度区块链支出指南》显示,中国区块链市场支出规模1.6亿美元,较2017年增长108%,预计到2022年市场支出规模达16.7亿美元,5年的复合增长率为83.9%,其中第一大支出方向便是金融。2019年,国家及各部委相继出台了区块链相关政策21项,其中金融服务领域6项,占比约28.57%,占比排名第一意味着金融领域是政策指导的区块链技术应用的重点领域。2019年7月,中国银保监会办公厅发布了《中国银保监会办公厅关于推动供应链金融服务实体经济的指导意见》,鼓励银行、保险机构将区块链等新技术嵌入交易环节。

赛迪区块链研究院统计数据显示,从目前区块链在我国应用落地的行业分布来看,金融依然是区块链应用最活跃的领域。2019年,我国区块链应用落地的328个项目中,区块链金融领域落地96项应用,占比约29%,在同期应用落地项目中占比最高,较2018年同比增长41%。2021年,区块链金融领域落地82项应用,占2021年区块链应用落地总项数的24.4%,主要应用集中在贸易融资、供应链金融、支付结算领域,分别占行业落地总数的21.95%、15.85%、12.2%。

区块链金融应用案例涵盖了银行、证券、信托、征信和保险等多个领域,而银行是布局区块链金融最积极的机构,从央行、大型股份制商业银行到城市商行,大部分银行机构都相继部署了区块链应用,其应用场景涵盖了供应链金融、贸易融资、数字资产、房屋租赁、公益扶贫、跨境支付和数字票据等多个领域。根据可信区块链推进计划金融应用工作组2020年不完全统计,金融机构区块链落地领域见表3-1。

表3-1 金融机构区块链落地领域

金融机构	基础平台	资金管理	供应链金融	贸易融资	支付清算	数字资产			延伸领域				
						ABS(资产证券化)	票据	其他	数字存证	溯源	住房租赁	数字发票	电子证照
工商银行	√	√	√			√	√		√	√			
农业银行			√										
中国银行		√		√	√	√							

续表

金融机构	基础平台	资金管理	供应链金融	贸易融资	支付清算	数字资产 ABS（资产证券化）	票据	其他	延伸领域 数字存证	溯源	住房租赁	数字发票	电子证照
建设银行		√	√										
交通银行						√							
邮储银行				√									
招商银行				√	√	√						√	
平安银行	√			√				√					√
浦发银行							√		√				
度小满	√					√							
蚂蚁金服	√				√	√			√				
微众银行			√	√								√	
京东数科	√		√			√	√		√	√			

作为银行在区块链创新成果中的外在体现，区块链专利可以一定程度上代表银行业发展区块链技术的专业水平。零壹智库统计数据显示，截至2019年12月1日，我国共计有15家银行申请了区块链技术相关专利，专利申请数量总计433件，如图3-1所示。其中，专利申请数量最多的3家银行分别是微众银行、中国工商银行和中国银行，申请数量分别为288件、50件和40件。从金融业务和应用场景来看，数字资产是银行最为关注的领域，专利申请数量达到17件；其次是支付结算业务和供应链金融业务，分别是13件、7件，如图3-2所示。

与此同时，越来越多的科技型创新企业也积极探索区块链技术在其他更为广泛领域的应用，如蚂蚁金服、腾讯金融、京东金融等互联网金融巨头结合各自金融生态特色和流量优势，进一步开发了企业在安全服务、物流、溯源等场景方面的应用，产生了更大的经济规模效益。蚂蚁金服区块链技术应用已经涉及互助保险、邮箱存证、医疗、物流等40多个场景，并已有多个成熟应用；腾讯金融云区

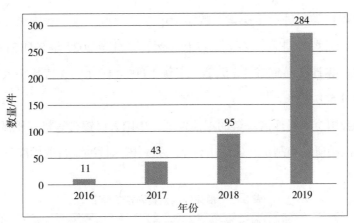

图 3-1　2016—2019 年银行区块链专利申请数量

资料来源：零壹智库。

```
┌─────────────────────────────────────────────────────────────────────┐
│ 金融业务及应用场景专利（139 件）                                    │
├─────────────────────────────────────────────────────────────────────┤
│ ·业务（43 件）    支付结算业务（13 件）  供应链金融业务（7 件）  跨境支付（6 件）   信贷业务（4 件） │
│                   汇款业务（3 件）       征信（3 件）            P2P 理财（2 件）   票据贴现（2 件） │
│                   普惠金融（1 件）       结售汇业务（1 件）      资金存管业务（1 件）               │
│                                                                     │
│ ·应用场景（81 件）身份认证（7 件）       权限管理（5 件）        区块链投票（5 件） 事件发布与订阅（5 件）│
│                   客户数据管理与共享（4 件） 积分（4 件）         密钥管理（3 件）   风险管理（3 件） │
│                   秘密交易（3 件）       卡券管理（2 件）        资产转移（3 件）   溯源（2 件）     │
│                   票据处理（2 件）       反洗钱（1 件）          货币监督（1 件）   离线支付（1 件） │
│                   授信额度管理（1 件）   文档加密（1 件）                                           │
│                                                                     │
│ ·数字资产（17 件） 数字货币（4 件）      数字钱包（4 件）        ……                                │
│                                                                     │
│ ·解决方案         基于区块链技术的营销方法  企业贷款资金跟踪    金融资产交易共识  灾备部署等     │
├─────────────────────────────────────────────────────────────────────┤
│ 基础设施和底层技术专利（151 件）                                    │
├─────────────────────────────────────────────────────────────────────┤
│ ·安全服务（2 件）  ·加密技术（10 件）   ·区块链查询（1 件）    ·日志解析（1 件）   ·智能合约（17 件）│
│ ·编解码（1 件）    ·交易处理（4 件）    ·区块链存储（5 件）    ·数据处理（54 件）  ·数字证书（1 件）  ·……│
│ ·代码审计（1 件）  ·交易验证（2 件）    ·云服务平台（2 件）    ·数字证书（1 件）                   │
│ ·分布式账本（2 件）·跨链（5 件）        ·区块生产（2 件）      ·网络服务（7 件）                   │
│ ·共识算法（13 件） ·联盟链（9 件）      ·群组管理（2 件）      ·异步上链（1 件）                   │
└─────────────────────────────────────────────────────────────────────┘
```

图 3-2　2016—2019 年银行区块链专利分布情况

资料来源：零壹智库。

块链应用场景包含金融、税务、公益、游戏、法务、供应链和医疗等相关服务；京东金融也已在数字票据和 ABS 云服务等场景中切入区块链技术，夯实与提升场景参与者的信任基础和风控水平。

2021 年，我国数字资产领域应用落地取得新进展，数字资产行业领域全年共有 17 个项目落地，类型涉及数字人民币、基于各类 IP（知识产权）的 NFT（非同质化代币）产品及数字艺术品。当前 NFT 类应用仍然处于初级阶段，在推动版权保护和 IP 品牌建设的同时也面临炒作和合规性问题，如何融入现有的商业模式，实现有序发展仍需要进一步探索。数字货币方面,2021年,我国央行数字货币研究与应用取得阶段性进展,多个试点有序运行,截至2022年8月31日,数字人民币试点地区累计交易笔数3.6亿笔、金额1 000.4亿元,支持数字人民币的商户门店数量超过560万个。①

为推动我国金融行业区块链的规范发展,中国人民银行等机构积极参与区块链技术国际标准的研发和制定,先后出台了一系列国家标准、行业标准,见表3-2。

表3-2 相关区块链金融技术标准

标准名称	标准类型	发布日期	领域	发布机构	主要内容
金融分布式账本技术安全规范	行业标准	2020年2月5日	区块链	中国人民银行	规定了金融分布式账本技术的安全体系,包括基础硬件、基础软件、密码算法、节点通信、账本数据、共识协议、智能合约、身份管理、隐私保护、监管支撑、运维要求和治理机制等方面
区块链技术金融应用评估规则	行业标准	2020年7月10日	区块链	中国人民银行	从顶层设计角度给出了一套区块链金融应用的评估规范。规定了区块链技术金融应用的具体实现要求、评估方法、判定准则等,适用于金融机构开展区块链技术金融应用的产品设计、软件开发、系统评估
区块链技术金融应用技术参考架构	团体标准	2021年4月12日	区块链	北京金融科技产业联盟	规定了区块链技术金融应用的参考架构、部署和信任模型。为银行、证券、保险、支付机构以及金融资产交易机构等金融从业机构,提供了业务应用设计、接口设计、平台设计、基础设施搭建等全系统的技术参考架构
多方安全计算金融应用技术规范	行业标准	2020年11月24日	多方安全计算	中国人民银行	规定了多方安全计算技术金融应用的基础要求、安全要求、性能要求等,适用于金融机构开展相关产品设计、软件开发、技术应用等

区块链金融在不断创新发展的同时,也给金融监管(financial regulation, financial supervision)带来了一定的挑战,为此,我国不断积极构建法律法规予以规范。当前由中国人民银行、互联网金融风险专项整治工作领导小组办公室和中国互联网金融协会及其附属机构主要负责虚拟货币交易、代币融资等具有金融属性的相关活动监管,各地方金融管理部门配合的区块链金融监管体系初步形成。

2020年1月14日,中国人民银行营业管理部发布《金融科技创新监管试点应用公示(2020年第一批)》公告,对六个拟纳入金融科技创新监管试点的应用向社

---

① 扎实开展数字人民币研发试点工作 [EB/OL]. http://www.pbc.gov.cn/redianzhuanti/118742/4657542/4678070/index.html.

会公开征求意见，此举标志着我国金融科技监管沙盒正式进入试点应用阶段。

2021年，各部委发布了七份区块链相关监管政策文件，地方政府紧跟步伐，依托本地实际进一步细化地方监管政策及具体工作方案。从各部委发布的区块链监管政策来看，政策文件聚焦于防范和处置虚拟货币（virtual money）带来的金融风险。2021年6月，央行约谈了工商银行、农业银行等五大银行以及支付宝，要求全面排查识别为加密货币（cryptocurrencies）交易创造条件的银行账户，并阻止所有相关交易。2021年9月，中国人民银行联合各部委发布《关于进一步防范和处置虚拟货币交易炒作风险的通知》，进一步明确指出虚拟货币及虚拟货币相关活动的属性，明确提出应对虚拟货币交易炒作风险的工作机制，加强交易炒作风险的监管。

总体来看，我国区块链金融市场处在发展的早期阶段，市场规模还不大，大部分区块链的落地应用案例还处在尝试阶段，更多的金融应用场景还有待进一步挖掘。但区块链金融应用的逻辑已经逐渐清晰，主要包括数字货币应用与非币应用两个方面，其中，非币应用主要目标是实现金融信息的存储共享、提高价值传递效率及应用可编程的智能合约三类。

第二节　区块链信任

一、信任的定义

信任是社会秩序和经济交易的基础，缺少信任，任何社会关系都不可能持久存在，它是稳定社会关系的基本因素。德国社会学家格奥尔格·齐美尔（Georg Simmel）认为人类所生活的自然环境和社会环境都非常复杂，必须寻求一些简化机制，信任恰恰是简化社会复杂性的一种有效机制。信任作为一种重要的社会整合力量，是社会交往和交易关系确定的基础，如果没有人与人之间的相互信任，社会将会成为一盘散沙。德国社会学家尼克拉斯·卢曼（Niklas Luhman）继承了齐美尔的观点，强调"信任是简化社会复杂性的一种机制"。他解释说信任与不确定的环境有关，但人们既没有时间，也没有能力计算出社会系统的复杂性和相互依存性的期望概率值，而信任的存在可使人们不必去计算这一概率值，从而降低社会交往的复杂性。卢曼把信任分为人际信任与制度信任。无论是建立在人与人之间感情基础上的信任，还是建立在法律和制度基础上的信任，都能降低社会交往中的复杂性。

在计算机网络信任研究领域中，通常将信任划分为身份信任（identity trust）和行为信任（behavior trust）两类。其中，身份信任是指对网络中被信任主体的身份合法性进行鉴别；行为信任是指网络中信任主体（trustor）对被信任主体行为的有效预期。

二、信任的特征

信任主要有以下六个基本特征。

（1）信任是一种二元关系。任何一种信任关系都包括：信任主体，也被称为信任方、信任者，其是信任行为的发出者；信任客体（trustee），也被称为被信任方、被信任者，它是信任行为的指向方。传统信任关系中，信任主体一般是人，而信任客体可以是人、系统或制度，还可以是技术或设备。

（2）信任具有主观性。信任主要依赖于信任主体的主观判断，它与信任主体的性格特征、认知能力和经验密切关联。不同的信任主体因性格特征不同或对信任客体的理解不同，对同一信任客体会作出不同的信任评价。

（3）信任与特定的环境有关。信任的建立依赖于交往双方所处的特定环境，信任方对被信任方的信任水平会随着环境的变化发生改变。

（4）信任会导致某种特定行为的产生。信任主体的信任会导致某种行为的产生，特别是接受风险的行为。当然，行为的形式依赖于特定的情境，如因为信任朋友会借钱给他、一对恋人结婚是因信任对方会对自己忠诚。

（5）信任具有传递性。信任的传递性是指信任主体可以通过第三方对与其从未有交往的信任客体间接地产生信任，也就是间接信任。如 A 信任 B，B 信任 C，则 A 通过 B 可以建立对 C 的信任。

（6）信任的非对称性。信任的非对称性是指 A 信任 B，并不等价于 B 信任 A。

三、社会信任机制的演变

金融的核心是信用，一旦失去信用，金融活动将无法开展。对中心化的权威机构信任是传统的金融行业能够开展的根本所在，金融行业始终建立在信任的基础之上。那么，信任是如何产生的？总体上看，社会信任机制的产生主要经历了农业经济时代的熟人信任、工业经济时代的制度信任，到今天我们所处的数字经济时代基于区块链的去中心化技术信任。

（一）农业经济时代的熟人信任

在农业经济时期，人们的交往和交易范围主要局限在熟人之间，信任主要建立在人与人之间的情感联系上，即人际信任。人际信任是由美国康涅狄格大学教授朱利安·B. 罗特（Julian B. Rotter）最早在社会学理论中提出的概念，是指个体在人际互动过程中建立起来的对交往对象的言辞、承诺以及书面或口头陈述的可靠程度的一种概括化的期望。人际信任是一切信任的基础，是主观化、人格化的信任。人际信任的特性是具体而经验的，缺乏普遍性，信任感及信任程度依对象的变化而变化。同时，人际信任的范围也极为有限，且需要大量的时间进行培育。

在惩戒机制方面，农业经济时代由于法律和契约制度尚不健全，主要依靠乡规民约、道德伦理和宗法势力形成熟人社会的信任约束，维持经济社会的正常运转。

（二）工业经济时代的制度信任

随着社会进步与科技发展，工业化、城市化、信息化接踵而来，以地域和血缘为纽带的社群被打破，在陌生人社会，人与人的信任建立在交往过程中所受到的规范、准则和制约基础之上，也就是基于制度的信任。制度信任不是以关系和人情为基础的，而是以正式的契约、法规、制度作为保障的信任，它是一种不以人的意志为转移的社会选择，违法必罚的法律逻辑所形成的稳定行为预期，是人们产生制度信任的基础。

制度信任主导是现代社会运行的基本准则。与人际信任相比，制度信任是一种中介信任，它把人与人之间的信任转化为人与制度之间的信任。制度信任的出现极大地扩展了人类社会信任的范围，陌生人间只需信任共同的制度便可完成信用活动。

（三）数字经济时代基于区块链的去中心化技术信任

凯文·凯利（Kevin Kelly）在《失控》一书中描述了未来社会是基于"分布式、去中心、自组织"的运作模式，随着社会网络向虚拟网络的进一步迁移，社会信任有可能完全基于信息技术。区块链技术是未来信息互联网向价值互联网转移的重要技术保障，它已经成为数字经济时代越来越多领域构建信任机制的关键，是保障社会可信交互的重要基础。

区块链技术特别适合于在匿名的陌生人之间建立信任，它的分布式、难以篡改性和共识机制保证了区块链数据的"透明性"和节点的"诚实性"，成为创造信任、构建新型信任体系不可或缺的技术。如公有链的信任是一种人类信任协作的新形态，它有着最为广泛的信任范围。正如宾夕法尼亚大学教授凯文·韦巴赫（Kevin Werbach）在他的《区块链与信任新构架》专著中所述的，"为所有的使用者提供最为一般化的信任服务是公有链最为核心的价值，它使得人类首次达成在全球范围内的自发性信任"。总的来说，公有链信任创造性地扩大了信任的范围、降低了信任的成本，进一步推动了人类信任客观化的进程，为更大范围内的全球一体化协作开辟了新的可能。

作为一种在不可信的互联网环境中通过低成本建立信任的新型计算范式和协作模式，区块链凭借自己独有的信任建立机制可以解决社会的信任问题，使社会经济活动不再是依赖于第三方信任，而是协同共治的社会治理结构，从而大幅度降低社会经济运行成本、提高运行效率。与此同时，随着数字经济规模的不断扩大，数据价值化背后的信任机制变得越来越重要，而通过数据上链可实现数据的真实性、防篡改和可溯源，区块链正成为未来发展数字经济、构建新型信任体系不可或缺的技术。

四、区块链的信任机理

中本聪认为，"传统货币最根本的问题在于信任，中央银行必须让人们信任不会让货币贬值，但历史上这种信任度从来都不存在；银行必须让人们信任它能管理好钱财，但银行却用货币制造信贷泡沫，使私人财富缩水"。他指出作为中介角色的银行是多余的，"一个真正的点对点的电子货币系统应该是允许其中一方不经过任何第三方金融机构，直接在线支付给另外一方"，"我们需要的是一种基于密码证明而非信任的电子支付系统"。他希望存在一种货币，它的发行和流通不受任何一家中心机构的控制，因此想创造一种能够代替美元的世界货币，以解决美联储因货币超发而带来的全球通货膨胀和金融危机问题。

解决信任和安全问题是数字货币构想的基础，于是中本聪设计了基于区块链技术的第一个加密数字货币。2009年1月3日，中本聪按照其论文思想，设计并发布了一套加密货币软件系统。同时，中本聪作为第一个记账"矿工"，"挖矿"并获得了首次50枚币奖励。为了消除货币超发，中本聪对标美元，设计了货币发行总量固定的永不增发的通缩模型。"挖矿"奖励每四年减半，从50枚、25枚、12.5枚、6.5枚……直到2140年"挖"完。

事实上，在中本聪之前，工程师们对加密币多年的实践都没有成功，主要原因就是之前的技术路线一直无法解决"双花问题"。所谓"双花问题"，举例来说，你有100美元，你转给了张三，你还可以转给李四，同样的100美元你能花两次或多次。由于传统互联网技术都是中心化的，因此做不到绝对"不双花"，因为在技术逻辑上存在中心化机构恶意篡改的可能。

防"双花"的实质就是防止恶意对数据进行篡改。中本聪通过链式区块记账、非对称加密、共识规则、分布式存储传输、智能合约等一系列技术组合，实现了数据防篡改。如果你将100美元转给了张三，那么在"矿工"集体共识见证下，这100美元就没有了，你无法再转给李四。

《为什么区块链将重新定义世界》一文中称区块链是信任的机器，区块链构建的信任体系与传统网络构建的信任体系不同，传统网络构建的信任体系需要交易双方的相互信任或存在一个可靠的中心点，而区块链构建的信任体系则只需要对其本身的技术信任即可。区块链提供了一个合作方共同享有和维护的可信的分布式账本，合作方之间可以不熟悉，但可以"信任机器"进行交易。区块链技术把人对人的信任转化为人对机器的信任。当我们使用区块链时，我们可以信任它的数据、信任它的执行逻辑。区块链是目前唯一能在没有第三方信任机构的情况下，就达到记录交易、确保交易安全的技术。

具体来说，区块链信任是建立在它的可信任性和约束力上的。

（一）区块链的可信任性

区块链的可信任性建立在以下四点上。

（1）分布式共享账本技术的"去中心化"实现了交易信息的公开透明。传统的中心化记账系统基于对记账人的信任，如银行、微信等第三方机构。由于信息不透明，难免出现因系统故障、道德风险等导致记账的失效、失真。区块链去中心化的记账方式强调了每个节点的独立性，网络每个节点都能参与记账，账本数据对每个节点公开共享为区块链创造信任奠定基础。

（2）加密算法保证了交易数据的可信性。每个记录交易的区块形成数据指纹（哈希值），由于区块头中保存有前一个区块的哈希值，任何一个区块中的数据发生变动，后续所有区块的数据指纹（哈希值）都会变动，可谓"牵一发而动全身"。所有节点都能发现被篡改过的数据，节点不认可并会丢弃无效数据，从而保证交易记录数据的可信。

（3）共识机制实现了交易账本数据的一致性。区块链技术通过算法即可使参与者创造信用、产生信任并达成共识。区块链中的共识机制是区块链用户必须遵守的规则，如 PoW 通过竞争机制产生记账权；通过验证和奖励机制保证节点"诚实"，防止出现作弊记假账行为。在共识机制的作用下，每一个网络参与者都有可能成为会计（记账人），而在交易确认验证的机制下，全网每一个节点也都是审计人。共识机制保证了记账的随机性、分散性、不可伪造性、合法性以及一致性。全网节点共同维护数据，集体监督，单个节点对数据库的修改是无效的，因此区块链上数据的稳定性和可靠性极高。

（4）非对称加密技术确保了交易身份的安全性。采用非对称加密技术，公钥可向其他人公开，私钥则保密，其他人无法通过该公钥推算出相应的私钥，实现了每个节点在区块链中的身份认证安全可靠，从而保证了数据安全和个人隐私。同时数字签名验证的方式，也保证了交易数据来源的可靠性。

（二）区块链的约束力

智能合约的自执行功能是区块链约束力的重要体现。基于区块链上可信的不可篡改的数据，通过计算机系统客观、自动地执行预先设定好的规则和条款。智能合约上链后，一旦条件达成，会直接触发程序自动执行，消除了人为干扰因素，能减少违约风险和操作风险，较好地解决了参与方之间的信任问题。

区块链作为一种在不可信环境中低成本建立信任的新型计算范式和协作模式，凭借其独有的信任建立机制，正在改变诸多行业的应用场景和运行规则，是未来发展数字经济、构建新型信任体系不可或缺的技术之一。通过引入 P2P 网络，建立了多方协作的数字化网络，保证参与者能平等参与社会网络合作；通过交易方加密数字签名验证的方式，保证交易数据来源的可靠性；引入分布式数据库、链式数据结构、哈希算法等技术，通过多方参与和验证提高交易记录透明性与不可篡改性，保证安全可信；引入共识算法来实现基于共识规则的交易结果的一致，保证交易规则可信；引入智能合约技术，通过计算机系统按照约定内容执行合约，保证交易合约的可信。有了这样的环环保证，我们便在数字环境中获得了信任。

第三节　区块链金融的基础架构

区块链作为互联网时代的新型底层技术，无论与何种金融业态相结合、开发新的商业模式，最终目的都是通过金融资源的有效整合，运用云计算、大数据等新一代信息技术，对信息数据进行分析与处理，根据市场和客户的需求对金融系统进行升级改造，从而推动金融系统运行效率和服务质量的提升。区块链金融的基础架构主要包括数据层、规则层和应用层，如图3-3所示。

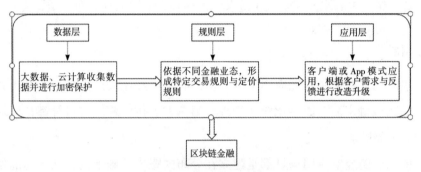

图3-3 区块链金融的基础架构

资料来源：张荣.区块链金融：结构分析与前景展望[J].南方金融，2017（2）：57-63.

一、数据层

在数字经济时代，数据已成为金融机构最重要的资产之一。金融机构通过对金融数据的收集、分析，可以挖掘客户更多的潜在需求，有效、精准创新更多的金融应用场景。

在区块链金融中，数据的收集、存储和分析可通过云计算、大数据技术实现，主要难点与重点在于如何对基础数据进行保护，以便数据在区块链网络中安全地存储、传输与交易。

二、规则层

区块链技术可以与多种传统金融相结合而形成新的金融业态，所衍生出来的规则差异也较大。但无论哪种区块链金融业态，都要服从区块链技术的分布式存储与去中心化两个基本规则。

（1）分布式存储规则。分布式存储是区块链技术基于P2P的储存方式，其核心思想是在区块链网络中存在N个完全相同的数据节点，当某一个节点数据发生改变时，信息可以快速同步传递到其他节点。同时，对原数据状态与来源一并保存,并可以验证该条数据是否被篡改过。但是,当前的区块链存储属于全冗余,也就是说每个节点都有复制,这样的系统虽然可读性较高,但是写入过程比较麻烦。实际情况是目前每秒处理交易笔数受限,对于现在实时交易系统来讲是远远不够的。

(2)去中心化规则。去中心化规则是区块链技术的核心,也是相比于传统金融的优势。银行中心服务器是区块链系统的核心,采用的是分布式结算交易方式。

三、应用层

区块链技术在金融领域应用十分广泛,除了已经比较成熟的数字货币外,还有可交易的金融产品、数字化资产管理、第三方支付、跨境支付等都是区块链技术应用的主要场景。

各种区块链金融应用场景都是建立在分布式账本基础上的,从当前的发展来看,账本的分布式架构可以分为无中心分布式和有中心分布式两种类型。对无中心分布式账本,任何一个参与者都可以为区块链提供数据信息,整个系统由参与者共同维护,这是区块链金融区别于传统金融的优势;对有中心分布式账本,则存在管理者,系统的完备性与责任完全落在银行和政府内部具有相应管理功能的部门身上。虽然有中心分布式账本信息仍然可以共享,但是只有有限的节点才可以对区块链内的信息节点进行认证。有中心分布式账本的优点在于对每个节点可以进行非常细致的管理,比如有的账户节点可以查看全部网络的信息,有的账户节点只可以查看部分信息,有的账户节点只能进行记录的添加。

第四节 区块链应用在金融中的优势

区块链的出现,使很多传统互联网中因信任粒度或信任成本问题而难以进行线上融合的场景有了融合创新的可能,它对现有商业模式的制度基础和参与者之间的关系提出重大的挑战。实践表明,区块链技术的特性恰好符合最理想的金融体系应有的四大特征:它是一种可以消除体系中信息不对称性的机制;它是一种可以降低整个体系运行成本的手段;它是一种可以保护交易隐私的安全保障;它是一种促使整个体系变得开放与透明的监管方式。

区块链应用在金融中的优势主要体现在以下七个方面。

一、提高数据可信性

数据是数字经济时代最宝贵的财富,数据的真实性和准确性格外重要,区块链技术有助于确保数据的这两个特征:①在真实性方面,时间戳可以追溯数据源头,非对称加密技术可以保证数据不被篡改,从而确保数据真实有效。②在准确性方面,在区块链上各节点以 P2P 方式相互联系,对每一笔交易共识确保其准确性,并且根据嵌入智能合约的规则,保证数据合规化。区块链上的网节点彼此相连,根据梅特卡夫定律,一个网络的价值等于节点数的平方,使得区块链的价值呈现指数式增长。

二、降低信用风险

数据的真实准确降低了信用风险。信用是金融体系的重要一环,因为信用缺失而阻碍现代金融体系发展的例子数不胜数,无论是财务造假,还是 P2P 爆雷,无不给人们敲响警钟。区块链从底层技术上保证了数据资产的有效价值交换,区块链体系中,通过变"自证"为"他证"的方式重构了信用范式,强化信任关系,减少信息不对称,有助于投资者和金融机构识别风险,有助于监管者实现穿透式监管,防范类似 P2P 爆雷事件的发生。区块链技术的应用,将有助于实现数字金融弥补传统金融短板、提高金融效能、控制金融风险等目标。

三、降低交易成本

区块链技术的应用可以简化传统金融交易的复杂性、降低金融交易成本。

(1)区块链的"去中心化"解决了交易中信息不对称问题,可以降低传统金融业务依赖中介的信用成本,特别适合传统的金融交易中必须依赖第三方才能开展的业务。例如高成本仍然是目前跨境支付面临的突出挑战之一,由于涉及的中间机构数量较多,同时也存在很多低效的流程,因此跨境支付的成本很高。目前越来越多的银行尝试建立区块链跨境支付系统,实现了跨境汇款秒级到账、交易信息实时共享、交易过程实时追踪等功能,不仅方便了跨境交易双方,也改善了金融机构成本结构,有效提升了金融机构盈利能力。根据全球咨询公司麦肯锡估计,区块链每年可以帮助节省 40 亿美元的跨境支付成本。

(2)因为信息不对称,传统交易中交易方之间需签署各种繁杂的纸质合约以规避风险，但通过合约文件上链共享，不但能使所有参与方都拥有访问权，而且合约交易过程的透明性、可追溯性、可验证性可节省金融交易中不同金融机构间的诸如数据传输、结算对账、人工核实等成本。

四、提高业务效率

区块链在简化流程、提高金融业务效率上发挥着积极作用。其主要表现为以下几个方面。

（1）在区块链中的每个参与方都可以是中心，都可以对交易数据进行记录管理，支付结算效率得到提高，金融交易被确认的过程就是清算、审计的过程，有效改变了现有金融市场的低效率状况。

（2）在多方参与的金融交易中，数据需要多次传输和反复校验，导致成本高、效率低，而共识机制可以实现多方业务系统的数据共享，能促进跨境、跨行业、跨机构的业务协作，提高了价值交换的效率。

（3）智能合约能为金融业务提供可信赖的处理环境，业务场景中的合约一旦条件满足就会自动执行，大幅减少了人工核对工作，保证了金融业务执行的独立性，提高了业务处理的效率与准确性。

如跨境零售支付目前的运作方式是每笔国际支付交易都涉及两个流程——前端流程和后端流程。其中，前端流程涉及付款人、收款人及其各自的支付服务提供商（PSP）之间的交互。后端流程是中间人帮助完成从付款人的 PSP 到收款人的 PSP 付款活动。大多数后端流程都以服务提供商为特色，包括代理银行、聚合机构、支付和市场基础设施运营商以及外汇经纪商。根据交易双方的司法管辖区和金融系统的复杂程度，该流程可能会更长。而区块链的应用可能消除对代理银行、聚合机构、支付和市场基础设施运营商的需求，这是因为区块链交易本质上是点对点的。由分布式账本技术推动的支付服务提供商和流程数量的减少最终将有助于降低支付成本，同时加快支付速度。

区块链在金融流程中应用前后比较如图 3-4 所示。

五、优化资源配置

区块链有利于消除传统金融制度资源分配失衡的弊端。互联网作为信息传递网络难以保证价值的安全传递，区块链却在实现信息传输的同时也能实现价值传

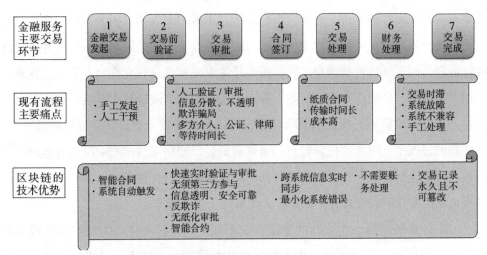

图 3-4　区块链在金融流程中应用前后比较

资料来源：姚国章. 金融科技原理与案例 [M]. 北京：北京大学出版社，2019：54.

递。如数字货币为数字金融提供了价值载体，它可以从货币端重构金融生态，从支付端来实现对传统支付体系的优化，为金融体系提供更好的流动性；区块链可助力传统供应链金融业务中的信用传递，将价值传递给供应链中的小微企业，实现对金融资源的有效配置。

六、强化资金监管

传统的资金监管过程长期面临资金流向监管难、资金利用率低、项目复杂度高等困扰金融监管机构的问题。而具有多方共识、公开透明、防篡改、可追溯等特性的区块链技术恰能解决这些问题。利用区块链技术可以实现资金流和信息流的统一、申请和拨付过程可跟踪、可追溯，资金审批及使用透明规范，上链信息的真实性和有效性能被保证，实现了对资金的全方位监管。

七、推动金融创新

（1）区块链会带来金融业务创新。适用区块链进行的金融业务创新主要特征表现为：①业务流程中包括多个机构和组织参与，链条过长、关联度较高、业务数据需要多方共享；②业务流程中存在第三方中介机构；③业务数据要求真实有效、不可篡改；④业务需要实时显示当前的交易状态数据；⑤不同机构之间需要定期进行对账；⑥机构需要对业务进行追溯和交易审计跟踪；⑦机构需要通过自动化业务流程实现对人工流程的改进。如荷兰银行是荷兰影响力最大的"四大银行"之一，其区块链银行账户服务可能会改变传统银行的托管业务，通过区块链向个人客户发放银行账户，用于替代托管账户。这项服务最重要的特点是它允许个人客户托管非银机构（如券商、公证所和交易所等）客户的资金利用区块链技术直接与其清算银行对接。因此，没有银行执照的基金经理也可以将客户资金直接转移到区块链账户，这样做的好处是不需要"托管账户"来管理资金，即在支付过程中机构与客户之间直接进行资金转移。一方面，银行降低了对托管账户的管理成本；另一方面，公司本身也不需要花时间管理客户账户，大大降低了人工成本。

（2）区块链将驱动生成新的金融商业模式。一是区块链作为市场信任载体的去中心市场模式；二是区块链作为制度信任载体的分布式商业模式；三是区块链作为价值信任载体的价值合作联盟模式；四是区块链作为资本信任载体的通证经济模式。区块链技术作为数字经济的关键基础设施，能够加快数据资产的确权过程，进而赋予一切数据资源以价值，实现创新。区块链会催生真正意义上的去中心化金融平台，平台参与者可以包括平台自身、金融机构、监管机构、企业、个人甚至是算法公司。其中，去中心化的金融平台主要负责提供类似水电的信息基础服务；金融机构基于对平台信息的整合，可以提供更加精细化、个性化的金融产品与服务；监管机构以共享账本方式实现对金融机构数据的实时获取与交易追踪，实现对各种金融风险的实时、精准控制；算法公司可基于平台提供的 API，开发出金融模型出售给第三方金融机构。

第五节　区块链金融典型应用案例

近年来，我国区块链金融的创新主要在银行、保险等传统金融机构，它们与区块链创业企业合作积极探索区块链技术的应用场景。无论是在区块链底层技术平台，还是在诸如贸易融资、供应链金融、资产证券化、征信与风险、保险、跨境支付与清算等业务场景实践中，都有了具体的应用案例。

一、区块链底层基础应用平台案例

区块链的业务场景应用大多以区块链底层技术平台为基础，早期的区块链技术平台大多基于 Fabric、以太坊等国外开源平台进行改造。近年来，我国的银行等金融机构自主研发了一批优秀的区块链底层平台，如中国工商银行、浙商银行、微众银行等都进行了积极的探索与实践。

（一）中国工商银行的"工银玺链"区块链平台

2017 年，中国工商银行在银行业中率先成立了区块链研究团队，通过吸收借鉴业界区块链先进经验，并结合金融业务特点不断研究攻关，于 2018 年自主研发了金融行业首个具有自主知识产权的企业级"工银玺链"区块链平台。

2021 年 1 月，"工银玺链"区块链平台首批通过工业和信息化部 5 项可信区块链技术测评，累计获得 150 余项技术创新成果，构建数十个应用场景，不断将"数字工行"建设成果转化为赋能实体经济能力。由中国信息通信研究院牵头组织的区块链测评，重点从功能、性能、BaaS、安全、密码五个维度，考察底层区块链平台的功能完备性和技术能力水平。

（二）浙商银行——符合金融特性的区块链平台

2017 年 7 月，浙商银行推出了自主研发的、符合金融特性的区块链技术平台，并率先完成平台的国密适配与共识算法改造，通过将区块链技术与金融应用场景结合，充分发挥区块链技术信息共享可信、不可篡改、不可抵赖、可溯源的技术特征，实现技术上自主可控、业务上服务实体经济。浙商银行区块链 BaaS 平台是该行推出的企业级区块链网络及应用的一站式云服务平台，实现了区块链技术与应用场景的快速落地，构建了企业级区块链生态基础设施。

浙商银行运用金融科技，打造平台化服务战略，其区块链产品强化了"金融＋科技＋行业＋客户"的综合金融解决方案，并向电力、医药等行业的龙头企业输出，累计服务超过 3 300 家核心企业，助力超 2.3 万家上下游中小企业，融资金额超 6 000 亿元人民币[①]，帮助企业"去杠杆、降成本"，有效推动产业链数字化转型和高质量发展。

2021 年，工业和信息化部中国电子技术标准化研究院基于《区块链 参考架构》标准对该行区块链平台进行了功能测试，浙商银行区块链平台成为首个通过所有 99 个功能测试用例的平台，这标志着浙商银行区块链平台支持全栈国产化体系的进一步完善，能够为客户提供完全国产自主可控、满足监管与安全要求的区块链平台及场景化应用，继续打造良好的国产区块链生态环境。

---

① 业内首个！浙商银行区块链平台通过工信部电子标准院所有功能测试 [EB/OLE]. (2020-11-19). https://www.thehour.cn/news/412051.html.

(三)微众银行的"金链盟"

2016年5月,微众银行牵头发起国内第一家金融行业的区块链联盟——金链盟,始终坚守区块链技术全面安全可控理念,依托金链盟开源工作组协作打造了金融级联盟链底层开源平台 FISCO BCOS,并实现完整国产化支持。2017年,平台正式对外开源。

为服务各行业区块链研发需求,推动区块链技术更好落地应用,2021年,微众银行发布 FISCO BCOS v3.0。该版本采用微服务架构,首创的"确定性多合约并行"(deterministic multi-contract,DMC)算法可承载大规模商用场景。同时,为满足多样化业务场景需求,FISCO BCOS v3.0 研发灵活可扩展的开发框架,推出"轻便 Air 版""专业 Pro 版"和"大容量 Max 版"的区块链底层平台家族,提供不同场景的专业定制。

2021年,"科创中国"系列榜单正式发布,微众银行的区块链底层开源平台 FISCO BCOS 凭借国产安全可控的硬核技术和繁茂开源生态入选开源创新榜。

二、区块链金融业务场景应用案例

我国各大银行都非常重视区块链技术,不断增加在区块链研究与应用上的投入。下面介绍国内主要银行区块链应用项目概况,具体见表3-3。

表3-3 国内主要银行区块链应用项目概况

序号	机构名称	区块链应用项目
1	中国银行	2016年,中国银行金融技术创新办公室启动了区块链技术的系统研究,并与北京阿尔山金融科技有限公司签订战略合作协议,通过产学研一体化方式,探索区块链技术在金融业的应用,搭建了中国银行首个基于云架构的区块链应用平台,推出了中银数字钱包系统。 2017年1月,中行曾上线区块链电子钱包(BOCwallet)的 iOS 版本,该钱包地址由32位的数字+英文字母组成,用户可绑定个人在该行的银行卡号。同年6月,中行与腾讯合作,测试区块链技术,并在云计算、大数据和人工智能等领域展开深度合作。同年8月,中行与 SWIFT(环球银行金融电信协会)和全球银行一起加入 SWIFT gpi 区块链概念验证,以促进金融在 SWIFT gpi 项目中的应用。 2020年10月,中国银行基于区块链的产业金融服务项目完成招标,正式开启我国国有大行首个区块链在数字认证等产业中金融服务应用落地项目,计划基于此平台,形成完整高效的产业供应链,构建供应链商流、物流、信息流和资金流"四流"信息上链与可拆转融的数字信用凭证(中银E证)相结合的金融生态。利用中银E证可转让、可拆分、可融资的特性,供应商可以将单笔债权拆分并按需选择融资或转让,核心企业信用可以穿透到多级供应商。 2021年5月,中行成功落地首批跨境金融区块链服务平台保单融资试点业务。 目前,中国银行已将区块链技术应用于跨境支付、贸易结算、数字钱包、数字票据、房屋租赁、公益扶贫以及供应链金融等场景

续表

序号	机构名称	区块链应用项目
2	中国工商银行	2015年，中国工商银行开始开展区块链研究，2017年在银行业中率先成立了区块链研究团队，通过吸收借鉴业界区块链先进经验，并结合金融业务特点不断研究攻关，于2018年推出了金融行业首个具有自主知识产权的企业级区块链平台——"工银玺链"。工行成为首批完成网信办区块链服务信息备案、首家通过工业和信息化部指导的可信区块链全项技术测评的金融机构。目前，中国工商银行区块链落地场景已涵盖贸易金融、供应链金融、专项资金管理、金融资产服务、民生服务、智慧政务、数字资产等多个领域，并且在"一带一路"、乡村振兴、数据市场、"双碳"等中均有创新场景落地
3	中国建设银行	2018年1月，中国建设银行首笔国际保理区块链交易落地，成为国内首家将区块链技术应用于国际保理业务的银行，并在业内首度实现了由客户、保理商业银行等多方直接参与的"保理区块链生态圈"（Fablock Eco），成为建行全面打造"区块链+贸易金融"的一项重大突破。2018年4月，中国建设银行成立金融科技子公司建信金科，自2018年开始，建信金科将区块链前沿技术与建行集团完整的金融应用生态相融合，通过区块链技术创新金融服务模式，提升金融科技核心技术的研究和应用能力，目前已建设完成了"底层技术+BaaS平台+通用型技术产品+解决方案"四位一体的一站式区块链服务生态。依托建行集团完整业务生态，建信金科区块链技术在支付结算、住房租赁、智慧政务、药品监管等16个业务领域40个业务场景落地了区块链应用，覆盖信息存证、交易溯源、数据共享、数字资产等四大类应用模式，业务规模达千亿元级别。2019年12月，中国建设银行宣布其基于区块链的再保理业务平台已正式上线。建行表示，为提高再保理业务操作效率、降低风险，从设计之初就为其定制区块链平台，构建再保理业务下多方参与的生态圈。2020年7月，中国建设银行中企云链首笔"区块链再保理"落地重庆，此次采用了全新的"区块链再保理"模式，在建设银行总行国际业务部推动下，中国建设银行重庆市分行积极响应，成功为中船重工某子公司中小企业供应商完成融资放款，支持企业复工复产。2021年4月，中国建设银行设立的区块链物流金融平台与汇易通金融科技（山东）有限公司打造的"货易通"动产监管平台正式上线区块链跨链直连，这也是国内首批与中国建设银行实现跨链直连的数字科技平台
4	中国农业银行	2017年，基于趣链科技底层区块链平台，农行总行上线了基于区块链的涉农互联网电商融资系统，并于8月1日成功完成首笔线上订单支付贷款，这是国内银行业首次将区块链技术应用于电商供应链金融领域。 2018年7月，农行称已成功完成一笔30万美元的私人连锁贷款。 2018年10月，农行落地国内首个养老金联盟链，与太平洋老保险股份有限公司合作推出养老金区块链应用系统，业务处理时间由12天缩短为3天。 2019年12月，农行上海分行在沪举办"跨境e链"产品发布会，该产品是国内首款转口贸易区块链产品
5	交通银行	2018年6月，交通银行正式上线业内首个区块链资产证券化平台"聚财链"。7月24日，第一笔住房按揭贷款证券化融资产品的基础资产信息由交通银行完成上链，解决了传统的证券化融资业务存在的信息不对称、客观性不足、定价与风险不匹配等多处痛点。 2018年9月26日，交通银行成功发行了市场首单基于区块链技术的信贷资产证券化项目——交盈。2018年第一期个人住房抵押贷款资产支持证券（residential mortgage-backed securitization, RMBS），发行总规模达93.14亿元。 2018年12月，依托区块链技术打造的国内首个资产证券化系统——"链交融"正式上线，首批用户同步上链。"链交融"以联盟链为纽带连接资金端与资产端，提供资产证券化产品从发行期到存续期的全生命周期管理功能，实现业务链条的信用穿透。"链交融"已发行资产支持证券8项，发行金额人民币近千亿元，发行资产支持票据4项，发行金额人民币31亿元。 2020年7月，交通银行在厦门成功上线国际贸易单一窗口金融区块链平台"海运费境内外汇划转支付场景"，并于上线当日为上海悦东国际货运代理有限公司厦门分公司成功办理了海运费境内外汇划转业务。该业务场景是全国首个纳入单一窗口平台并运用区块链技术进行非贸业务（海运费业务）支付的场景，也是福建省首个由政府机构牵头建设的金融区块链应用场景。交行厦门分行作为首批签约银行，成为当地同业中首家通过区块链节点方式成功接入并实现跨行付款的银行。 2020年10月19日，交通银行深圳分行联动香港分行，完成基于"贸易金融区块链平台"的国内首批贸易融资业务，即出口发票融资，成功实现内港两地"贸易金融区块链平台"的互联互通

续表

序号	机构名称	区块链应用项目
6	中国邮政储蓄银行	2020年1月，完成业内首笔跨链福费廷交易，截至同年6月，U链福费廷业务系统已接入十余家业内合作伙伴，交易规模超250亿元。 此外，邮储银行还利用区块链技术打造雄安新区工程建设资金管理、非税财政收入等平台
7	招商银行	2017年，招商银行通过组建总行与境外子公司永隆银行间的联盟链，实现报文的实时同步与资金快速清结算，实现快捷便利的跨境支付，一笔直联支付的报文可在数秒内完成。 2018年，招商银行开出全国首张金融业区块链电子发票。 2019年末，招商银行完善并发展标准分链、BaaS平台生态，应用数量累计达25个。 招商银行在2020年中期报告中提出正在完善并发展开放许可链、BaaS平台，已在供应链金融、商户资金清分等场景开展区块链与业务融合应用的持续探索。 2021年6月，"招商银行—链通"上线，该项目是招商银行金融科技战略指引下的区块链技术平台，平台包含开放许可链、区块链云服务平台（BaaS）以及区块链加密服务、司法存证服务、中间件等服务组件和工具，具备安全稳定、自主可控、性能卓越等金融服务级特性，同时具备开放、协同、共治等区块链技术特性，降低机构间信任成本，提升金融服务效率，促进多个行内外应用案例落地，助力招行客户技术、业务双发展
8	中国民生银行	2016年11月，中国民生银行宣布正式加入R3区块链联盟，并与其建立合作伙伴关系。此后，中国民生银行与中信银行合作建立跨银行联盟链。 2017年7月，首个基于该联盟链的产品问世，即中国民生银行与中信银行合作打造的国内信用证信息传输系统，并于首日完成了首笔1亿元人民币的国内信用证业务。该信用证交易平台上线还不到半年时间，交易额已经突破10亿元大关。 2018年10月，中国民生银行联合中国银行、中信银行共同设计开发的基于"分布式架构、业务环节全上链、系统衔接全自动"的区块链福费廷交易平台上线。福费廷业务是一项与出口贸易密切相关的贸易融资业务产品，该系统为福费廷业务量身打造预询价、资产发布后询价、资金报价多场景业务并发、逻辑串行的应用服务流程。据了解，该平台上线当月总交易量达到6笔，总金额3 000万元。 2019年，中国民生银行的区块链电子存证平台与司法机关打通，实时同步业务数据、数字指纹，以便司法机关在发生法律纠纷时在线提取业务数据作为证据。由于具备司法背书及区块链技术不可篡改特性，这一平台将使业务法律合规性得到显著增强，提升银行风险管理的水平。 2021年8月，中国民生银行已打造形成了"区块链开放服务平台""区块链贸易金融平台""区块链电子存证服务平台"三大平台，助推全行数字化转型
9	兴业银行	2017年2月，兴业银行推出区块链防伪平台。区块链防伪平台，是兴业银行利用金融联盟区块链分布式高可用、公开透明、无法作弊、不可篡改、信息安全等技术特性，研发的一个高级别的通用存证、防伪平台。该平台具有适应面广、接入简单、防伪防篡改能力强等优点，能够有效记录电子合同关键信息，防范篡改行为，构建企业间信任机制。平台提供通用的数据防伪存证、数据验证、历史记录查询、数据查验、文件查验等功能模块以及平台防伪服务相关API，目前已接入多家商业银行、企业公证处和律师事务所，存证合同超10万份。 2020年7月28日，在国家外汇管理局福建省分局的指导下，兴业银行国际业务系统区块链直联模块正式上线，成为首家根据国家外汇管理局《直联接入－验收说明和验收案例》验收通过的银行。采用直联模式后，改变原先互联网与银行生产网两网并行、区块链服务平台与银行端业务系统两套系统重复录入的业务操作模式，实现业务操作流程完全内嵌，极大地提高了出口贸易融资办理效率。 2021年6月10日，在国家外汇管理局宁德市中心支局的指导下，兴业银行宁德分行利用跨境金融区块链服务平台，为宁德某水产出口企业办理了一笔短期出口信用保险项下融资业务，成功发放融资款90 000美元，实现了跨境金融区块链"出口信保保单融资"应用场景在宁德首笔、行内首单业务落地

续表

序号	机构名称	区块链应用项目
10	中国光大银行	"阳光交e区块链"是中国光大银行整合贸易金融区块链优质资源"福费廷区块链交易平台"和"跨境金融区块链服务平台",重磅推出的综合化服务区块链平台,旨在搭建一个集表内外、本外币、结算融资、利率汇率、区(自贸区)内外、境内外于一体的线上化、综合化服务区块链平台,实现"阳光交e区块链"统一平台下多产品应用场景支持。截至2020年4月10日,中国光大银行"阳光交e区块链"业务规模达到1 016亿元,链上累计业务笔数1 477笔。2017年,中国光大银行与中国银联股份有限公司联合使用趣链科技区块链平台构建的多中心可信POS(销售终端)电子签购单系统已经完成初步测试。中国银联和中国光大银行采用趣链科技的底层区块链技术,已成功建立起业界第一个跨物理空间、完全基于真正的互联网环境的联盟链,也是两家不同金融机构首次共同运维一个异地多活的分布式账本
11	浦发银行	2016年,浦发银行就紧跟区块链技术的研究和探索应用,参与了数字票据交易平台的建设,并参与了首笔基于区块链数字票据的发行流转全生命周期。 2017年9月,浦发银行参与中国贸易金融区块链联盟,探索区块链在贸易金融领域的应用。该平台实现基于区块链的银行间福费廷和信用证交易,以区块链实现在保证交易内容可信的基础上加速交易流程,提升交易效率。 2018年,浦发银行正式成立创新实验室,将区块链技术作为创新实验室的重点研究课题,持续该领域的研究探索工作。与创新实验室合作伙伴百度公司联合打造兼容多技术框架的"立体链网"区块链应用平台于2018年底上线,率先兼容多区块链框架,支持以太坊、Fabric、百度超级链,支持插拔式区块链框架,提供多场景覆盖、多标准兼容的统一框架
12	浙商银行	2016年12月,浙商银行成功搭建基于区块链技术的移动数字汇票平台,可为客户提供在移动客户端签发、签收、转让、买卖、兑付移动数字汇票的功能,并在区块链平台实现公开、安全的记账。2017年1月3日,浙商银行基于区块链技术的移动数字汇票产品正式上线并完成了首笔交易。 2017年8月,浙商银行推出了业内首创基于区块链的应收款链平台。该平台可将实体企业基于真实交易产生的各类资产"上链",完成区块链数字资产份额化登记,实现业务规则的智能化管理与自动履约,有效解决实操中面对的票据确权、抵质押物的管理等难题。同年推出的仓单通平台,是基于应收账款平台打造,集仓单签发、转让、质押、融资、交易、清算、提单等功能于一体的综合性在线业务平台
13	平安银行	2017年,平安银行推出SAS(供应链应收账款服务)区块链平台,采用区块链技术实现精准溯源,与人行中登网直连,避免应收账款重复抵押,对接外部资金,实现应收账款资产的快速变现、流转,能有效解决传统应收账款融资痛点,缓解业务风险

第六节　区块链金融发展中面临的主要挑战

虽然区块链作为一项新兴技术在金融中实现广泛应用,但仍面临诸多的挑战。

一、金融应用存在安全隐患

《2022区块链技术与金融应用安全白皮书》是国内首本聚焦于区块链体系下金融应用安全的白皮书,它分析了金融重点领域中区块链技术面临的安全问题。白皮书将金融应用中面临的区块链安全问题分为区块链体系安全问题与金融应用层安全问题。其中，区块链体系安全问题包括区块链在共识、密码、加密算法、网络等协议层上的问题，以及在智能合约、跨链、链上链下协同、客户端上的扩展层安全问题；金融应用层安全问题包括区块链应用在内容安全、治理安全、数据融合、数据隐私、实名认证、数字孪生、预言机安全方面的问题，如图3-5所示。

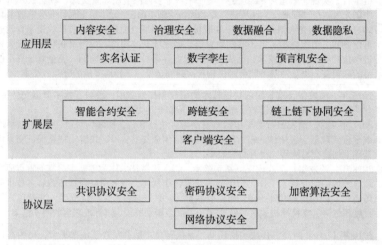

图3-5　区块链金融主要安全问题

其中，最突出的是面临金融信息安全保障的难题。①区块链技术可能会带来国家经济信息、行业信息和个人信息泄露的风险。区块链金融具有的去中心化特点有可能给我国经济领域带来信息不可控的风险。如在公有区块链中，国家保密的经济信息极有可能由于区块链的点状传播和不能集体统一撤销的特点而危害国家的信息安全。在联盟区块链或是私有区块链中，某些错误的金融信息或是微小的金融事件也可能会变成流行事件，影响到市场经济的有序运行，且具有不可控制性和对产生结果的不可知性。②传统个人信息保护制度架构已落后于大数据时代的发展要求，既无法为用户隐私提供有效的保护，又严重掣肘数字经济时代数据红利的释放。在当前信息技术环境中，一般普通民众识别网络风险和网络骗局的能力较低，在制度保护失灵和个人风险识别能力较低的情况下，个人信息保护受到威胁。

二、相关法律法规尚不完善

传统金融市场和金融业务有比较完善与成熟的法律框架，现有的法律、法规和规章都是根据传统金融市场结构设计的，区块链技术的应用尚无健全的法律来规制。虽然各种法律对于数字货币进行了相关规定，但只对数字货币规定是不够的，不法分子很容易利用法律真空做出不法行为。①账本中同步并向参与者公布的记录，其法律效力如何认定，是否可以作为确定基本义务和履行义务的依据；②与数字令牌和数字资产相关的权利义务关系，在现行法律框架中并未被明确界定，需通过详细分析确定法律适用问题；③智能合约的执行需要健全的法律基础。《中华人民共和国民法典》（以下简称《民法典》）确立了合同订立、修改、终止和争议处理等领域的基本原则，其中一些经典原则与智能合约的自动执行相冲突。此外，智能合约的应用可让传统组织机构通过编码规则运营，这类机构的法律地位和责任承担问题尚未明确。

三、区块链技术应用存在瓶颈制约

区块链技术应用中仍然存在一定的瓶颈。①区块链技术实现需要足够的处理速度和存储规模才能满足金融市场中的大规模交易需求，但区块链共识算法和加密验证带来的延迟和处理笔数的限制给系统运行效率带来一定挑战，同时，在账本中不断添加的交易数据也对系统存储能力提出更高的要求。②多个区块链技术方案、新旧系统并行带来的互联互通和技术标准化方面的问题。其表现为：一是在融合集成方面，区块链与传统技术集成的兼容性不高，需要加强对区块链基于传统技术的继承改良研究以及与新技术的融合创新研究；二是在技术标准体系方面，核心技术标准与应用标准制定还不够完善，导致区块链系统的互联互通性较差。

四、区块链技术监管实施难度较大

监管审计方面，区块链的节点有很多都是匿名化和密态化、去中心化的，难以监管，加上区块链金融应用尚未成熟，其在技术监管方面也面临许多挑战。①监管对象复杂多样。由于区块链的去中心化，每个市场参与主体都将成为金融监管对象。同时，区块链参与主体的匿名性使得监管部门对监管对象的身份识别增加了难度。②监管边界尚模糊。区块链金融的经营范围多为跨机构、跨地域的综合类业务，监管边界不好确定，具有一定的模糊性。③目前区块链金融交易多为数字货币，监管内容绝大多数都是对数据信息的监管。被加密的交易信息需要用私钥打开，如何使监管部门获得每笔交易的私钥是一项技术难题，但若不解决，将有可能出现危害更大的金融黑客入侵、诈骗或是危害国家财产安全等行为。如各国正在发行的加密货币，由于其密码学的原理和高价值的特点，在技术保护下就可能成为恐怖分子、非法组织洗钱和偷税漏税的工具。

五、区块链金融系统管理存在难度

区块链金融系统管理方式在更新方面存在一定的难度。①由于区块链分布式网络结构的特点，不仅在网络搭建上具有一定难度，而且由于去中心化的特点，对业务故障的逐一排查也将增加管理难度。②区块链技术的分布式网络结构与金融业务应用结合时，对于分布式节点的日常管理、维护和监督需要更多的网络技术人员和管理人员，投入成本高。

第七节 促进我国区块链金融健康发展对策建议

为实现区块链金融的健康发展，需要从法律制度、金融监管、技术监管与创新和人才培育等主要方面形成有效的驱动力。

一、健全完善法律制度

为保障对区块链金融治理的有序监管，需要填补区块链金融监管法律规范的空白，建立健全关于区块链和数字货币的法律体系。通过建立健全适用的区块链金融法律法规，规范区块链金融交易秩序，防范未来可能出现的监管真空和监管滞后。

二、强化金融监管制度

为提升我国金融监管对区块链金融发展的适应性，需要适时调整与创新金融监管制度。①在国家层面，基于维护国家公共安全利益、社会经济平稳运行的制度目标，制定国家监管制度，增强国家在区块链金融领域的引导权和控制权。②在市场层面，建设由市场统一监管的公共信息基础设施，制定严格的金融市场准入标准；完善市场内部信息共享与风险监督机制，使市场主体在自由交易的同时，也具有自控风险的技术平台和制约机制。③在金融机构层面，加强建立企业内部风险防范制度，设立业务间的风险防火墙，完善公司内部风险防控机制。同时，要加强与监管者、金融行业代表的密切联系，达成区块链金融应用共识。

三、提升技术监管水平

为保障区块链金融应用的合法性、合理性和可控性，需通过大数据、互联网、区块链、人工智能等技术开发治理监管的自动化平台进行实时监控。①探索建立区块链的内部风险制约技术，将风险因素的测控内化于区块链。针对监管对象复杂性、多样性的难题，通过交易主体身份信息的数字化认证来保障市场主体合规参与。②提高区块链金融技术业务操作流程和技术监管程序的匹配程度，在业务交易各个节点上做到风险监管的全覆盖，防范风险的发生。③提升技术监管对数据保护、风险识别、风险监测的能力。设立风险预警机制，当风险达到临界值时，立即采取监管措施制止风险发生。如针对线上金融非现场审核等方面可能存在的风险防范，可采取叠加适用人脸识别、大数据匹配、身份认证实时上传等技术手段，强化对借款人身份的确认；对线上交易生成的电子数据，通过可信时间戳、哈希值验证、区块链等手段收集和固定，以免产生诉讼中的法律风险。

四、加强区块链技术创新

区块链技术的创新主要包括三个方面：①在体系架构方面，性能和可扩展性还有很多问题，需要关注侧链、多链、硬件加速、链上链下协同等解决思路。②在隐私保护方面，目前零知识证明、同态加密、安全多方计算、联邦学习等主流隐私保护技术局限性较大，还需要从理论层面加强创新，也需要从工程技术方面进行创新，比如软硬结合。③在信息安全方面，区块链面临自主可控、开源许可、量子计算等的挑战，需要加强安全技术创新，包括智能合约形式化验证、合约安全、DID（分布式数字身份）等方向。

五、加快区块链金融人才培育

区块链金融人才是典型的既懂区块链技术又懂金融的复合型人才，需要加快对区块链金融人才的培育与储备，通过建立多层次、多梯度的区块链金融技术技能人才格局，以满足研究、应用和实操等不同层次的人才需求。①政府应发挥引导作用，设立专项人才培养机制，建立区块链金融人才标准。如工业和信息化部人才交流中心 2019 年 12 月发布的全国首份区块链岗位能力要求权威标准《区块链产业人才岗位能力要求》中，制定了区块链核心研发岗位、实用技术岗位、行业应用岗位 3 类人才共 21 个具体岗位的能力标准，其中就包括区块链金融行业工程师和区块链供应链金融行业工程师岗位能力要求。2020 年，教育部出台《高等学校区块链技术创新行动计划》，要求到 2025 年，培育汇聚一批区块链技术攻关团队，推动若干高校成为我国区块链技术创新的重要阵地，一大批高校区块链技术成果为产业发展提供动能。②金融机构以数字化转型为契机，抓住业务转型升级，不断培育区块链金融业务的服务管理人才。定期在内部开展研修、培训，或与高校合作形成校企合作联盟，以努力跟进掌握区块链这一前沿科技。③高校要以培育懂技术、懂产业、会应用、能创新的区块链金融人才为导向，加大产教融合力度，在教学内容设计上注重区块链与金融的紧密融合，积极探索区块链金融人才培育。如微众银行积极布局高层次人才培育工作，与全球 20 多所著名高校合作，推进高校人才培育，共同打造区块链精品课程。图 3-6 显示了我国高校区块链课程教学方向占比情况。

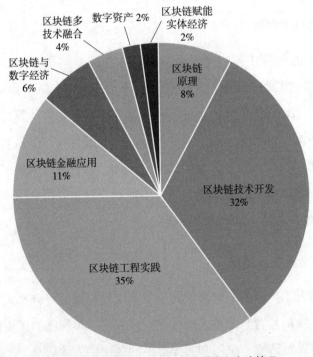

图 3-6　我国高校区块链课程教学方向占比情况
资料来源：赛迪区块链研究院。

【本章小结】

1. 从总体上看，社会信任机制的产生主要经历了农业经济时代的熟人信任、工业经济时代的制度信任，到今天我们所处的数字经济时代基于区块链的去中心化技术信任。

2. 区块链提供了一个合作方共同享有和维护的可信的分布式账本，合作方之间可以不熟悉，但可以"信任机器"进行交易。区块链技术把人对人的信任转化为人对机器的信任。当我们使用区块链时，我们可以信任它的数据、信任它的执行逻辑。具体来说，区块链信任是建立在它的可信任性和约束力上的。

3. 区块链金融的基础架构主要包括数据层、规则层和应用层三层。

4. 区块链应用在金融中的优势主要包括提高数据可信性、降低信用风险、降低交易成本、提高业务效率、优化资源配置、强化资金监管和推动金融创新。

5. 区块链金融在发展中面临金融应用存在安全隐患、相关法律法规尚不完善、区块链技术应用存在瓶颈制约、区块链技术监管实施难度较大、区块链金融系统管理存在难度等挑战。为更好地促进区块链金融的发展，需要健全完善法律制度、强化金融监管制度、提升技术监管水平、加强区块链技术创新以及加快区块链金融人才培育。

【复习思考题】

1. 简述区块链金融的发展。
2. 为什么说区块链是信任的机器？
3. 区块链应用的主要金融场景有哪些共同特征？

第四章 数字货币

【学习目标】

1. 了解数字货币的相关概念和基础原理。
2. 熟悉数字货币与虚拟货币、电子货币三者的差异。
3. 掌握各国（地区）央行对数字货币的实践。

【能力目标】

1. 了解数字货币的相关概念和基本原理，提升学生的专业知识认知能力。
2. 熟悉数字货币与虚拟货币、电子货币的差异，培养学生的思辨能力。
3. 掌握各国（地区）央行对数字货币的实践，培养学生探索前沿技术的科学精神与能力。

【思维导图】

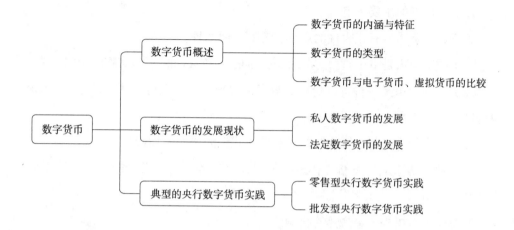

【导入案例】

从字面上看,数字货币是"数字"和"货币"组成的复合词,它既要满足货币的属性、具有货币的基本职能,又要应用数字化技术实现以数字形式存在的加密货币。数字经济时代,央行数字货币(BDC)是重要的金融基础设施之一。

本章主要介绍了数字货币的内涵、特征、主要类型,以及瑞典、加拿大、新加坡和中国等国家(地区)在央行数字货币上的探索实践。

第一节 数字货币概述

一、数字货币的内涵与特征

(一)数字货币的内涵

目前,无论是各国的金融机构、监管部门还是专家学者,对数字货币的概念还没有形成统一的认识,根本原因是数字货币与货币的数字化进程紧密相关,正如国际货币基金组织(International Monetary Fund,IMF)所言,"由于数字货币的快速发展,数字货币的含义可能随着数字货币生态系统的发展而变化。当前数字货币仍处在发展早期，随着技术的不断创新，数字货币的概念也会不断演化和完善"。

1. 专家学者的主要观点

关于数字货币具有代表性的观点主要有下面四种。

（1）数字货币是电子货币（electronic money，E-money）与实物现金的一体化。

（2）数字货币是一种资产价值的数字化表现形式，发行人既可以是私人机构，也可以是货币当局。

（3）数字货币是基于区块链技术和分布式记账技术的加密数字货币。

（4）数字货币应从发行主体进行界定，只有各国央行发行的数字货币才是真正的数字货币。

2. 各国金融机构、金融监管机构的定义

（1）欧洲中央银行（European Central Bank）是最早关注数字货币的。2012年，它将虚拟货币定义为"一种由开发者发行和控制的，在特定虚拟社区中使用的不受监管的数字货币"。但2015年，欧洲中央银行又重新定义了数字货币，认为"数字货币是一种价值的数字表现形式，由非中央银行等发行，在特定情况下可充当货币的替代品"。

（2）欧洲银行业管理局（European Banking Authority）认为，"数字货币是一种价值的数字化表示，它不由央行或政府当局发行，也不与法币挂钩，但因被公众所接受可以作为支付手段，能够以电子形式转移、存储或交易"。

（3）国际货币基金组织认为，"数字货币是分布式账本中的计价单位，一种是数字货币本身具有内在价值，一种是存在于分布式账本之外的实体资产的数字化表现"。

（4）反洗钱金融行动特别工作组（Financial Action Task Force on Money Laundering）认为，"数字货币是价值的数字表示，其可被进行数字化交易，同时可作为交换媒介、记账单位或用于价值储存"。

（5）国际清算银行在2015年的研究报告中指出，"数字货币是基于分布式账本技术、采用去中介化支付机制的虚拟货币"，并认为数字货币属于广义的电子货币。之后，国际清算银行在2017年的报告中从货币的发行者、物理形态、发行范围、流通机制等四个属性，对央行数字货币进行了定义。

从字面上理解，数字货币就是"数字"+"货币"的组合体，它既体现了货币的属性，也体现了数字特性，具体体现在以下四个方面。

第一，数字货币仍属于货币。数字货币应满足货币的本质属性，货币的本质是商品和劳务价值量，价值尺度是货币的核心职能，要发挥货币的价值尺度，最基本的要求就是保持数字货币币值相对稳定。同时，数字货币应具备流通和支付职能，可用它购买商品和服务。

第二，数字货币是一种信用货币。信用货币从有形的纸币、硬币发展到无形的数字货币，其背后也有信用支撑。从价值支撑层面考虑，可以将数字货币分为私人数字货币和法定数字货币。法定数字货币以国家信用为价值支撑，能够有效发挥货币功能、稳定货币价值。私人数字货币的信用来源于数字货币发行方的信用，容易受到市场流动性、投资者的信心以及各国政府监管力度的影响，因此私人数字货币的价值起伏较大并且难以预测。

第三，数字货币是以数字形式存在的货币。数字货币是一种非实物货币，是价值的数字表现形式。数字货币表现为代表一定价值量的数字化信息，它不以任何物理介质为载体，是"1"和"0"组成的计算机代码。

第四，数字货币是一种应用数字化技术的加密货币。数字货币应用区块链技术、P2P网络、密码学、共识算法等数字技术可直接进行点对点的交易。现在关注的数字货币一般特指以密码学技术特征为基础、含有多种隐藏信息的加密数字串，所以更多场合称之为加密货币或者密码学货币。

（二）数字货币的特征

与其他货币形态相比，数字货币特征主要有以下几方面。

（1）不可重复交易性。数字货币拥有者不可将数字货币先后或同时支付给一个以上的用户，也就是要防止数字货币重复支付，这被称为"双花问题"。基于代币形式的数字货币交易与现金交易类似，它可以在用户之间以独立匿名方式进行，无须中央银行的授权和记录。但不同的是，现金交易需要接收方验证货币的真假，而数字货币交易需要接收方验证数字货币是否已经被消费过，要避免重复支付现象的发生。为了防止交易的双重支付，传统的数字货币方案引入可信第三方检验每一笔交易，并在每一笔交易结束后回收货币重新发行，这种方案使得整个系统完全依赖于可信的第三方。

（2）匿名性。数字货币产生之初是基于电子现金，所以它有着现金的属性。其中，匿名性是现金的主要属性，它实现了对用户隐私的保护，因此数字货币也要具有匿名性特点。目前，数字货币普遍应用区块链技术和密码学技术实现匿名性。但与现金完全不能被追踪不同，建立在区块链上的数字货币可以设计为可控匿名，能够满足央行和金融机构对于合规性的要求。

（3）加密性。数字货币是一种加密货币，它不由某种中心化机构发行，而是基于某种加密算法创建的。数字货币在制造和发行过程中，通过加密等多种安全技术手段保障货币不能被非法复制和伪造。数字货币之所以设计成加密货币，主要考虑到两个方面：一是数据确权。目前互联网是完全公开透明的，我们在享受互联网带来的便利的同时，也把各种行为数据无偿提供给了中心化的互联网机构，而这些互联网机构利用这些数据来从事营利性商业活动。二是隐私保护。不仅我们在互联网上遗留的行为数据需要隐私保护，金融交易数据也需要加密保护。

（4）交易不可逆性。与数据库系统可以实现对数据的增加、删除、修改、查询等操作不同，数字货币系统只有增加和查询两种操作，这意味着数字货币系统中的任何一笔交易只有成功和失败两种状态。数字货币交易具有不可逆性，一旦出现交易错误，不能对交易数据进行撤销，只可以再增加一笔交易进行修正。

（5）可流通性。数字货币的不可重复交易性、匿名性、加密性交易不可逆性等特征，能更好地解决支付信任问题。这些特征优化了流通手段职能，同时，还增强了由此派生的支付功能。数字货币运行于区块链或分布式账本系统上，与法定的电子货币交易是账户之间数字的传输、特定账户上数字增减不同，数字货币交易是基于账户或地址之间"1""0"计算机代码的交换和数据的交互。

（6）可编程性。区块链的可编程性使得人们可以编制智能合约，一旦双方或多方事先约定的条件达成，计算机将监督合约自动执行。可编程性使央行具有了对货币流向追踪的能力，从而更加精准执行货币政策、精准预测市场流动性。可编程性也能使金融交易实现自动化和实时清算，可降低金融机构后期结算业务成本、提升金融交易效率、提高资金周转速度、降低运营成本。

二、数字货币的类型

（一）按发行主体划分

按发行主体，数字货币可分为法定数字货币和私人数字货币两类。

1. 法定数字货币

法定数字货币是指由中央银行发行、用国家主权信用背书的数字货币，属于中央银行主权信用货币。法定数字货币在本质上仍然是中央银行对公众发行的债务，形式上是一段加密数字，它具有内在价值的稳定性，具有法定偿还性，同时受到货币当局的监管。法定数字货币具有价值尺度、交换媒介、支付手段、贮藏手段等货币基本职能。

按支付系统面向对象的不同，法定数字货币可分为零售支付系统和批发支付系统。货币资金流通可划分为"前端"支付和"后端"处理两个主要环节。零售型数字货币的应用场景主要在货币流通的"前端"支付环节，而批发型数字货币的应用场景主要在货币流通的"后端"处理环节。

（1）零售型CBDC项目。基于零售支付系统，以数字货币的形式在前端支付环节中进行交易记录，面向公众，旨在为公众提供价值存储和日常支付的新的选择方式。"前端"支付环节主要包括相关交易账户（资金源）、支付工具（现金、银行卡等）以及连接付款人/收款人与支付服务商的服务渠道/访问点。零售支付系统能够在"前端"支付环节中有效处理批量小额支付交易，如信用卡转账、直接借记、支票、银行卡支付、电子货币交易等。

（2）批发型CBDC项目。基于批发支付系统，以数字货币的形式在后端处理环节中进行清算和结算。面向金融机构，旨在用于结算大额银行间支付、提供中央银行资金以结算新基础设施中的数字金融资产的交易。后端环节主要负责处理支付链中的特定环节，包括交易处理（身份验证、欺诈监控、费用计算等）、交易清算（交易传输和核对）以及交易结算（交易方完成资金转账、履行债务）等相关环节。批发支付系统能够在"后端"处理环节中处理金融机构之间的大额交易。

2. 私人数字货币

私人数字货币是由私人或机构自行设计发行，不具备法偿性和强制性等特征的数字货币，主要包括以太坊、Libra（天秤币）、莱特币、瑞波币（XRP）等。

按照体系结构，可将私人数字货币分为两类：一类是中心化数字货币，典型代表为戴维·乔姆（David Chaum）研发的E-Cash；另一类是去中心化数字货币。两类货币的主要区别在于是否存在中心节点控制货币的发行、流通等生命周期的各个环节。如采用基于互联网的P2P网络架构，该网络具有去中心化、开放性的特点，任何用户都可以随时加入P2P网络中，参与数字货币的发行、流通与交易。私人数字货币没有锚定任何资产，它的价格容易波动，因此对它的价值目前还没有达成共识。由于私人数字货币具有较大的风险,我国把它定性为虚拟商品,不具有法定货币的法律地位。

法定数字货币与私人数字货币在其发行机制、价值机制、存储与交易等方面有诸多的不同,见表4-1。

表4-1 法定数字货币与私人数字货币的比较

比较项目	比较内容	法定数字货币	私人数字货币
发行机制	由央行发行	是,中心化	否,中心化或非中心化
	发行量	灵活	固定
	决定因素	货币政策目标	电脑程序、挖"矿"者
	原生形态	数字化	数字化
	发行成本	低	高
	是否受央行调节	是	否
	底层技术	区块链技术、密码学	区块链技术、密码学
价值机制	内在价值	有	无
	是否为央行负债	是	否
	价值尺度	是,替代纸币	否,地下数字货币
	交易媒介	是	小范围
	贮藏手段	是,有通胀风险	是,有波动风险和信用风险
存储与交易	存储方式	数字化	数字化
	交易方式	数字化	数字化

(二)按应用方式划分

目前市场上的数字货币种类较多,按应用方式,数字货币可分为支付型数字货币、应用型数字货币和资产型数字货币三类。

(1)支付型数字货币。当特定人群接受某种数字货币用于支付、购买商品或服务时,该数字货币实际上承担了货币的交易媒介职能,它就属于支付型数字货币。支付型数字货币可用于实施各种交易和支付活动。与传统的法定货币不同,支付型数字货币是基于区块链或其他分布式账本技术构建的,具有去中心化、安全性和快速交易等特点。

(2)应用型数字货币。应用型数字货币是由单一或特定的数字货币发行方发行的,持有该类数字货币的用户可以使用或凭借该数字货币享受数字货币发行方或其关联方提供的特定产品服务,即该类数字货币为用户提供的是对于产品或者服务的访问权或使用权。如数字货币交易平台币安网（Binance）发行的加密货币币安币（BNB）就是典型的应用型数字货币。币安币的所有者不但可以使用它抵扣在币安网平台上交易的手续费、获得相应的折扣，还可以在币安网平台上进行投票决定新的数字货币发行。

（3）资产型数字货币。资产型数字货币也称证券型数字货币，是由特定的发行方来发行、代表发行人所拥有的资产，包括但不限于股权、债权、房地产等资产。当持有者拥有资产型数字货币时，就相当于拥有了资产型数字货币所代表的发行人或是底层资产的权益，此时资产型数字货币与股票、债券或是金融衍生品等代表不同权益的投资产品相类似。

（三）按有无币值稳定机制划分

按有无币值稳定机制，数字货币可分为无币值稳定机制数字货币和稳定型数字货币两类。

（1）无币值稳定机制数字货币。目前市场上有超过2 000种数字货币，很多数字货币没有与法币直接兑换的机制，其价值不依赖于传统货币或其他资产的支撑，而是通过内部机制来实现价值的稳定。与传统货币或其他加密货币不同，无币值稳定机制数字货币旨在解决数字货币市场中普遍存在的价格波动性问题。传统的数字货币价格波动剧烈，其价值受市场供需和投资者情绪等因素影响。这种价格波动使数字货币在日常交易和商业应用中面临一些挑战，如不确定性和风险。

（2）稳定型数字货币。稳定型数字货币通常锚定美元等法币或者其他价值稳定的资产。代表性稳定型数字货币包括天秤币、泰达币（USDT）等。以泰达币为例，它与美元（USD）等法定货币以1∶1的比例挂钩。

三、数字货币与电子货币、虚拟货币的比较

在一段时间内，数字货币一直与电子货币、虚拟货币混淆。为更好地理解数字货币，下面对数字货币与电子货币、虚拟货币的区别进行介绍。

（一）电子货币

电子货币最早的构想是德国发明家提出的IC（集成电路）卡，而真正的产品化是在1984年由法国一家通信服务公司将其应用在电话卡上。当消费者进行消费的时候，可以从电子装置上直接扣除相应价值，在零售支付中十分方便。随着电子商务的发展，电子货币应用越来越广泛。

1998年,巴塞尔委员会(BCBS)将电子货币定义为:"在零售支付机制中,通过销售终端、不同的电子设备之间及在公开网络上(如互联网)执行支付的储值和预付支付机制。"其中,所谓"储值"产品,是指保存在物理介质(硬件或卡介质)中可用来支付的价值,这种物理介质可以是智能卡、多功能信用卡、"电子钱包"等,所储价值使用后,可以通过电子设备进行追加。所谓"预付支付机制",是指存在于特定软件或网络中的一组可以传输并可用于支付的电子数据,通常被称为"电子现金",它由一组二进制数据和数字签名组成,可直接在网络上使用。欧盟支付系统工作小组1994年向欧洲货币当局提交的《预付价值卡》报告认为:"电子货币是一种最近出现的新型支付工具,被称为'电子钱包'或多用途卡,它是包含真实购买力的卡片,为了获得该卡片,消费者必须预先支付其价值。"

2009年,中国人民银行首次对电子货币给出了具体的定义:"电子货币是存储在客户拥有的电子介质上,作为支付手段使用的预付价值。按照收到的资金不低于发行的货币价值来发行,被发行人之外的其他企业及个人当作支付手段。"

(二)虚拟货币

对虚拟货币的理解,一般有狭义和广义之分。

(1)狭义的虚拟货币。狭义的虚拟货币也被称为网络虚拟货币、代币,是指在网络空间上由网络服务运营企业发行并应用于网络虚拟空间的货币。由于虚拟货币在一定的空间和时间范围内才能执行等价物的功能,因此只能称之为代币。

(2)广义的虚拟货币。广义的虚拟货币是指没有实物形态的货币,它主要包括电子货币和数字货币。

(三)电子货币、虚拟货币、数字货币的差异

在形式上,电子货币、虚拟货币和数字货币三者都属于非实物货币,都是建立在一定的信息技术基础上的货币,三者的主要区别见表4-2。

表4-2 电子货币、虚拟货币和数字货币的主要区别

项目	电子货币		虚拟货币		数字货币
本质不同	一种支付方式		一种支付方式		属于货币
发行主体	金融机构第三方支付企业	大型企业	网络运营商	私人主体	各国央行
使用范围	一般不限	企业	网络企业内部	不限	不限
发行数量	法定货币决定	法定货币决定	发行主体决定	数量一定	法定货币决定

续表

项目	电子货币		虚拟货币		数字货币
储存形式	磁卡或账号	磁卡	账号	数字	数字
流通方式	双向流通	单向流通	单向流通	双向流通	双向流通
货币价值	与法币对等	与法币对等	与法币不对等	与法币不对等	与法币对等
信用保障	政府信用背书	机构信用背书	机构信用背书	数学算法背书	政府信用背书
支付方式	依赖第三方	依赖第三方	依赖第三方	点对点交易	点对点交易
安全性	较高	较高	较低	较高	高
交易成本	较高	较高	较低	较低	较低
底层技术	计算机技术	计算机技术	计算机技术	区块链技术	区块链技术，可编程
运行环境	外联网、读写设备	内联网、外联网、读写设备	企业服务器与互联网	开源软件以及P2P网络	P2P网络
典型代表	银行卡、支付宝等	公交卡等	Q币、盛大币、各论坛积分等	以太坊、莱特币等	央行数字货币

第二节 数字货币的发展现状

2022年1月1日Finbold发布的一份报告显示，2021年1月1日全球加密货币的种类数量为8 153个，截至2021年12月31日数量为16 223个，相比1月增加约98.98%。Finbold数据显示，2021年加密行业创造出8 070种新Token（代币），平均每天约有22种新加密货币在市场上推出。另一项数据显示，2021年1—10月加密市场总计新增约5 000种加密货币，而11月、12月有超过3 000种加密货币进入市场。

据CoinMarketCap统计，截至2022年5月16日，全球共有1.01万种加密货币，总市值达1.28万亿美元，较2020年底增长80.41%。

截至2021年6月，全球加密货币用户数已达到2.21亿，其中从1亿用户增加到2亿用户仅花费4个月的时间。2021年用户数从4月底的1.43亿增加到6月的2.21亿，激增近8 000万新用户，其中大部分新用户都是对Shiba Token（SHIB）和Dogecoin（DOGE）等代币感兴趣。进入2021年下半年，用户规模增速有所放缓，截至2021年底，全球共有2.95亿加密货币用户，相比2021年初增长了178.30%。[1]

---

[1] Crypto.com. 衡量加密用户——使用链上指标衡量市场规模的研究[R].2021.

一、私人数字货币的发展

自中本聪提出一套去中心化的加密数字货币系统以来,私人数字货币进入高速发展期,底层技术不断成熟,支付的便捷性、安全性不断提升。

目前,海外私人数字货币主要可分为六类:①去中心化数字货币;②可编程数字货币,如以太币;③数字稳定币,如泰达币;④专注于跨境支付的数字货币,如瑞波币;⑤金融机构数字货币,如摩根币(JPM Coin);⑥超主权数字货币,如天秤币,详细信息见表4-3。

表 4-3 主要私人数字货币信息

项目	以太币	瑞波币	泰达币	摩根币	天秤币
创立时间	2014年	2011年	2015年	2019年	2019年
底层技术	区块链公有链	分布式账本	区块链公有链	区块链联盟链	区块链联盟链
共识算法	PoW+PoS	Ripple协议	Omni协议	PoS	LibraBFT
资产支持	无	无	1:1锚定美元	1:1锚定美元	锚定一揽子货币
发行流通	由算法决定,总量无上限,持有者可相互交易	Ripple Labs发行,总量1 000亿	Tether公司发行,根据客户需求等值造币、销币	摩根大通发行,数量无上限,仅限摩根大通大型机构客户使用	Libra协会发行,授权经销商从协会买/卖,再向用户售/赎
运营架构	单层	单层	单层	单层	双层
优势	去中心化,不可篡改,全球流通,智能合约	低成本,跨境支付,高效便捷	币值稳定,对冲加密货币市场波动	运营效率高,便于大型企业客户跨境支付	币值稳定,跨境支付成本低
劣势	币值不稳定、投机性强、安全性和监管问题	持币模式和分配方式集中	储备资产单一、容易产生信任危机	储备资产单一、使用范围受限	监管挑战、数据保护

二、法定数字货币的发展

近年来,从一些支付机构提出的"无现金社会"的口号以及私人数字货币的发展,均可以感受到传统央行的货币地位正在受到挑战,而传统央行货币的支付功能不能适应数字经济时代的需求成为面临的最主要问题之一。

经历了多年的摸索与尝试后,全球CBDC研发在2020年驶入快车道。2020年

1月21日，国际清算银行与加拿大、英国、日本、欧洲、瑞典和瑞士等央行共同成立央行小组，开展央行数字货币的研发。2020年2月8日，国际货币基金组织建议东加勒比货币联盟（ECCU）尝试使用一种共同的数字货币。2020年2月11日，美联储主席表示美联储正在研究央行数字货币，但尚未决定是否推出数字美元。欧洲央行行长表示，希望评估央行数字货币能否为公众提供明确的用途，并支持欧洲央行的目标。2020年2月21日，瑞典央行开始央行数字货币电子克朗（E-krona）测试。2020年3月10日，日本央行副行长在2020年东京"未来支付论坛"上就央行数字货币发行发表观点，认为需要关注发展过程中的"三个变化"：无现金支付将在零售支付中稳步增长，支付服务提供商的多元化，货币和数据将更加紧密地联系在一起。2020年3月12日，英国央行发布题为《央行数字货币：机遇、挑战与设计》的讨论报告。2020年3月27日，法国央行发布央行数字货币实验应用方案征集令。2020年4月6日，韩国央行宣布将于2021年进行央行数字货币试点测试。

从国内来看，中国人民银行一直高度重视数字货币的研发实践，也取得了重要进展。2014年，中国人民银行率先成立数字货币研究所，对法定数字货币的发行体系、关键技术、流通环境、法律问题等进行深入的研究。2020年，我国央行法定数字货币DCEP（数字货币和电子支付工具）基本完成了顶层设计、标准制定、功能研发等工作，并已开始在多个城市进行试点。2022年1月，数字人民币（试点版）的应用在各大应用商店上架，微信支付也开始支持数字人民币钱包的开通，意味着数字人民币开始融入日常生活。2022年以来，数字人民币试点两次扩围，从原来的"10+1"试点地区扩展到15个省市的23个地区，随后进一步扩大到广东、江苏、河北、四川全省，还增加了济南市、南宁市、防城港市、昆明市、西双版纳傣族自治州作为新的试点地区。自试点工作启动以来，数字人民币也加速落地，应用场景不断丰富，交易金额、存量不断增加。中国人民银行官方公众号2022年10月12日发布文章《扎实开展数字人民币研发试点工作》指出，截至2022年8月31日，15个省（市）的试点地区累计交易笔数3.6亿笔、金额1 000.4亿元，支持数字人民币的商户门店数量超过560万个。截至2022年底，流通中的数字人民币存量达到136.1亿元。

2020年8月，国际清算银行发布了题为《央行数字货币崛起：驱动因素、方法和技术》的报告，指出央行数字货币将极大地改变人类未来的支付方式与生活方式。数据显示，在互联网上对央行数字货币的搜索量明显超过了Libra稳定币。

同时，人们对中央银行是否应该发行央行数字货币的态度也发生了明显变化，越来越多的中央银行正在或很快将从事 CBDC 工作。

在全球 66 家响应调查的央行中，有大约 80% 的中央银行参与了数字货币的研究或试点（图 4-1 左图），其中有一半同时关注批发型 CBDC 和通用型 CBDC（图 4-1 中图），大约 40% 的中央银行已经从概念研究发展为实验或概念证明，另外 10% 已经开发了试点项目（图 4-1 右图），10% 将在未来三年内发行 CBDC，受众将占全球人口 20%。

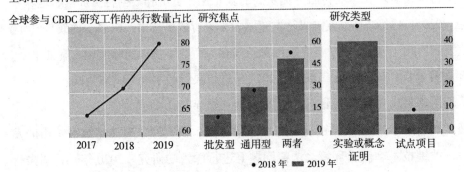

图 4-1 中央银行在 CBDC 领域的研究

资料来源：BIS,Central bank survey on CBDCs.

全球各国正在加速对数字货币研发与测试，希望抢占数字货币领域尖端技术先机，本质上也是对科技领域话语权的争夺。因为先研发出来并且规范使用的，很有可能成为全球标准。中央银行引入数字货币的原因有多种，有的希望通过研究和利用数字货币技术提高金融交易效率、增加支付的多样性、提升竞争力；有的希望借助数字货币改变现有的国际货币体系现状，使更多国家的货币参与国际货币体系，通过发展数字货币降低美元霸权对其经济的负面影响，推动国际合作与跨境支付。

全球目前共 105 个国家和地区正在探索各自的央行数字货币，这些国家和地区的 GDP 全球占比合计超过了 95%。相比于 2020 年 5 月仅 35 个国家和地区在考虑 CBDC，增幅明显。在 CBDC 的建设进展上，现今共 50 个国家和地区已经处于研发阶段、试点阶段或正式推广阶段。已有 10 个国家和地区正式推广了其央行数字货币。牙买加是最近一个宣布正式落地使用 CBDC 的国家。截止到 2022 年 6 月，10 个国家和地区的 CBDC 已正式发布运营，15 个正处于试点（pilot）过程中，

24 个处于研发（development）进程，43 个处于理论研究（research，包括论证和小范围试验）阶段，另有 12 个项目暂停或已中止，全球共有 45 个零售型 CBDC 项目，7 个批发型 CBDC 项目，52 个混合型或未明确定位的 CBDC 项目。① 央行数字货币应用场景如图 4-2 所示。

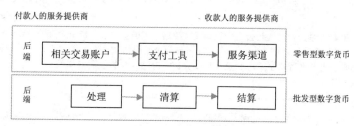

图 4-2 央行数字货币应用场景

资料来源：BIS

2020 年 10 月 9 日，美国、英国、日本、加拿大、瑞典、瑞士等六国央行与欧洲央行和国际清算银行联合发布《央行数字货币：基本原则和核心特征》，该报告是西方发达经济体正式开始为法定数字货币的发行和监管制定国际通用标准的重要标志。

根据公开可得的信息，CBDC 研发前沿且实际已经进入试点工作的国家，其发展 CBDC 的主要动因有二：①应对实物现金逐步减少、私人数字货币和支付平台高度发展等现象，在一定程度上防止出现私人垄断数字货币领域、降低私营平台发展可能带来的操作风险；②从成本效益视角出发，探索一条降低现金交易成本、提高交易效率的可能路径（IMF，2018）。对于发展中国家而言，发展普惠金融是不同于发达国家的一个重要因素。全球央行数字货币的实践见表 4-4。

表 4-4 全球央行数字货币的实践

国家	对央行数字货币的部署
美国	• 2020 年 2 月，美联储主席表示，美联储正在对央行数字货币进行研究，但尚未决定是否推出。 • 2020 年 5 月，数字美元基金会发布了其数字美元项目的第一份白皮书，推动数字美元计划核心原则。 • 2021 年 1 月，美国货币监理署批准美国银行使用区块链和稳定币技术。 • 2022 年 3 月，拜登政府签署的行政命令呼吁美国继续巩固全球金融领先的地位，同时鼓励美联储积极探索包括跨境、多边支付等场景下的 CBDC

---

① 数据来源：中泰证券. 数字人民币专题报告：全球央行 CBDC 进展报告 [R]. 2022.

续表

国家	对央行数字货币的部署
英国	• 2015 年，在英国央行授意下，英国伦敦大学研发法定数字货币原型——中央银行加密货币 RSCoin，以提供技术参照框架。 • 2020 年 3 月，英国央行发表央行数字货币报告，探讨向数字经济转变。 • 2022 年 3 月，英格兰银行宣布将和 MIT 的 Digital Currency Initiative 合作探索数字货币
韩国	• 2020 年 6 月，韩国银行公布中长期发展战略，积极从事数字货币政策的研究和准备工作。 • 2022 年 11 月，韩国央行（BOK）宣布分两个阶段依次进行的 CBDC 模拟实验研究工作已经完成，实现央行数字货币利息支付和兑付、冻结及托收、国家间汇款等多种政策支援及支付服务试验
新加坡	• 2016 年 11 月，新加坡金融管理局和区块链联盟 R3 合作推出 Project Ubin，探索分布式账本技术在数字货币领域的应用。 • 2018 年，新加坡金融管理局和加拿大银行完成了使用央行数字货币进行跨境货币支付的试验。 • 2019 年 11 月，新加坡金融管理局宣布，基于区块链的多币支付系统原型 Ubin 进入第五个阶段。 • 2021 年 11 月，Ubin 项目已按计划完成前五个阶段的试验工作。 • 2022 年 11 月，新加坡金融管理局推出了零售型央行数字货币的兰花项目（Project Orchid）。 • 2023 年 6 月，新加坡金融管理局发布数字货币标准白皮书。 • 2023 年 9 月，国际清算银行和法国、新加坡和瑞士的中央银行已成功完成 Mariana 项目，测试了金融机构之间批发中央银行数字货币的跨境交易和结算。 • 2024 年 7 月，由新加坡金融管理局和国际清算银行共同发起 Project Nexus 项目，用于即时跨境汇款，已完成第三阶段综合蓝图，预计将在 2026 年落实
瑞典	• 2017 年 9 月，瑞典央行启动 E-krona 计划，探索法定数字货币在零售支付方面的可行性。 • 2018 年 4 月，瑞典央行宣布将与 IOTA 区块链公司合作，研发推出国家数字货币。 • 2020 年 2 月，瑞典央行宣布开始测试电子克朗。 • 2021 年 2 月，瑞典开启央行数字货币电子克朗试点项目第二阶段测试
加拿大	• 2016 年 6 月，区块链联盟 R3 与加拿大银行共同发起法定数字货币 Jasper 项目。 • 2017 年，数字货币成为加拿大金融科技发展的核心区域。 • 2018 年，新加坡金融管理局和加拿大银行完成了使用央行数字货币进行跨境货币支付的试验。 • 2020 年 2 月，发布零售数字货币应急计划，在必要时发行零售类现金数字货币
菲律宾	• 2020 年 7 月，菲律宾央行成立委员会，研究发行央行数字货币的可行性以及相关政策
委内瑞拉	• 2018 年 2 月，委内瑞拉推出官方石油币。 • 2020 年 6 月，宣布委内瑞拉银行的所有分行接受该国的加密货币——石油币，一周内该国 15% 加油站已使用石油币进行支付
厄瓜多尔	• 2014 年 12 月，厄瓜多尔推出了电子货币系统。 • 2015 年 2 月，运营电子货币系统和基于该系统的厄瓜多尔币，市民可通过该系统在超市、银行等场景中支付。 • 2017 年 12 月，该项目关停。 • 2018 年 3 月，政府宣告系统停止运行

续表

国家	对央行数字货币的部署
泰国	• 2018年10月，泰国政府发行数字货币CTH 120亿枚。 • 2019年7月，泰国央行副行长公开表示，其与中国香港金融管理局共同合作研发的数字货币项目正式进入第三阶段。 • 2020年1月，中国香港金融管理局与泰国央行公布数字货币联合研究计划——Inthanon-LionRock项目的成果，并发表研究报告。 • 2020年7月，泰国在当地公司中使用数字货币，泰国银行已开始将数字货币应用于大企业之间的金融交易。 • 2021年9月，Inthanon-Lionrock项目正式更名为多边央行数字货币桥（mBridge） • 2022年9月，泰国央行开放零售CBDC Hackathon申请，通过公开竞争来创建和提出CBDC可行性倡议，以促进公私合作和金融创新。 • 2023年10月，零售CBDC试点项目，面向零售用户和商户的实值CBDC试点测试，探索创新用例的可行性。 • 2024年6月，多边央行数字货币桥（mBridge）项目宣布进入最小可行化产品（MVP）阶段。 • 2024年9月12日，"数字钱包"计划发布
立陶宛	• 2018年，立陶宛启动了LBChain区块链平台项目，积极研究区块链和数字货币。 • 2019年12月，立陶宛央行批准数字货币LBCoin的实物样本。 • 2020年1月，立陶宛央行表示正继续努力加强数字货币工作。 • 2020年7月，发行了全球首枚CBDC，但只是纪念币

第三节 典型的央行数字货币实践

下面主要介绍几种典型的零售型CBDC项目和批发型CBDC项目。

一、零售型央行数字货币实践

（一）中国的e-CNY项目

国内央行数字货币DC/EP项目（digital currency/electronic payment）的研究开始于2014年。2014年，央行成立法定数字货币研究小组，开始对发行框架、关键技术、发行流通环境及相关国际经验等进行专项研究。2016年1月20日，在中国人民银行数字货币研讨会上，中国人民银行肯定了数字货币各方面的优势，并且首次公开了发行数字货币的目标。2016年，中国人民银行成立了数字货币研究所，2018年6月，中国人民银行数字货币研究所在深圳注册成立全资子公司深圳金融科技有限公司，2019年3月，又联合苏州市有关单位成立了长三角金融科技有限公司，承接法定数字货币基础设施的建设和稳定运行，承担法定数字货币关键技术攻关和试点场景支持、配套研发与测试。2021年中国人民银行发布《中国数字人民币的研发进展》白皮书,对数字人民币的技术架构、发行方式和应用场景等进行详细的介绍。

1. 数字人民币的主要目标与愿景

中国的数字人民币主要目标与愿景如下。

(1) 满足公众零售目的的现金需求,减少现金支付的使用。数字人民币将进一步降低公众接触线上支付的门槛,让公众在不开设银行账户的前提下可以使用数字人民币结算。比如短期国外来华人员的日常支付需求。

(2) 满足支付的公平、效率和安全需求。数字人民币定位 M0,主要用于零售支付的直接结算,同时作为国家法币,其安全等级最高,可以在不依赖银行账户的前提下实现完全匿名化地资产转移和离线交易。

(3) 响应国际组织的倡议,探索跨境支付。未来的数字人民币将响应二十国集团的倡议,发展普适性的国际兑换和准则,实现无损、合规、互通的数字货币的跨境交换。

2. 数字人民币的内涵与特征

数字人民币简称 DCEP,其中"DC"是指数字货币(digital currency),"EP"是指电子支付(electronic payment)。我国的 DCEP 主要强调电子支付功能。

DCEP 作为法定数字货币,是基于国家信用、由央行直接发行的数字化形式的法定货币,由指定运营机构参与运营,以广义账户体系为基础,支持银行账户松耦合功能,与实物人民币等价,具有价值特征和法偿性。

数字人民币具有以下特点。

(1) 数字人民币是央行发行的法定货币。数字人民币具备货币的价值尺度、交易媒介、价值贮藏等基本功能,与实物人民币一样是法定货币。

(2) 数字人民币是法定货币的数字形式。数字人民币发行、流通管理机制与实物人民币一致,但以数字形式实现价值转移。

(3) 数字人民币是央行对公众的负债,以国家信用为支撑,具有法偿性。数字人民币与实物人民币都是央行对公众的负债,具有同等法律地位和经济价值。

(4) 数字人民币主要定位于现金(M0)。数字人民币属于零售型央行数字货币,主要用于满足国内公众日常支付需求,来降低公众的零售交易成本。

3. 数字人民币的设计原则

我国数字人民币的设计主要遵循以下三个基本原则。

（1）依法合规。数字人民币体系制度设计严格遵守人民币管理、反洗钱和反恐怖融资、外汇管理、数据与隐私保护等相关要求，数字人民币运营被纳入监管框架。

（2）安全便捷。数字人民币体系突出以广义账户为基础、与银行账户"松耦合"、价值体系等特征，适应线上与线下等各类支付环境，尽量减少因技术、通信网络覆盖等因素带来的使用障碍，以满足公众对支付工具安全、易用的要求。数字人民币运营系统满足高安全性、高可用性、高可扩展性、高并发性和业务连续性要求。

（3）开放包容。发挥并运用指定运营机构优势和专业经验，按照长期演进技术方针，通过开展技术竞争及技术迭代，保持整体技术先进性，避免系统运营风险过度集中。支持与传统电子支付系统之间的交互，充分利用现有金融基础设施，实现不同指定运营机构的钱包之间、数字人民币钱包与银行账户之间的互联互通，提高支付工具的交互性。

4. 数字人民币的设计特征

数字人民币设计兼顾实物人民币和电子支付工具的优势，既具有实物人民币的支付即结算、匿名性等特点，又具有电子支付工具成本低、便携性强、效率高、不易伪造等特点。设计中主要考虑了以下几点。

（1）兼具账户和价值特征。数字人民币兼容基于账户（account-based）、基于准账户（quasi-account-based）和基于价值（value-based）三种方式，采用可变面额设计，以加密币串形式实现价值转移。

（2）不计付利息。数字人民币定位于M0，与同属M0范畴的实物人民币一致，不对其计付利息。

（3）低成本。与实物人民币管理方式一致，中国人民银行不向指定运营机构收取兑换流通服务费用，指定运营机构也不向个人客户收取数字人民币的兑出、兑回服务费。

（4）支付即结算。从结算最终性的角度看，我国数字人民币与银行账户"松耦合"，基于数字人民币钱包进行资金转移可实现支付即结算。

（5）可控匿名性。可控匿名即不是完全匿名，数字人民币遵循"小额匿名、大额依法可溯"的原则，高度重视个人信息与隐私保护，充分考虑现有电子支付体系下的业务风险特征及信息处理逻辑，满足公众对小额匿名支付服务的需求。

同时，为防范数字人民币被用于电信诈骗、网络赌博、洗钱、逃税等违法犯罪行为，确保相关交易遵守反洗钱、反恐怖融资等要求，可控匿名一方面体现了其M0的定位，保障公众合理的匿名交易和个人信息保护的需求；另一方面，也是防控和打击洗钱、恐怖融资、逃税等违法犯罪行为，维护金融安全的客观需要。

（6）安全性。数字人民币综合使用数字证书体系、数字签名、安全加密存储等技术，实现不可重复花费、不可非法复制伪造、交易不可篡改及抗抵赖等特性，并已初步建成多层次安全防护体系，保障数字人民币全生命周期安全和风险可控。

（7）可编程性。数字人民币通过加载不影响货币功能的智能合约实现可编程性，使其在确保安全与合规的前提下，可根据交易双方商定的条件、规则进行自动支付交易，促进业务模式创新。除此之外，还可以运用大数据对货币的发行、流通、储藏等进行深度分析，了解货币运营规律，为货币政策宏观审慎监管和金融稳定分析等干预需求提供数据支撑。

5. 数字人民币的运营模式

我国数字人民币采用双层运营模式，不改变现有货币投放体系和二元账户结构。所谓双层运营模式，就是指数字人民币采用"自上而下"的模式发行，由中国人民银行将数字人民币发行给商业银行或其他运营机构，为保证货币不超发，商业银行或其他运营机构需要向央行按100%全额缴纳准备金，如图4-3所示。

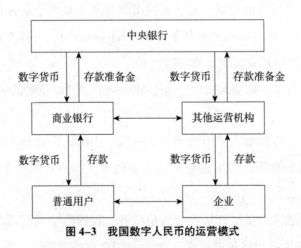

图4-3 我国数字人民币的运营模式

双层运营模式与100%准备金代发模式是不同的。100%准备金代发模式是一种"自下而上"的发行模式，其发行主体是二级发钞行或其他运营机构，是商业银行或其他运营机构先行缴纳100%准备金，获得代发权后再发行数字货币。

采取"中央银行-商业银行"双层运营模式，主要基于以下三点原因。

（1）可以充分利用商业银行现有资源、技术及人才优势。商业银行等金融机构的 IT 基础设施、服务体系比较成熟，系统处理能力强，在金融科技方面积累了大量经验，人才储备也充分。央行数字货币在充分利用成熟的 IT 基础设施以及服务体系的基础之上，利用它可以与银行账户"松耦合"的系统设计，拓展更加多元化的场景，其自身的服务能力和竞争力也将进一步增强。

（2）可以分散央行所承担的风险。虽然央行在银行间支付清算系统开发中积累了丰富的经验，但是银行间支付清算系统直接服务于金融机构。央行数字货币面向个人，如果仅靠央行自身力量进行研发，既要实现安全、高效、稳定，又要满足公众需求，还是不容易的。所以通过双层运营设计，可避免将风险过度集中在央行。

（3）可以有效避免"金融脱媒"。我国现有的信用货币发行遵循的是中央银行到商业银行的二元体系，延续当前的货币体系，央行数字货币与商业银行货币存款不会形成竞争关系，可以避免对商业银行存款产生的"挤出效应"。

6. 数字人民币钱包的设计

数字钱包是数字人民币的载体和触达用户的媒介，以钱包作为入口也是 Web 3 和 Web 2 的最大区别之一。在央行的白皮书文件中，明确指出要开发钱包生态平台，实现各自视觉体系和特色功能，实现数字人民币线上线下全场景应用，同时要满足用户多主体、多层次、多类别、多形态的差异化需求，确保数字钱包具有普惠性。

（1）身份识别强度对应不同等级的钱包。运营机构有权按照人民币的交易提供不同的权限。默认是最低权限匿名开启。

（2）个人钱包和对公钱包。个人钱包和对公钱包分别存在，权限和能力对应赋予。

（3）软钱包和硬钱包。软钱包基于移动支付 App、软件开发工具包（SDK）、应用程序接口等为用户提供服务；硬钱包基于安全芯片等技术实现数字人民币相关功能，依托 IC 卡、手机终端、物联网设备等为用户提供服务。2022 年 4 月 6 日，深圳市深圳通有限公司携手交通银行、邮储银行、中国银行，推出全国首创的"数字人民币联名卡"，如图 4-4 所示，实现了数字人民币准账户硬

图 4-4　数字人民币硬钱包

件钱包在公共交通领域的应用。这张"数字人民币联名卡"作为准账户硬钱包交通卡，是数字人民币硬钱包一卡多用的体现，一方面卡内加载了"交通联合"的一卡通应用，可以用于全国300多个城市的公共交通支付；另一方面卡内也加载了数字人民币钱包应用，可以实现数字人民币硬钱包支付。

（4）子钱包和母钱包。钱包持有主体可将主要的钱包设为母钱包，并可在母钱包下开设若干子钱包，个人通过子钱包实现支付场景的限额支付、条件支付和个人隐私保护等功能；企业和机构通过子钱包来实现资金归集和分发、会计处理、财务管理等功能。

（5）中国人民银行和其他运营机构以及社会机构按照共建、共有、共享原则，建设数字人民币钱包生态平台。按照以上不同的维度，形成人民币钱包矩阵，满足多场景需求并实现各特色功能。

7. 数字人民币系统的运行框架

我国数字人民币系统的运行框架可以归纳为"一币、两库、三中心"。其中，"一币"是指法定数字货币是由央行发行的，具有强制性和唯一性。从表现形态看，它是由央行担保签发的代表一定金额的加密字符串。"两库"是指数字货币发行库和数字货币商业银行库。数字人民币采取中心化管理、双层运营。数字货币发行库是人民银行在央行法定数字货币私有云上存放法定数字货币发行资金的数据库，央行的数字货币系统不直接面向用户。数字货币商业银行库是商业银行存放央行数字货币的数据库，可以在本地，也可以在央行数字货币私有云上。"三中心"是指认证中心、登记中心和大数据分析中心。其中，认证中心是央行对央行数字货币机构和用户身份信息进行集中管理，它是系统安全的基础组件，也是可控匿名的关键设计；登记中心记录对应用户身份，完成确权登记以及对数字货币的产生、流通、清点核对、消亡等央行数字货币全生命周期进行登记；大数据分析中心被用于反洗钱、支付行为、监管指标分析等。

8. 技术路径的选择

中国人民银行数字货币研究小组最开始研究央行数字货币的时候，做过一个完全采用区块链架构的原型，但基于现有技术，无法达到零售级别的高并发要求。所以最终央行层面保持技术中性，不预设技术路线，也不依赖某一种技术。也就是说，数字货币机构采用混合架构，只要商业机构能够满足央行对于数字货币机构的技术规范以及用户体验等的要求，采取任何区块链或传统技术都可以。

2020年，中国人民银行数字货币研究所区块链课题组在其《央行数字货币研究所谈区块链技术的发展与管理》一文中指出，区块链以大量冗余数据的同步存储和共同计算为代价，牺牲了系统处理效能和客户的部分隐私，尚不适合传统零售支付等高并发场景。文章还表示，区块链的去中心化特性与中央银行的集中管理要求存在冲突。中央银行提供的支付服务不能离开集中式账户安排，需建立在中心化系统之上，这和区块链的去中心化特性相冲突。因此，目前不建议基于区块链改造传统支付系统。但数字货币机构也借鉴应用了区块链部分组成技术，例如，利用智能合约实现资金的定向流通，利用非对称加密认证身份。

2021年7月，中国人民银行发布《中国数字人民币的研发进展白皮书》（以下简称《白皮书》），这是数字人民币从概念出现到落地试验的七年中，官方首次公布数字人民币的全貌。《白皮书》中提到，数字人民币的技术路线选择是一个长期演进、持续迭代、动态升级的过程。数字人民币系统采用"分布式、平台化"设计，增强系统韧性和可扩展性，支持数字人民币支付交易量的快速增长；综合应用可信计算、软硬件一体化专用加密等技术，以确保系统可靠性和稳健性。在中国人民银行数字货币研究所等单位共同举办的"2021中国（北京）数字金融论坛"上，中国人民银行数字货币研究所狄刚表示，数字货币研究所积极探索数字人民币区块链应用，在发行层基于区块链构建了统一分布式账本，提升了对账效率；同时在国际清算银行创新中心的支持下，开展多边央行数字货币桥项目，探索使用分布式账本。

（二）瑞典央行的E-krona项目

1. 项目背景与目标

在日益数字化的背景下，瑞典支付市场发生了巨大变化，电子支付工具盛行，近年来正逐渐成为无现金国家。瑞典央行2018年的调查报告显示，在瑞典零售支付市场上，现金使用比例正大幅减小，瑞典人最近一次购物只有13%以现金付款，相比于八年前的39%，大幅下滑。随着现金使用率的暴跌，货币周转和流通逐渐由私人公司等商业力量把控，瑞典央行正在丧失对货币的控制权，其控制货币流通的作用被大大削弱。"现金的边缘化"问题给瑞典央行支付系统的安全性和有效性带来了巨大挑战。

为了捍卫央行控制货币发行、调节货币周转从而实现调控经济的能力，并为公众提供一个更加安全、有效的支付系统，2017年3月，瑞典央行与埃森哲公司共同启动了 E-krona 试点项目，以此探索法定数字货币在零售支付方面的可行性。

2. E-krona 的特征

该项目拟将 E-krona 作为一种通用的电子支付手段和对现金的补充，并确定国家和瑞典央行在未来支付体系中的角色。电子克朗主要用于小额支付，其不附息且价值等同于瑞典克朗，能被公众用于实时支付，即每周 7 天、每天 24 小时都可以使用，而大额支付依然交由现有的 RIX（大型转账交易机制）交易系统处理。

在瑞典央行发布的 E-krona 项目第二阶段的研究报告中，具体计划安排如图 4-5 所示。

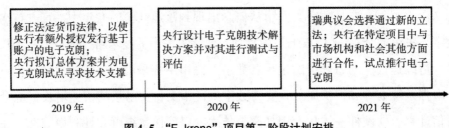

图 4-5 "E-krona" 项目第二阶段计划安排

在存在形式上，E-krona 将是瑞典克朗的一种数字形式，既可以存放在瑞典央行的账户中，又可以存储在本地，如在卡上或在手机应用程序中。E-krona 是基于账户还是基于价值发行仍需进一步研究。现阶段，瑞典央行已获得瑞典央行法案的授权发行基于价值的电子克朗。如果发行基于账户的电子克朗，则需要对法定货币法律进行修正，使其管辖范围包括数字货币。

在技术方面，瑞典央行给出了选择法定数字货币底层技术的四个基本原则：①可扩展性，即可以根据未来需求，增加相应的业务功能；②互相操作性，即该底层技术必须符合国际普遍接受的标准和框架；③可靠性，即可以有效避免网络攻击和各类欺诈；④可访问性，即易于使用。同时，瑞典央行也认为中央数据库和分布式账本 DLT 技术和区块链技术可以被用作 E-krona 模型的开发和测试，但对其他新技术也抱有开放的态度。

（三）巴哈马的 Sand Dollar 项目

2019 年 6 月，巴哈马央行宣布埃克苏马岛将成为央行数字货币试点项目的首个试点地区。2020 年 10 月，Sand Dollar 已实现全员触达，巴哈马成为第一个在全国范围内成功推行 CBDC 的国家。巴哈马能如此快地布局，主要是因为其地缘复杂，由 700 多座岛屿组成的巴哈马旅游业发达，手机普及率很高，因此在线支付也比较发达，普及率比银行账户高。

1. 项目目标

Sand Dollar 项目旨在升级金融市场基础设施，通过更安全的交易和更快的结算速度，提高巴哈马支付系统效率，降低服务交付成本，提升普惠金融水平，同时防止洗钱、伪造和其他非法目的。

2. 项目设计

Sand Dollar 是基于区块链技术通过移动数字钱包发行的代币，支持"离线支付"但不完全匿名，当与 Sand Dollar 网络的通信访问中断时，内置的保护措施将允许用户进行预先设定的美元价值支付。重新建立通信后，钱包将根据网络进行更新。采用双层运营框架，与巴哈马元挂钩但不计息，每个零售型央行数字货币都代表对巴哈马央行的直接索偿权。

央行负责发行 Sand Dollar，监测 Sand Dollar 持有量，推进 KYC（know your client，了解你的客户）基础设施，针对流通中的央行数字货币编制分类账。央行移动数字钱包的发起方是持牌金融中介机构，包括信用合作社、汇款企业、银行和支付服务提供商等。在风控上，巴哈马央行规定个人数字钱包与银行账户关联、企业钱包必须与公司银行账户挂钩，在运作过程中并不将法定数字货币作为传统银行业存款的替代品，从而限制持有数量，以缓解洗钱、恐怖主义融资、扩散等金融风险。

目前所有在其移动设备上具有央行认可的数字钱包的商家都可以付款。未来的问题是制定跨境交易规则。巴哈马中央银行的 Sand Dollar 仅限于国内支付，但巴哈马中央银行表示，"最终我们希望实现与其他数字货币的相互操作"。

二、批发型央行数字货币实践

（一）加拿大银行的 CAD-coin 项目

加拿大目前使用大额支付系统作为批发支付系统，虽然该支付系统避免了传统大额结算系统使用支票进行结算等诸多弊端，但在进行银行间批发交易时，依然需要提供全额或部分抵押，因此加拿大希望通过法定数字货币构建批发支付系统，并以此减少抵押品需求，从而提高银行间支付结算效率和金融系统运行效率。

2016 年 6 月，加拿大中央银行启动了基于分布式账本技术的大额支付系统（large value transfer system，LVTS），CAD-coin 是在这个系统中使用的数字货币，属于批发型央行数字货币。

这项名为 Jasper 的法定数字货币项目实验，主要目的是以法定数字货币加元为交易货币，探索使用分布式账本技术进行大额支付、清算和结算的可行性。包括加拿大皇家银行、TD 银行及加拿大帝国商业银行等多家加拿大主要银行参与了该项目。

Jasper 项目实验分为三个阶段。

第一阶段，加拿大央行构建了一个区块链原型和概念验证批发支付系统，以研究央行数字收据在银行间同业结算中使用的情况，实现模拟资金转账。

第二阶段，加拿大央行使用 R3 的开源分布式记账平台 Corda，在分布式账本上发行等量的数字资产，即 CAD-coin，参与银行将现金抵押品保存到由加拿大央行持有的特殊账户中，央行随即将相同价值的央行数字货币 CAD-coin 发送到参与银行的分布式账户上，不同银行间使用 CAD-coin 进行交易和结算。

第三阶段，加拿大央行基于分布式记账技术，构建一个新的证券支付结算一体化平台，验证使用分布式记账技术实现证券清算和结算的可行性，发现将现金或其他象征性资产（如证券）与分布式账本技术相结合所带来的优势。

（二）新加坡的 Ubin 项目

2016 年 11 月，新加坡金融管理局（MAS）联合新加坡交易所、10 家商业银行、8 家技术公司和 6 家学术机构，共同发起 Ubin 项目，旨在寻求在分布式账本上推出新加坡法定数字货币（SGD-on-Ledger，SGD-L），探索分布式账本技术在清算和结算中的实际应用，进行银行间的法定数字货币支付清算方案的试验。该项目在架构、代码等方面借鉴了加拿大 Jasper 项目。

新加坡金融管理局希望借助 Ubin 项目，使新加坡成为基于分布式账本技术发行法定数字货币的先行者和领导者。该项目关注于将分布式账本技术应用于银行间市场，试图开发出一套成本更低、安全性更高且更高效的基于法定数字货币的金融系统，来取代现有的系统，以降低跨境支付和证券结算的风险和成本，提高新加坡金融系统的效率。

新加坡支持开放知识产权的创造，希望以此促进行业参与者之间的合作，创造一个充满活力、协作、创新的金融机构和金融科技生态系统。Ubin 项目代表了新加坡在 DLT 研发领域建立领导地位的重要机遇，符合新加坡成为智能金融中心的更大目标，新加坡希望通过此项目全面探索 DLT 对其金融生态系统的潜在益处。

清华大学金融科技研究院区块链研究中心发布的报告显示，Ubin 项目研究得出的总体规划分为六个阶段，如图 4-6 所示，分别是新加坡法定数字货币 SGD 数字化、国内银行间结算、基于 DLT 的券款对付（DvP）、跨境银行间支付结算、目标运营模式、跨境支付和跨境券款对付。

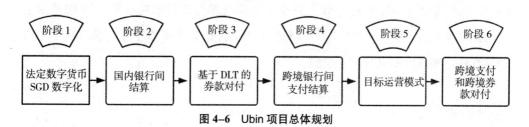

图 4-6　Ubin 项目总体规划

Ubin 项目第一阶段旨在评估探索 SGD-L 可能带来的影响，以及对新加坡金融系统潜在的益处，测试央行数字货币用于跨行支付的可行性。SGD-L 与现有的存款账户不同，它具备三个特性：一是 SGD-L 没有利息，这降低了支付系统管理的复杂性；二是 SGD-L 是通过抵押等额 SGD 来实现发行的，因此不会改变总货币供应量；三是 SGD-L 被限制在某些场景下使用，并可针对证券等特殊应用通过智能合约增加特性。Ubin 项目的第一阶段成功实现了为银行间结算制作 SGD-L 的目标，同时可以使用新加坡电子支付系统（MEPS+）与分布式账本互操作，实现抵押品自动管理。新加坡电子支付系统如图 4-7 所示。

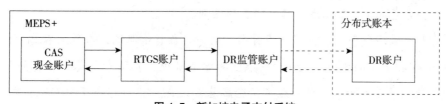

图 4-7　新加坡电子支付系统

MEPS+ 与分布式账本是分别独立的两个账本系统，二者之间只有账目的同步，没有资金的转移，并通过 SWIFT 虚拟器连接。通过设立 CAS 现金账户、大额实时结算系统（real time gross system，RTGS）账户、存托凭证（depository receipts，DR）监护账户，以及分布式账本中的 DR 账户，实现 MEPS+ 系统与分布式账本系统的对接和功能。

目前，Ubin 项目已进行到第五阶段，新加坡金融管理局与摩根大通和淡马锡控股合作建立了一个基于区块链的多币种支付网络系统，该系统允许其他区块链连接、无缝整合，并开启商业应用测试，确定其整合区块链贸易应用的能力，以及探索其他支持用户场景的功能。

（三）中国香港地区的 Lion Rock-Inthanon 项目

2019 年，中国香港金管局与泰国央行联合启动 Lion Rock-Inthanon 项目，研究 CBDC 在跨境支付中的作用，双方与来自两地的参与银行成功开发了以 DLT 为基础的概念验证原型。该项目致力于促进点对点的资金转拨和外汇交易，减少多层结算程序，实现外汇交易同步交收。

【本章小结】

1. 本章对数字货币的基本理论进行了介绍。当前数字货币仍处在发展早期，数字货币内涵随着数字技术的不断创新也在不断演化和完善中。与其他形态的货币相比，数字货币具有不可重复交易性、匿名性、加密性、交易不可逆性、可流通性和可编程性等主要特性。

2. 为更好理解数字货币，可从发行主体、应用方式、有无币值稳定机制等不同维度认识。按发行主体不同，数字货币可分为法定数字货币和私人数字货币；按应用方式不同，数字货币可分为支付型数字货币、应用型数字货币和资产型数字货币；按有无币值稳定机制，数字货币可分为无币值稳定机制数字货币和稳定型数字货币。

3. 数字货币、电子货币和虚拟货币三者都属于非实物货币，都是建立在一定的信息技术基础上，但三者又具有明显的区别。

4. 私人数字货币没有国家信用背书，它不具备货币职能，本质上不属于货币。天秤币 Libra 是 Facebook 于 2019 年推出的加密货币，其使命是建立一套简单的、全球流通的货币和为数十亿人服务的金融基础设施。Libra 形成了中心化和去中心化相结合的运作结构，并通过线下一揽子货币资产背书确保币值稳定，能够避免币值波动幅度过大。

【复习思考题】

1. 数字货币的特征主要有哪些？
2. 私人数字货币与法定数字货币的主要区别有哪些？
3. 数字货币与虚拟货币的主要区别是什么？
4. 简述数字人民币的设计原则、特征和运营模式。

第五章 数字票据

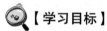【学习目标】

1. 了解票据的概念和主要票据业务。
2. 熟悉数字票据的定义、特征和优势。
3. 掌握区块链技术在数字票据中的应用价值。

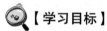【能力目标】

1. 了解票据的概念和主要票据业务,提升学生的金融业务分析能力。
2. 熟悉数字票据的定义、特性和优势,提升学生的技术创新能力。
3. 掌握区块链技术在数字票据中的应用价值,培养学生分析、解决问题的能力。

【思维导图】

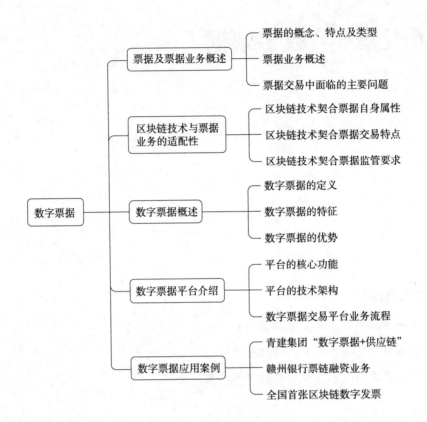

【导入案例】

票据是金融市场常用的金融工具，它集支付、结算、融资、投资等多种功能于一体，在经济活动中具有重要的地位。基于区块链的数字票据可以提高票据流转速度、降低票据交易风险、提升票据市场监管效率、降低金融监管成本。

本章主要介绍了：票据的概念、特点、类型，票据业务的主要类型，票据交易中面临的主要问题以及区块链技术与票据业务的适配性，数字票据的定义、特征和优势，数字票据的主要应用场景以及典型案例。

第一节　票据及票据业务概述

一、票据的概念、特点及类型

（一）票据的概念

票据是指由出票人依法签发的约定自己或者委托付款人在见票时或在指定日期向收款人或持票人无条件支付的一定金额的有价证券。广义的票据泛指各种有价证券和凭证，如股票、债券、国库券、发票、提单等；狭义的票据是指依据法律按照规定形式制成的并显示有支付金钱义务的凭证，包括汇票、本票、支票。

票据有纸质票据和电子票据之分。我国电子票据诞生于 2009 年 11 月，由中国人民银行设计和主管。电子票据主要是以系统数据的形式存在的，在协定的日期，收款人可以持票据无条件地向付款者收取确定的款项。一般认为，电子票据主要包括内容和货币两个层面：一是内容层面，是指票据上面记载的信息，包括出票人、承兑日期、签章等，内容层面的电子化是指通过拍照、扫描等手段将纸质票据上记载的信息转化为电子数据，如央行的"票据影像交换系统"便是针对票据内容层面的电子化；二是货币层面，是指票据本身所具有的融资、支付等功能，货币层面的电子化是指电子数据完全取代纸质的票据形式，所有的票据信息不再依托于纸质载体，而是通过计算机和互联网实施票据行为，以电子信息的传递完成票据行为，从而实现资金的流转。

（二）票据的特点

传统票据具有流通性、要式性和无因性三个特点，并且随着票据贴现融资模式的推广，其真实性受到了广泛关注。

（1）流通性。票据上设定的权利是给付货币。可以流通转让是票据的基本共性，票据的生命力在于其具有流通便捷性。一张票据，尽管经过多次转让，几易其主，但最后的执票人仍有权要求票据上的债务人向其清偿，票据债务人不得以没有接到转让通知为理由拒绝清偿。

（2）要式性。要式性是指票据在形式上必须符合法律规定，票据上的必要记载项目必须齐全且符合规定。票据是一种要式证券，即票据的制作必须具备法定的必要形式和内容。票据必须按照《中华人民共和国票据法》（以下简称《票据法》）规定的格式进行出票、背书、保证、承兑等票据行为，票据上记载的文字也在符合格式要式的范围内产生《票据法》上的文义效力。只有形式和内容都符合法律规定的票据，才是合格票据，才会受到法律保护，持票人的票据权利才能得到保障。

（3）无因性。无因性是指票据上的法律关系只是单纯的金钱支付关系，权利人享有票据权利只以持有票据为必要，至于权利人取得票据的原因均可不问。票据上的权利和义务不以任何原因为其有效的条件。票据无因性是票据理论的核心内容，无因性在票据流通过程中起到关键作用，是票据具有较高流通性的基础和前提，被世界上绝大多数国家的票据法采用。

（三）票据的类型

1. 汇票

汇票是出票人签发的，委托付款人在见票时或者在指定日期无条件支付确定的金额给收款人或者持票人的票据。

按付款人或承兑人不同，汇票又可分为银行汇票和商业汇票。其中，银行汇票是银行出具的汇票，而商业汇票是一种由企业出具的承兑汇票。

根据汇票承兑人的不同，商业汇票大体可划分为三类：银行承兑汇票、商业承兑汇票、财务公司承兑汇票。其中，银行承兑汇票以银行信用为基础，具有较好的流通性；商业承兑汇票的承兑则由财务公司以外的非银行金融机构负责，存在企业破产等风险；由于财务公司也受中国人民银行和国家金融监督管理总局监管，财务公司承兑汇票的流通性会高于商业承兑汇票，在理论上可以等同于银行承兑汇票。

2. 本票

本票是出票人签发的，承诺自己在见票时无条件支付确定的金额给收款人或者持票人的票据。本票只涉及出票人和收款人两方。出票人签发本票并自负付款义务。

本票的划分方法多种多样，根据签发人的不同，可分为商业本票（又称"一般本票"）和银行本票；根据付款时间的不同，可分为即期本票和远期本票；根据有无收款人之记载，可分为记名本票和不记名本票；根据其金额记载方式的不同，可分为定额本票和不定额本票；根据支付方式的不同，可分为现金本票和转账本票。

3. 支票

支票是出票人签发的，委托办理支票存款业务的银行或者其他金融机构在见票时无条件支付确定的金额给收款人或者持票人的票据。支票主要分为记名/不记名支票、转账支票、保付支票、银行支票、旅行支票。

票据生命周期如图 5-1 所示。

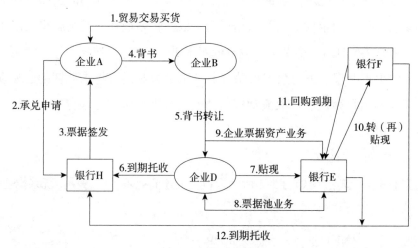

图 5-1　票据生命周期

二、票据业务概述

票据业务是指信用机构按照一定的方式和要求为票据的设立、转移和偿付而进行的日常营业性的业务活动。票据业务属于商业银行一项传统的资产业务，它是建立在商业信用基础之上的，是银行信用和商业信用的结合。

（一）票据业务类型

商业银行的票据业务主要包括票据承兑、质押、贴现、转贴现和再贴现等。

（1）票据承兑业务。通过商业银行的承兑，商业信用转化为银行信用，通常由商业银行的信贷部门负责。

（2）票据质押业务。票据质押业务是指合法持票人以设定质权和提供债务担保为目的，在票据到期前以票据作为质押担保，向商业银行申请流动资金贷款，并偿付本息和相关费用的一项授信业务。票据的所有权未发生转移，但若持票人没有在约定期限间到期赎回，贷款银行可通过行使票据的质押权利对票据的所有权进行处理。票据质押为企业提供了一种低风险的担保方式，为解决融资困难提供了新的融资渠道，有利于企业维护生产经营的正常运行。

（3）票据贴现业务。票据贴现业务是一项银行授信业务，也被称为"直贴"。票据持有人可将未到期的银行承兑汇票或商业承兑汇票向商业银行申请贴现，银行按票面金额扣除一定利息后将余额支付给收款人,贴现后票据归银行所有,贴现银行到期时凭票向承兑人收取票款。

(4)票据转贴现业务。票据转贴现是指商业银行将未到期的已贴现商业汇票再次贴现转让给其他金融机构的票据行为。票据转贴现业务是金融机构之间进行融资的一种方式,具有资金和信贷业务的双重属性。

(5)票据再贴现业务。票据再贴现业务则是商业银行将未到期的已贴现票据向中央银行申请再贴现以获取流动资金的票据行为。对中央银行来说,再贴现是一种货币政策工具。

(二)票据流转过程

典型的票据流转过程如图 5-2 所示,包含上述商业银行的各项传统票据业务。

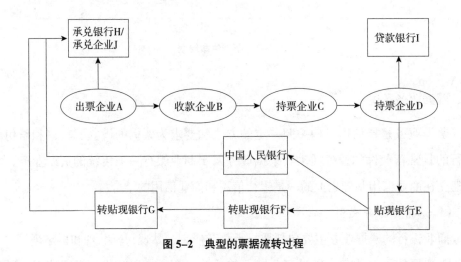

图 5-2 典型的票据流转过程

(1)出票与承兑。出票是指出票人签发票据并将其交付给收款人的票据行为。出票企业 A 签发票据后,将票据交付给收款企业 B(销货企业),该票据经过承兑银行 H 或承兑企业 J 承诺兑付。

(2)背书转让。企业 B 可能继续用该票据来购买企业 C 的产品,企业 C 也可将票据进一步背书转让给企业 D,此时企业 D 为最终持票人。

(3)贴现。当持票企业 D 需要流动资金时,将票据贴现给贴现银行 E,这便是银行 E 办理了票据贴现业务。企业 D 也可选择将该未到期的票据作为质押担保,向贷款银行 I 申请流动资金贷款,即票据质押业务。

(4)转贴现与再贴现。银行 E 贴现后,可将该已贴现未到期票据转让给银行 F，银行 F 也可继续进行票据转让，该过程属于票据转贴现业务。此外，贴现银行 E 也可直接向中国人民银行申请贴现，即为票据再贴现业务。

（5）到期兑付。票据到期时，持票人向承兑银行提示付款，银行在核实票据无误后，支付票面金额给持票人。

三、票据交易中面临的主要问题

票据作为支付、结算、融资和货币政策的便捷工具，在经济活动中占有重要的地位，受到金融机构和监管机构的高度重视。目前，票据市场活跃，规模迅速扩大，但由于传统票据交易中存在着票据的真实性、安全性，资金结算不及时，票据违规交易等问题，在无法形成有效监管的情况下，票据业务极可能成为规避监管、融资套利的工具。其具体表现为以下几点。

（1）票据的真实性。由于纸质票据很容易被更改、伪造，票据市场上假票、克隆票、变造票等层出不穷，而且是真假难辨，这对票据的真实性造成了很大的负面影响。

（2）票据的安全性。纸质票据携带中会发生损坏、丢失等风险，中心化的电子票据也具有清算效率低、易被攻击等缺点。

（3）资金结算不及时。根据相关法律法规，承兑人要在到期日之前将资金划拨给相应的持票人，但由于各种原因，商业交易过程中经常会发生票据到期却不能及时划拨资金的情况，并且一旦延长资金结算日期，会造成审计成本与监管成本的增加。

（4）票据违规交易。银行天然缺乏对贸易背景的实际掌控，审计中只能进行形式上的要件审核，无法实现全面实质审查，从而导致风控的穿透性存在天然的缺陷，为套取银行资金，企业编造虚假贸易合同、增值税发票，在此基础上签发商业汇票。另外，企业、银行、票据经纪人、中介机构等相互勾结非法牟利，进行违规票据交易，如清单交易、一票多卖、出租账户、带行带票等，给银行带来了较大的风险隐患。

（5）票据业务监管效率低、成本高。一张票据的生命周期一般要经过承兑、多次背书、贴现以及转贴现环节，其中的参与主体较多、业务规模较大、交易条件较复杂、业务链条较长。集中撮合的市场交易并不能满足票据的丰富交易需求，这就需要引入中介机构提供相关服务，为交易者提供差异化匹配。但目前市场上的票据中介良莠不齐,部分票据中介利用信息的不对称进行违法操作以获取不当利益,给票据市场交易带来巨大的潜在风险,票据业务监管效率低、成本高。

第二节 区块链技术与票据业务的适配性

票据作为一种可以流通转让的有价证券,在自身属性、交易特点、监管要求等方面都天然适用于区块链技术。

一、区块链技术契合票据自身属性

票据是一种在法律规则定义下包含多种权利的权利凭证,具有较高的价值,因此在防伪、防篡改等方面有极高的要求,区块链技术的防篡改性恰好能满足这一要求。同时,票据的可转让性必然涉及在众多参与方间的流转,时间戳的应用可反映出票据的完整生命周期,从发行到兑付的每个环节都是可视化的,有效地保证了票据的真实性。

二、区块链技术契合票据交易特点

票据是一种集交易、支付、清算、信用等诸多金融属性于一身的非标金融资产,其交易条件复杂,需要引入中介服务方提供细致的差异化匹配能力。但当前由于票据中介良莠不齐,部分票据中介利用信息不对称性进行违规经营,如伪造业务合同、多次转卖等,将一些风险极高的票据带入商业银行体系,给票据市场交易带来了潜在风险,急需借助新技术促进各参与方之间的信息对称。分布式账本可以有效解决票据市场存在的信息不对称问题,交易参与方可以在没有金融机构增信及担保的前提下,与未知的交易对手之间建立起信任并达成交易,实现点对点的价值传递。票据的"无条件自动执行"与智能合约的特征有效匹配,数字票据以自动强制执行的智能合约形式存在于区块链上,可以提高交易效率、降低交易风险,避免司法救济的社会成本。

三、区块链技术契合票据监管要求

监管机构需要掌握市场动态,并在必要的时候进行引导或干预。分布式账本技术保证了票据交易数据的透明性,可将监管机构设置为票据流通链中的独立节点，实现对票据的发行、流通的全过程监控。链上审计可提高监管水平。同时，通过时间戳可实现对票据交易的追溯验证，增强风险管控能力，促进票据市场有序、健康发展。

第三节 数字票据概述

一、数字票据的定义

数字票据是区块链数字票据的简称，它不是简单地将票据数字化，而是一种运用区块链技术，保留票据本身的特点和性质，并符合监管部门要求的一种全新的票据形态。它既具备电子票据的优点，又融合区块链技术优势，成为一种更加安全、智能、便捷的票据形态。

纸质票据、电子票据和数字票据的区别见表 5–1。

表 5–1 纸质票据、电子票据和数字票据的区别

项目	纸质票据	电子票据	数字票据
定义及特征	由收款人或存款人（或承兑申请人）签发，由承兑人承兑，并于到期日向收款人支付款项的一种票据	出票人依托电子商业汇票系统，以数据报文形式制作的，委托付款人在指定日期无条件支付确定的金额给收款人或者持票人的票据	一种基于区块链技术的增强型票据
技术基础		电子技术	区块链技术
票据形态	纸质化形式	电子化形式	数字化形式
可编程性	不可编程	不可编程	可编程
流通形式	依托票据本身，必须在票据上加盖有效印章后，方能流通	依托央行 ECDS（电子商业汇票系统），一般需要接入银行才能办理票据的各项业务	基于点对点的分布式对等网络，通过联盟链的形式实现票据业务从发行到兑付的全流程
安全性	低	较低	高

二、数字票据的特征

（一）有因性

利用区块链的公开透明、不可篡改等技术特点，以防范票据业务中无真实贸易背景等风险问题。如为防范票据欺诈风险，国家开发银行在办理纸质或者电子银行承兑汇票业务时，要求客户把企业的贸易合同信息以及增值税发票信息上传到区块链上，这一要求确保了数字票据成为有因性证券。

（二）可编程性

传统票据是无条件支付的完全有价证券，在支付过程中如有附件条件的记载，将导致票据无效。但智能合约把票据交易和流通环节的合同内容通过编码嵌入区块链中，在票据流转的同时，通过程序即可控价值的限定和流转方向，确保所有流通票据按照统一的管理规则进行交易。所以区块链票据的智能合约是对票据支付的附件条件，与《票据法》第22条第（2）项"无条件支付的委托"规定相违背，在传统意义上是无效票据，属于一种新型有价证券。

（三）安全性

数字票据可以采用加密技术和数字签名等手段来保证信息的安全性，区块链的密钥一经生成就不能更改，保证了数字票据信息不被泄露、篡改和伪造。同时票据发行利用区块链共识机制，这为票据真实性提供了市场机制证明。通过智能合约程序设计对票据交易主体的主体资格和基本信息、交易行为要件、履行条件和交易记录等设定相应的条件，保证出票、背书转让、承兑和贴现等票据行为安全。票据持有人的票据权利实现必须以真实的原因为条件，以此对票据交易主体的身份进行限定，以保障票据交易的安全性。

（四）合规性

数字票据借助智能合约编程设定的统一规则和条件进行交易，如自动完成资金转移、锁定保证金、扣除手续费、承兑与交付票据转让等行为，提高票据市场的安全性和运作效率，防范欺诈行为与道德风险。

（五）数字化

数字票据不再依赖于实体纸张，而是以数字形式存储在电脑、服务器、互联网等电子设备中，通过互联网、移动通信网络等电子渠道进行传输，无须使用邮递、传真等传统渠道进行电子票据的传输。

利用数字签名等技术来保证数字票据的真实性和完整性，防止票据被伪造、篡改或冒用，也可以使用电子验真技术来验证票据的真实性和有效性，防止票据被伪造或冒用。数字票据通过电子支付、电子结算等方式进行清算和结算，提高交易效率和便捷性。在票据记录方面，数字票据可以记录票据的发行、转让、赎回等交易流程，使得交易更加透明和可追溯。

（六）可监管性

通过区块链智能合约程序设计可以实现对数字票据交易全流程、全覆盖、智能化监管。在智能合约中设置票据的监管规定，监管机构可以实现对票据的背书转让、贴现、转贴现、再贴现、兑付等票据行为全流程监管；在智能合约中写入监管规则，并利用区块链信息全网发布特性，监管机构可以实现对数字票据监管全覆盖；在智能合约中通过设计不符合监管要求的票据交易中止规则，监管机构可以自动实现对数字票据交易的控制。

三、数字票据的优势

基于区块链的数字票据相较于传统票据的优势充分体现为以下四个方面。

（一）提高业务透明度

票据业务的交易规则采用代码公开的智能合约定义，权责明确，功能清晰。一旦完成规则定义，任何参与方都无法轻易对其进行修改。监管方对规则的任何修改也都会留下完整记录，最大限度地提高了业务的透明度。

（二）提高票据交易效率

每张数字票据都是一段包含票据业务逻辑的程序代码及对应的票据数据信息，这些运行在区块链上的数字票据拥有独立的生命周期和自维护的业务处理能力，支持票据承兑、背书转让、贴现、转贴现、兑付等一系列核心业务类型，提高了票据交易的效率。

（三）提升监管效率

区块链数据对监管方完全透明的数据管理体系提供了可信任的追溯途径，也使得监管的调阅成本大大降低。自动的业务合法性检测可以实现业务事中监管，比如通过背书转让时的前置检查规避票据的非法流通。同时，通过把监管规则智能合约化，建立共用约束代码，实现监管政策全覆盖和硬约束。监管方只需要制定交易规则，交易本身在参与方本地提交并通过点对点网络执行，有助于降低业务复杂性。

（四）支持票据业务创新

数字票据的可编程性使其在《票据法》和有关制度的允许范围内，可支持票据业务创新。如以票据的转贴现为例，目前主要的转贴现业务形式有买断式转贴现和回购式转贴现两种，随着数字票据业务普及，市场可能出现新的转贴现形式，如转贴现利率随着回购间隔时间自动调整等。此外，票据质押业务、票据池业务、大面额票据可能被拆分成小面额票据交易等。

第四节　数字票据平台介绍

数字票据平台是一个通过区块链技术建立的集体维护可靠的数据库的技术方案。票据从业者利用区块链技术的去中心化和去信任化技术,能够让参与者在无须相互认证和建立信任关系的前提下,通过一个统一的账本系统确保资金和信息安全,搭建一个可信的交易环境。

一、平台的核心功能

(一) 票据存储

数字票据交易平台将最基础的交易信息保存在区块链中,在票据和数字交易信息的基础上进一步汇总分析和整理,可编制出总账、分账等一些会计报表,因此平台便具备了票据存储的功能。借助区块链技术,信息记录时序统一,区块编号无法被篡改,这与装订凭证本时所强调的及时性和序号连续性相契合。与传统的纸质票据整理与存储相比,数字票据更加安全、高效。

(二) 票据流转

通常票据运作中票据转让采用"背书转让"的方式,需要票据权利人(被背书人)在票据背面签名的同时对背书人进行指定,即表示当期权利人同意且确认权利流转,保证交易的安全。平台正是参考了"背书转让"的思路,借助密码学将权利人签名和背书人指定流程以非对称加密的形式展现出来,使平台具备了一般凭证的流转形式,而且保证了交易记录的统一性和安全性。

(三) 业务数据同步存储

区块链网络中每个区块上的数据信息并不是在一个节点中产生的,而是通过多个节点之间的交换传递、相互对比及计算得到的,利用网络进行通信的时候,总是不可避免地遇到一些突发事件,如网络故障或网络攻击等。为了避免这些情况,保障业务流程能够正常运行,平台采用了一种科学的共识机制,保障在异常情况下仍能使交易信息相互吻合,并且拥有相同的次序,让平台具有统一凭证的功能。

(四) 全面记录

平台底层采用区块链技术及相应网络,基于区块链的分布式账本机制,在该网络中每一个节点处都有一份平台交易的完整副本。平台通过独特的算法程序对交易数据自动记录,并随时间不断增加,将交易的全生命周期数据都完完整整地记录下来，且无人可以删改。这样数据信息的可信度和有效性便得到了强有力的保证，数据信息也具有了全程性和唯一性。

二、平台的技术架构

在具体的实践上，对数字票据平台进行分层设计，如图5-3所示，主要包括以下内容。

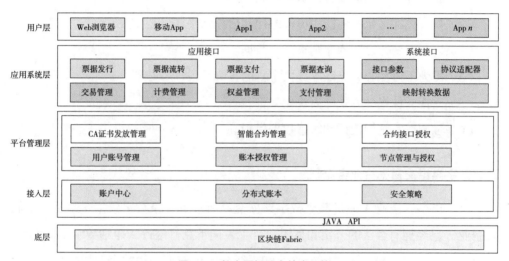

图5-3　数字票据平台技术架构

（一）用户层

用户层用于各级用户管理区块链平台和业务操作，支持提供多种前端交互，包括PC（个人计算机）、平板、移动终端等。

（二）应用系统层

应用系统层为数据服务交易涉及的各环节提供业务数据上传、提交、关联、查询、统计等数据管理与服务，并基于数据实现业务处理与管理。

（三）平台管理层

平台管理层为上层应用提供用户账号、资源目录、基础配置、权限管理等应用支撑服务。

（四）接入层

接入层供外部调用区块链接口的业务服务封装组件，主要包括账户中心、分布式账本、安全策略三大类功能服务。

（五）底层

底层是票据平台的核心，实现数据共享、规则开放、高效执行、建立信任、共识机制等框架搭建。

其中，票据平台区块链采用 Hyperledger Fabric 框架搭建。Fabric 是由 IBM 贡献的一个非常成熟的区块链底层技术框架，通过 SDK 和 API 的形式为开发者提供调用服务，是区块链联盟链中一个非常优秀的开源项目，具有如下技术优势。

（1）获得许可的成员及身份识别机制。

（2）具有更加优化的性能、可伸缩性和信任水平。

（3）以"需要知道"为原则来公开数据。

（4）可为不可变分布式账本提供丰富的查询手段。

（5）支持插件组件方式的模块化架构。

（6）强调数字密钥验证和敏感数据保护。

三、数字票据交易平台业务流程

（1）出票。企业 A 通过某个数字票据交易所节点登录数字票据交易平台，假设企业 A 已经拥有合法的公钥和私钥；企业 A 向承兑行银行 A 申请数字票据出票，若成功，数字票据交易平台向企业 A 和银行分配全网唯一的数字票据标识；出票完成。

（2）背书转让。背书转让是由数字票据所有者（企业）通过数字票据交易平台将数字票据所有权转让给其他企业。企业 A 通过某个数字票据交易所节点登录数字票据交易平台，假设企业 A 已经拥有合法的公钥和私钥；企业 A 发起背书转让请求，若成功，数字票据的所有权成功转移至企业 B；背书转让成功。

（3）贴现。贴现是由数字票据所有者（企业）通过数字票据交易平台将数字票据所有权转让给银行。企业 A 通过某个数字票据交易所节点登录数字票据交易平台，假设企业 A 已经拥有合法的公钥和私钥；企业 A 贴现请求，若成功，数字票据的所有权成功转移至银行 A；贴现完成。

（4）转贴现。转贴现是由数字票据所有者（银行）通过数字票据交易平台将数字票据所有权转让给其他银行。银行 A 通过某个数字票据交易所节点登录数字票据交易平台，假设银行 A 已经拥有合法的公钥和私钥；银行 A 发起转贴现请求，若成功，数字票据的所有权成功转移至银行 B；转贴现完成。

（5）到期托收。到期托收是由数字票据的承兑行向数字票据的收款人提示付款清偿。数字票据到期当天，由数字票据交易平台自动向承兑行发起提示到期托收交易，提示付款待清偿。到期托收通过承兑行以线下清算方式与持票人进行结算，该过程不在数字票据交易平台上进行。

第五节　数字票据应用案例

一、青建集团"数字票据+供应链"

（一）青建集团概况

青建集团股份公司（以下简称"青建集团"）隶属于国清控股集团有限公司，是一家在国内外从事工程建设、房地产开发、金融投资、设计咨询以及物流贸易等业务的公司。1983年，青建集团开始打开国际市场，将业务扩展到国门之外。目前青建集团已经在全球的50多个国家和地区开展了业务，将自身打造成为知名的国际化建筑品牌。

良好的信用是推动青建集团发展的重要基础，而技术创新是青建集团发展的强大动力。在高技术水平支持下，青建集团跻身我国民营建筑公司的顶尖行列，包括中国红岛国际会展中心、青岛胶东国际机场、2014年青岛世界园艺博览会会址、第29届奥帆中心等一大批重点项目和标志性建筑都是由青建集团承建的。

（二）青建集团数字票据应用——"自金融"模式

一般来说，建筑业供应链都是将业主的既定需求作为服务的最终目标，它以总承包公司作为核心企业，连接业主、分包商、施工机械设备供应商、材料供应商的功能性网络链式结构，实现对项目运作过程中的资金流、信息流和物流进行控制，是一种完全客户触动模式的供应链。

青建集团在业主方面，与万科、中海地产等多家国内知名的房地产开发企业建立了供应链联盟关系，与豪瑞、人本以及鸿盛等劳务公司建立了长期合作伙伴关系，与莱钢集团和济钢集团在材料供应方面达成了合作，与机械供应商青岛建安实业公司、零零一机械租赁公司等企业建立网链联盟的关系，形成了以青建集团为中心的企业级的建筑供应链网络。

作为供应链内的核心企业，为充分盘活应收应付账款、加快资金周转，青建集团与磁云科技合作，依托自身供应链利用区块链技术打造了"自金融"模式。

在该模式下，①青建集团通过供应链上的交易信息向一级供应商签发承兑数字票据，一级供应商可以使用由应收账款转变成的数字票据向上游供应商支付货款，这样就实现了核心企业信用的多层渗透。②持票企业也可将手中持有的票据向资金方贴现，或者进行抵押融资，从而获得低成本的融资。③通过共识机制，在多方见证的情况下进行数字票据拆分、转让和兑付，当有一张应付票据金额较大时，持有者还可以将其拆分成多张数字票据，然后向多个上级供应商进行流转支付。数字票据到期后，通过智能合约自动执行兑付命令，从而形成资金的闭环。

总而言之，数字票据不仅能如传统票据一般契合供应链金融模式的交易特性，又比传统票据更为高效，还可以解决传统供应链金融信用难以转移的问题，从而降低中小企业的融资成本、提高资金流动效率，间接降低整体生产成本，造福于供应链上众多企业。

二、赣州银行票链融资业务

2017年3月15日，赣州银行上线全国首单票链产品，成为我国率先开展区块链票据应用项目的城市商业银行。

票链平台参与的主体有包括赣州银行在内的各银行、非银行机构、客户和交易平台等。其中，赣州银行作为票链平台系统共建方的一员，主要为客户提供柜台验票、保管、托收等服务，并对票链融资业务的正常运行以及后续各流程的合规性和安全性负责；区块链金服公司在整个交易过程中为赣州银行提供IT技术支持；同时，企业客户、交易平台、非银行机构也在业务链条中扮演重要角色。

区块链票链是一款新型互联网票据融资产品，基于客户所持有的银行承兑汇票，提供成本低廉、快速安全的融资服务，满足全国中小微企业客户的融资需求。赣州银行票链产品目标客户主要是持有小金额、短期限、由中小银行承兑的银行承兑汇票的中小微企业。银行承兑汇票的出票人既可以是付款人，也可以是收款人，承兑人一般是汇票签发人的开户银行。

其主要流程如下。

（1）持有银行承兑汇票的中小微企业可以通过票链官网、公众号、App等平台入口进入票链平台，提交票据信息及融资需求。

（2）在银行网点柜台进行验票，银行验票无误后，将票据信息写入区块链，即放款给企业。验票环节是由银行实体网点柜台负责的，票据风险大幅降低。

（3）票据进入票链平台后，票链平台将未来产生一定现金流量的、未到期的票据资产收益权以非标价格在地方性的交易中心挂牌转让，吸引交易中心、互金平台以及合格投资人进行投资，从而实现了资产的动态循环利用。

在票链整个业务流程中，票据流转的每一个过程都在持牌的金融机构中进行，票链全国监控运营管理中心对票链产品各交易流程进行实时的监控与管理，以确保交易安全。

票链产品模式如图 5-4 所示。

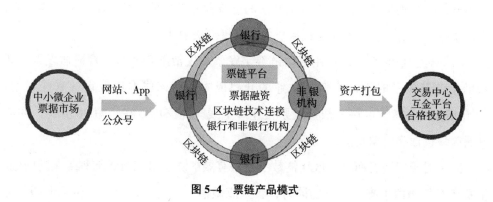

图 5-4　票链产品模式

三、全国首张区块链数字发票

2018 年 7 月 2 日，国家税务总局批复授权深圳成为全国首座试点区块链电子发票的城市。2018 年 8 月 10 日，深圳国贸旋转餐厅开出了全国首张区块链数字发票（图 5-5），这标志着我国的纳税服务正式进入区块链时代。

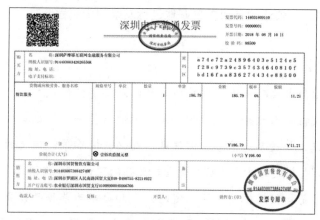

图 5-5　全国首张区块链数字发票

2018年12月11日，微信支付商户平台正式上线区块链数字发票，商户如若有需要可以自行接入，不收取接口使用费、存储费。2021年3月18日，深圳地铁、出租车、机场大巴等交通场景上线深圳区块链数字发票功能。此次上线的多个公共交通场景，通过接入深圳市税务局区块链数字发票系统实现开票与支付的对接，是深圳区块链数字发票向公共交通智慧出行迈出的第一步，未来还将进一步拓展至更多便民场景，覆盖更多出租车公司及公交巴士，让用户出行更加快捷。

区块链数字发票从推广以来之所以能够高速发展，与其具有的一系列优势是分不开的。特别是基于区块链数字发票的全流程完整追溯、信息不可篡改等优势，无论是企业、消费者个人还是税务机关，都可以从中获益。

（1）对于企业而言，使用区块链数字发票不仅帮助企业有效规避假发票，还帮助企业节省了时间，降低了企业的开票成本、存档成本以及审核入账成本。2020年3月，微信区块链数字发票极速版上线，商家可以在短短30分钟内注册开通区块链数字发票功能。

（2）对于消费者而言，区块链数字发票有效解决了报销难、流程复杂的问题。消费者在使用微信支付完毕的同时，会生成微信支付凭证，通过支付凭证即可进入发票开具入口，一键实现发票开具，存入微信卡包。在这张区块链发票生成的同时，其相关交易信息已经被上传至消费者所在企业的财务系统和税务机关，再单击"发票报销"，报销金额便自动进入消费者的微信零钱中。

（3）对于税务机关而言，区块链数字发票帮助税务机关降低了监管成本和服务成本。区块链不可篡改的技术特点加大了伪造和篡改原有发票的难度，有效解决了之前虚开虚抵、假发票的问题；其全流程可追溯的特点保证了发票全流程的信息都在税务链上，便于税务机关更好地进行发票的全流程监管。

【本章小结】

1. 票据是指由出票人依法签发的约定自己或者委托付款人在见票时或在指定日期向收款人或持票人无条件支付的一定金额的有价证券。广义的票据泛指各种有价证券和凭证，如股票、债券、国库券、发票、提单等；狭义的票据是指依据法律按照规定形式制成的并显示有支付金钱义务的凭证，包括汇票、本票、支票。

2. 票据业务是指信用机构按照一定的方式和要求为票据的设立、转移和偿付而进行的日常营业性的业务活动。票据业务属于商业银行一项传统的资产业务，它是建立在商业信用基础之上的，是银行信用和商业信用的结合。商业银行的票据业务主要包括票据承兑、质押、贴现、转贴现和再贴现等。

3. 由于传统票据交易中在真实性、安全性、及时性、违规交易等方面存在着问题，在无法形成有效监管的情况下，票据业务极可能成为规避监管、融资套利的工具。

4. 票据作为一种可以流通转让的有价证券，在自身属性、交易特点、监管要求等方面都天然适用于区块链技术。

5. 数字票据是区块链数字票据的简称，它不是简单地将票据数字化，而是一种运用区块链技术，保留票据本身的特点和性质，并符合监管部门要求的一种全新的票据形态。数字票据的特征主要表现为有因性、可编程性、安全性、合规性、数字化和可监管性。

6. 数字票据相较于传统票据的优势，主要表现为提高业务透明度、提高票据交易效率、提升监管效率和支持票据业务创新。

【复习思考题】

1. 简述数字票据与纸质票据、电子票据的主要区别。
2. 简述数字票据的特征和优势。
3. 简述数字票据主要应用场景。

第六章　区块链与跨境支付

【学习目标】

1. 了解区块链及跨境支付的相关概念以及不同支付方式的异同。
2. 熟悉区块链跨境支付的基本原理及应用。
3. 掌握区块链跨境支付的基本业务流程。

【能力目标】

1. 了解跨境支付的主要特点，能够自主查阅资料拓展知识。
2. 熟悉区块链跨境支付的业务流程，提高学生的业务处理能力。
3. 掌握区块链在跨境支付中的基本应用与主要风险，培养学生分析、解决问题的能力和风险控制能力。

第六章 区块链与跨境支付

【思维导图】

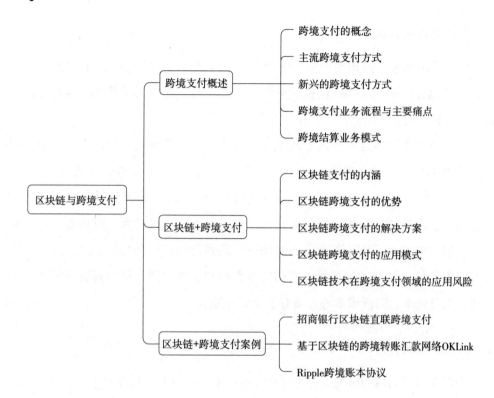

【导入案例】

区块链技术快速发展为跨境支付的发展提供了新的方式和手段。区块链技术和跨境支付的结合，将是未来跨境支付发展的重要方向之一。要想深刻认识区块链技术对跨境支付产生的深远影响和未来发展前景，必须掌握区块链技术在跨境支付结算中的运用。

本章主要介绍全球支付方式发展现状、跨境支付与结算方式、区块链支付概况、区块链与跨境支付的结合与应用等内容。

第一节　跨境支付概述

一、跨境支付的概念

所谓跨境支付，是指地处两个或两个以上国家或地区的主体之间因国际贸易、投资及其他方面而产生国际债权债务后，通过一定的支付工具和支付体系完成资金跨境转移的行为。

由于跨境支付涉及不同国家或地区，这些国家或地区在法律体系、金融监管框架等方面存在差异和冲突，跨境支付所涉及的市场参与主体、市场竞争机制、法律体系、监督管理等问题要远比境内支付复杂。特别是随着国际经济贸易活动的发展和金融科技的进步，银行机构跨境支付呈现出规模扩大、市场主体结构复杂化、清算渠道多元化等趋势，同时面临一系列新的风险与挑战。信息技术的快速发展为跨境支付的发展提供了新的技术支撑和发展空间，使得跨境支付在保障安全、提升效率、降低成本等方面有了全面的进步。

二、主流跨境支付方式

当前全球范围内的跨境支付主要通过各国中央银行的支付结算体系、商业银行体系以及相关国际组织协作等方式和机构来完成。就操作方式而言，传统汇款方式仍然是主流，主要有银行汇兑、专业机构汇款、国际信用卡支付和第三方支付等。

（一）银行汇兑

银行汇兑是较为传统和成熟的支付方式，主要有电汇、信汇和票汇等三种主要方式，其中，以电汇方式最为典型和常见。电汇是指汇出行应汇款人申请，通过加押电报、电传或者环球银行金融电信协会等形式传递信息给汇入行，指示其解付一定的金额给收款人的一种汇款结算方式。

银行汇兑通常需要通过专门的跨境支付体系完成。目前，国际上主要的跨境支付体系有 SWIFT、人民币跨境支付系统[①]（cross-border interbank payment system, CIPS）、欧洲间实时全额自动清算系统（TARGET）、纽约清算所银行同业支付系统（CHIPS）、伦敦自动清算支付系统（CHAPS）、日本银行金融网络系统（BOJ-NET）等。

---

① 人民币跨境支付系统是专司人民币跨境支付清算业务的批发类支付系统。

银行汇兑主要通过 SWIFT 等通道实现跨境汇款，由于费用较高且业务进程相对较慢，更加适用于大额款项的汇兑与支付。

（二）专业机构汇款

专业汇款机构可以通过银行以外的渠道完成跨境汇款。专业汇款机构通常与银行等机构有较深入的合作，代理网点较多，汇款较为方便，并可将交易时间大幅度缩短。

目前，常见的专业汇款机构有西联汇款（Western Union）、银联国际、极简速汇、Transferwise 等，这些机构都在全球范围内开展业务，在跨境支付领域发挥重要作用。其中，成立于 1851 年的西联汇款是世界上领先的特快汇款公司之一，目前拥有全球最大、最先进的电子汇兑金融网络，代理网点遍布全球近 200 个国家和地区，通常 15 分钟左右可以完成一笔跨境支付业务。而 TransferWise、极简速汇等则是新兴的汇款平台，它们通常以网页和 App 为载体，其中 TransferWise 在欧洲覆盖较为广泛，按照汇款金额按比例收费，手续费相对较高，目前中国的用户无法注册，但是在国外的用户可以往中国汇款。极简速汇 App 支持欧元、日元、澳元汇款到中国。

（三）国际信用卡支付

国际信用卡是跨境支付的工具之一，是一种银行联合国际信用卡组织签发给资信良好用户的可以在全球范围内进行透支消费的卡片。国际发卡组织的会员（银行）发行的信用卡在该组织中的特约商户都可以签账。

国际信用卡支付通过作为第三方的某个国际信用卡组织所提供的一个支付通道实现收付款，是支付网关对支付网关的模式。目前，国际上的六大信用卡组织分别是 VISA（维萨）、MasterCard（万事达卡）、American Express（美国运通）、UnionPay（中国银联）、JCB（日本信用卡株式会社）和 Diners Club（大来）。因为信用卡在欧美地区使用较为普遍，所以在面向这些地区的跨境支付业务中通过国际信用卡完成的情形较为常见。

国际信用卡支付特别适用于小额款项的跨境支付，但它存在收费较高、安全性相对较低等缺点，并有可能产生拒付风险。

（四）第三方支付

随着国际贸易特别是跨境电商的快速发展，第三方支付平台逐渐成为跨境支付市场上的重要参与者。第三方支付是具备一定实力和信誉保障的独立机构，采用与银行等金融机构签约的方式,提供与银行支付结算系统对接的交易支持平台的网络支付模式。

从广义上讲,第三方支付平台是指非金融机构作为付款人和收款人之间的支付中介,向客户提供网络支付、预付卡、银行卡收付等相关金融服务。需要说明的是,第三方支付平台本身不涉及资金的所有权,只提供中介服务。事实上,第三方支付最初是为了解决不同银行卡的网上银行对接以及异常交易带来的信用问题,通过提供线上和线下支付渠道,完成收付款人以及金融机构之间的货币支付、资金清算、查询统计等一系列业务流程。

我国第三方支付受中国人民银行监管,第三方支付机构有具备跨境支付牌照和无跨境支付牌照两种类型,后者多数与国际信用卡组织或银行机构合作,在整个支付流程中起代理作用。

第三方支付机构通常是具备较强实力的独立机构,容易得到交易双方的信任,因此在国际贸易和跨境支付领域中被广泛运用。但随着现代科技的发展和金融及贸易的发展和变化,第三方支付的某些弊端也有所体现。

三、新兴的跨境支付方式

目前常见的境内外跨境平台有贝宝、亚马逊(Amazon)全球收款、派安盈(Payoneer)、派付通(Payssion)、万里汇(WorldFirst)、空中云汇(Airwallex)、连连支付等。

(一)贝宝

贝宝是成立于1998年12月、总部设在美国圣何塞的一家金融服务商。其开放式数字支付平台为PayPal的3.25亿活跃账户持有人提供服务,通过在线、移动设备、应用程序和其他新的方式提供连接和交易服务。通过技术创新和战略合作伙伴关系的结合,PayPal创造了更好的管理和转移资金的方式,并在支付、付款或获得报酬时提供选择和灵活性。

PayPal平台(包括Braintree、Venmo和Xoom)为全球200多个市场提供服务,使消费者和商家能够以100多种货币接收资金,以56种货币提取资金,并以25种货币在其PayPal账户中持有余额。[①] 只要通过电子商务邮件注册,就可以使

---

① 资料来源于贝宝官方网站 https://www.paypal.com/about。

用 PayPal 在线数据发送和接收付款。

目前，贝宝是我国贸易商在进出口贸易收款时常用的支付工具，是账户之间的交易服务模式，功能上可以满足大多数支付要求。贝宝用户体验较好，银行卡或信用卡可在线支付。对于跨境电子商务业务而言，小额交易使用贝宝较多。但贝宝主要基于信用卡开展业务，若无信用卡则难以操作。同时，拒付风险明显存在，且拒付后维权困难，总体而言对付款人的利益保护更多。此外，贝宝使用服务费较高，按交易额进行收费，而且提现需要一定费用，增加了交易成本。

（二）亚马逊全球收款

2008 年，亚马逊推出亚马逊货币兑换业务，向消费者用户提供服务；2009 年，推出亚马逊全球收款服务，为各种卖家提供服务；2018 年该业务登陆中国，为中国卖家提供服务；2019 年，实现阶梯定价，费用透明，且每月更新费用标准，用户每月均有机会自动升级更优惠的费率阶梯，使服务精准化和差异化增强。

亚马逊全球收款服务的优势是：提供一站式服务，卖家平台直接管理全球收款；收款一步到位，款项在结款日自动转出。无须进行 MWS[①] 交易信息授权，不需要使用虚拟银行账户；服务商持有支付牌照，经由合规监管，每笔交易均可溯源，交易的安全性大为提升。[②]

（三）派安盈

派安盈成立于 2005 年，总部设在美国纽约，是专业的跨境收付款机构。派安盈可以一站式完成跨境电商全链条支付，为中小企业与专业人士提供海外资金归结解决方案。派安盈支持所有主流电商平台和全球百大平台收款，完成外贸出口收结付，提供独立站综合解决方案，完成传统外贸场景业务收款；在全球范围内完成高效付款，并提供免费缴纳 VAT（增值税）的服务；开通主流电商平台绿色入驻通道；提供专家顾问等增值服务。[③]

（四）派付通

派付通成立于 2013 年 1 月，是国内领先的一站式全球跨境支付解决方案提供商，专注于为中小企业和个人提供"简单、安全、快速"的全球在线收款服务，

---

① MWS 是 Amazon marketplace web service 缩写，是一种集成式网络服务 API，可有效帮助亚马逊平台商家以编程方式交换相关联的商品、订单、报告等数据信息。
② 资料来源于亚马逊官方网站 https://gs.amazon.cn/accs。
③ 参照派安盈官方网站。

核心成员来自支付宝、PayPal 及跨境电商等互联网公司。

在跨境支付方面，派付通有丰富的经验和风险防范机制，派付通希望通过一站集成的方式，更好地帮助中国企业以及中小开发者解决跨境收款难的问题。通过派付通平台可以一站接入全球主流的本地化支付方式，一个账户轻松管理所有支付通道。接入派付通的本地化支付方式后，用户可以用最熟悉、信任的支付方式完成付款，可以大大提高支付成功率。①

（五）万里汇

成立于 2004 年的万里汇，旨在携手境内持牌机构，为广大跨境电商卖家和中小企业提供更加快捷、方便、安全和实惠的跨境收款服务。

2017 年 3 月，万里汇在中国深圳和上海设立办事处；2018 年 3 月，推出 World Account 全新账户，启用中文品牌名"万里汇"；2019 年 2 月 14 日，万里汇加入蚂蚁集团，成为其旗下全资子公司，构成其国际商业服务的重要组成部分。截至 2024 年 8 月，万里汇已经设立 19 个全球办事处，支持 120 多个电商平台和网关，已为全球大约 100 万商户提供服务，累计交易金额超过 2000 亿美元。

（六）空中云汇

空中云汇是一家致力于打造全球跨境支付一体化平台的金融科技公司，业务范围包括跨境交易中的收款、付款和多货币换汇。在腾讯、红杉中国、MasterCard、高瓴资本、Square Peg Capital、维港投资等知名投资者的支持下，Airwallex 持续扩展全球业务。

目前 Airwallex 支持大部分的跨境交易平台收款，例如亚马逊、eBay、Shopify。现其可支持 130 多个国家和地区 50 多个币种进行交易，助力中国卖家快速出海。②

（七）连连支付

连连支付是连连国际旗下的支付平台。连连跨境支付致力于创建"更简单的跨境支付"事业。凭借强大的合规安全实力与高效、灵活的全球支付网络，目前已支持全球数十家电商平台、覆盖全球超过 100 个国家和地区，成为 60 多万跨境电商卖家信任的一站式跨境支付平台。作为出海企业的成长伙伴，连连支付始终关注卖家的每一件小事，通过创新高效、低成本的支付解决方案，助力中国企业

---

① 资料来源于派付通官方网站 https://www.payssion.cn/cn/about.html。
② 资料来源于空中云汇网站 https://www.airwallex.com.cn/。

快速拓展国际市场,赋能中国品牌扬帆出海。①

四、跨境支付业务流程与主要痛点

在资金的跨境转移方面,不同支付方式的流程有所差异,但总体而言大同小异。下面以典型的汇款业务中的电汇为代表进行介绍。

(一)跨境支付业务流程

在传统的跨境支付业务体系中,汇款信息从汇款人发起,经由汇款银行至收款银行,中间需要经过多家银行等机构,各机构需要将相关的信息逐一核对处理后,再发送给下一家机构处理。这种串行操作模式环环相扣,整个业务链条较长。

跨境支付的业务流程如图 6-1 所示。

图 6-1 跨境支付的业务流程

(1)汇款人向汇款银行提出汇款申请。

(2)汇款银行审核汇款人的基本信息后,接受委托并从汇款人账户中扣除相应款项,进行外汇管理方面的审核和反洗钱操作,选择汇款路径并进行汇款业务处理,信息报文向下一环节传递。

(3)汇款行账户行接收报文后检查头寸,进行反洗钱操作,将数据与清算银行对接并进行清算处理。

(4)清算银行接收信息报文后检查头寸,进行反洗钱操作,将数据与收款行账户行对接并进行清算处理。

(5)收款行账户行接收报文后检查头寸,进行反洗钱操作,将数据与收款银行对接并进行清算处理。

(6)收款银行接收报文后,核对收款人的基本信息,进行外汇管理方面的审核和反洗钱操作,将款项解付给收款人。

(7)收款人收取款项。

---

① 资料来源于连连支付国际网站 https://global.lianlianpay.com/.

（二）跨境支付业务的主要痛点

传统跨境支付的信任机制主要是以线下备付金账户和合作协议为基础构建的，但这种模式受时间、空间和监管等因素影响较大，导致建立信任链条的成本高昂，并存在下面主要问题。

1. 支付效率较低

在传统的跨境支付方式中，由于参与其中的诸如银行等中间机构较多，资金需要在中间机构之间进行多次划转，相关信息需要在各个参与机构之间反复确认，清算过程相对较慢，资金汇出到收妥所需的时间相对较长。传统的跨境支付方式通常需要有一个中央交易方，跨境支付业务耗费的时间较长，平均需要 7 天。

2. 支付流程复杂

传统的支付结算机构和平台涉及的金融机构和其他机构众多，由于各中间机构的性质和作用不同，业务流程也就不同，会造成后续资金清算过程复杂而烦琐。各家银行需要处理多项相关的操作，更有诸多信息需要在支付链条上各个环节的有关机构进行确认，使得交易流程较为复杂。此外，交易过程涉及的环节众多，所以支付过程中常会出现各种问题，且中间方也需与各方建立信任关系才能完成交易。

与支付密切相关的还有结算和清算过程。支付结算是买卖双方等债权人和债务人通过银行等金融机构清偿债权债务关系，而清算则是银行之间通过清算网络来结清债权债务关系。结算是清算的前提，清算是结算的继续和完成。如果考虑清算过程的因素，整个支付过程就更加复杂并耗时较长。如果交易过程涉及境外清算系统，那么支付流程将会更加复杂。

3. 支付成本较高

传统的跨境支付业务中，每家提供中间服务的商业银行进行汇款服务时会收取一定的手续费。因为基础设施建设、金融支付网络体系构建、各个相关机构的运作、有关制度和机构的协调运作均需要耗费一定的成本，跨境支付的成本相对较高。以 SWIFT 的电汇为例，一笔款项从美国汇到中国，通常需要缴纳汇款金额的约千分之一的手续费，收付款人还要承担货币兑换成本。此外，SWIFT 还会对通过其系统进行的电文交换收取较高的电讯费。[①]

[①] 徐明星，田颖，李霁月. 图说区块链 [M]. 北京：中信出版集团，2017.

另外，商业银行间跨境支付流程的不透明也降低了竞争的激烈程度，一定程度上阻碍了收费标准的下降，这也是费用较高的重要因素之一。

4. 支付风险较高

传统的跨境支付方式中，每个环节出现问题都可能会造成支付无法完成，甚至是资金的流失。由于资金流动的信息透明度不高、资金流动难以掌控以及资金存在明显的安全隐患等问题，因此跨境支付的风险较高。近年来，互联网的高速发展也带来了网络安全的问题，如 SWIFT 系统经常受到不法分子的网络攻击，如果 SWIFT 银行间转账系统被攻破，金融安全将面临严重冲击，支付风险也会显著提高。

5. 自主掌控能力较弱

目前，各国金融机构通常是典型的各自独立的中心化结构，每个机构都有它独立的账本且在相互之间实现信息的有限共享。地处两个不同国家或地区的主体进行资金转移时，收付机构双方之间需要按照传统跨境支付的链式业务流程，建立一个连续的可信任支付结算路径方可完成。完成资金交割通常需要通过 SWIFT、CHIPS 之类的支付清算系统实现信息的传递和资金的划转。对收付款人而言，支付渠道受到严格限制，容易产生资金划转困难等问题。绝大部分的汇款都会通过 SWIFT 系统，历史原因造成其董事会大部分席位被少数西方国家和地区占据，使得这些国家和地区在货币、组织和数据方面有绝对控制权，客观上提升了其他国家和地区用户在开展跨境支付业务时的不确定性。

五、跨境结算业务模式

跨境结算是利用一定的金融工具（如汇票、本票和支票等），采取一定的方式（汇款、托收和信用证等），利用一定的途径，通过商业银行等金融机构完成债权债务的清偿。

跨境结算在商业银行的业务构成中属于中间业务，从整体运行来看，主要包括票据的运用、单据的处理、结算方式操作、银行间国际合作、账户设置和支付系统的运用等。

目前，我国商业银行开展的跨境结算业务主要有代理和清算两种模式。

（一）代理模式

代理模式是由具有国际结算能力和资质的境内商业银行与境外银行签署代理

结算协议,由其代理境外银行与境内银行、企业、个人进行清算和结算;或者境内银行委托境外银行作为其海外的代理行,境外企业或其他付款人在被委托银行开设账户完成资金转移的模式。

（二）清算模式

清算模式是指在境内银行总行与其境外分支行之间进行清算的业务。境外付款人在境内银行的境外分行开设账户,通过该账户向境内银行进行资金转移;或者通过境外银行向境内银行境外分行完成资金划拨进而转移资金给境内银行,并通过境内银行向境内收款人完成款项转移。

代理模式和清算模式的主要区别在于:代理模式中,银行支付资金发生在境内代理行内部;清算模式中,境外银行支付资金的结算发生在境外。

第二节 区块链 + 跨境支付

跨境支付是区块链技术重要的应用场景之一。基于分布式记账技术构建的实时支付和结算系统,可以在很大程度上利用区块链去中心化的技术特点改变支付格局,推动全球范围内经济贸易的发展和金融的创新。目前,全球已有数十家大型银行和金融集团加入 R3 区块链联盟并制定了可交互结算的标准,同时一些区块链初创企业与合作机构也尝试提出一些全新的结算标准。

一、区块链支付的内涵

区块链支付是利用区块链技术和网络,将以商业银行等为代表的传统金融机构、外汇做市商、流动性提供商等加入整个支付网络体系中,建立支付网关。支付网关是银行金融网络系统和互联网络之间的接口,是由银行操作的将互联网上传输的数据转换为金融机构内部数据的一组服务器设备,或由指派的第三方处理商家支付信息和顾客的支付指令。通过支付网关,可以将区块链上数字资产流动与现实中的法定货币相连接,实现法定货币可以转换为区块链上的数字资产,进而完成后续的点到点支付转账。

二、区块链跨境支付的优势

区块链技术在跨境支付方面体现出一些明显的优势,主要表现为提高支付效率、降低交易成本、控制交易风险、节约金融资源、实现交易独立等。

(一) 提高支付效率

在诸如电汇等传统跨境支付中,支付业务通常是由银行完成的,采用串行交易模式,整个交易链条较长。银行间支付通常由中央交易方完成,中央交易方负责建立总账,记录所有账户余额和交易过程。这种具有中央参与方的交易必须处理两个复杂的业务程序：一是所有参与支付的银行必须在各自的环节核对交易信息,并将相关信息传递给中央交易方；二是中央交易方要在抵消不同账户的借贷关系后才进行支付。

区块链跨境支付业务通过建立高效的点对点支付网络,可以解决传统跨境支付方式的流程复杂和效率低等问题。区块链中各个节点共享账本,点对点的交易通过共识算法确认,并将结果同步至所有节点,实现点对点数据和价值的传输,不再需要建立层层的账户代理关系。在区块链跨境支付过程中,没有专门的清算环节,不需要一个中心机构完成资金清算,交易双方的账本信息可以瞬时更新,达到清算的目的,支付与清算同步完成,减少交易时间。由于区块链中各节点共同验证并维护信息,可以保证信息的一致性,所以区块链跨境支付业务中无须复杂的信息同步和反复对账。同时,区块链在很大程度上减少人工处理环节,各交易方可以构建直接的联系,支付效率显著提升。通过区块链技术省去了第三方机构等中间环节,没有中央交易方,交易双方可以直接进行交易。自动执行的智能合约提高交易效率,实现全天候支付、实时到账。传统跨境支付需要几分钟至几天完成资金到账,利用区块链技术可以实现几秒至几分钟实时到账。

(二) 降低交易成本

利用区块链技术可以降低交易成本。首先,依托区块链的共识机制和智能合约,可以以较低成本构建全球化的跨境支付信任平台,以最小的成本获取信任。其次,可以实现收付双方直接交易,中间费用更低。通过区块链技术,汇款人和收款人可以直接进行支付和结算,无须第三方机构的介入,减少中间交易环节,不会产生任何第三方中介费用,从而实现点对点的快速低成本支付。再次,区块链点对点模式可以降低跨境支付成本,该模式不再依赖于传统的中介提供信用证明和记账服务,任何金融机构都能利用自身网络接入系统,实现收付款方之间点对点的支付信息传输。最后,系统内的时间戳可以实现跨境支付交易的可追溯性,确保所有的交易活动都可被溯源,降低跨境支付交易的监管成本。

(三)控制交易风险

在传统的跨境支付业务中,某个具体的参与方获得交易过程完整信息的难度较大,交易的透明度较低。环境的不透明容易导致资金风险或某一方不履约。基于商业信用的汇款和托收等结算方式难以保证付款方及时支付和收款方及时履行相关义务(如卖方的发货等)。即使是相对安全的信用证结算方式,虽然通过流程设计在一定程度上防范风险,但在技术上却难以实现完全的风险防范。利用区块链技术可以实现全过程透明化,并根据权限向有关参与方公开。区块链网络分布式的系统架构不存在中心节点,网络上的每个节点在遵循必要协议的基础上自发进行交易和记账,具有更强的稳定性、可靠性和业务连续性。

同时,传统跨境支付业务中相关的数据信息安全方面也存在明显的隐患。应用区块链技术使信息在传递和保密方面得到很大保障。在基于区块链技术的跨境支付业务中,通过区块链技术将所有参与支付结算的节点连接起来,共同建立和维护支付交易信息,共同校验信息的一致性。利用区块链技术可以实现跨境支付全流程、全环节的信息在链上可追溯、可监测,有效降低跨境支付的风险。

(四)节约金融资源

在传统跨境支付业务中,银行间支付采用中央交易方来为交易双方完成支付结算。各家银行通常需要为关联银行建立完整的支付链条,为每一个关联银行设立单独的准备金账户以降低交易对手风险,因此需要金额较大的准备金用于跨境支付业务。同时,有些支付方式还需要有关银行垫付一定资金,也占用了银行资源。

在区块链跨境支付方式下,不同银行之间的联系可基于联盟链实现。不同货币之间的兑付可以直接实时进行,无须中间银行介入。在基于区块链技术的跨境支付中,传统业务中需要存储在中间交易方处的备用资本金不再必需,各家银行只需一个储备金账户,金融资源大为节约。

(五)实现交易独立

区块链技术不需要传统意义上的信任机制,所有节点的权利和义务都对等,通过利用数学算法构建信任关系。整个区块链跨境支付体系中不需要通过信任关系进行交易,使交易的独立性显著提升。同时,数据库和整个系统的运作公开透明,任何节点出现问题并不会影响系统整体的运作。节点之间相互欺骗的情况几乎不可能出现,安全性提升的同时也使交易更为独立。

三、区块链跨境支付的解决方案

在传统的网络支付体系基础上,结合区块链技术的特点,融入跨境支付业务,构建基于区块链的跨境支付解决方案。

在区块链跨境支付的交易过程中,主要的当事人和关系人是交易各方以及提供服务的相关机构,如图 6-2 所示。

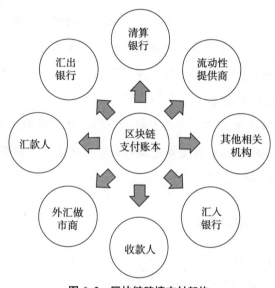

图 6-2　区块链跨境支付架构

(1)交易各方主要包括汇款人、收款人以及可能出现的其他关系人,是交易的发起者和款项的接收者。在交易过程中,交易各方需要根据基础交易(或支付凭据)对相关的跨境支付交易信息进行确认。

(2)服务提供机构主要有商业银行、外汇做市商、流动性提供商等,可以使现实中的法定货币和区块链中的数字资产实现转换。

在跨境支付的整个交易过程中,如果任何一方不对交易信息进行确认,则该交易不能生效。通过各交易方及相关机构的共同校验,在很大程度上避免了信息不透明和不对称,降低了跨境支付的风险。

区块链跨境支付需要四个过程协同运作,方能完成一笔完整的跨境支付业务。

(1)付款人发起交易。这个过程和传统的以电汇为代表的跨境支付方式类似,通常由付款人(常为贸易中的买方或其他交易活动中的债务人)通过商业银行

（汇出行）等金融机构发起，不同之处主要在于从技术手段上是通过现代信息技术特别是区块链技术进行的。

（2）有关金融机构介入交易。通过网络服务器建立支付网关，构建接入区块链支付网络的体系，并与现有的国际支付体系形成有效连接，使银行等金融机构可以通过区块链技术处理跨境支付业务。汇出行、汇入行以及相关的其他银行等，可以传递交易各方的基本信息、交易条件、成本费用、收发货细节、收付款情况等信息。

（3）外汇做市商提供服务。外汇做市商通过区块链支付账本向客户报出某些特定外汇的买卖价格，并在该价位上接受客户的买卖要求，以其自有外汇和资金与客户进行外汇交易。银行内部的外汇交易平台，也可以集成到区块链支付网络上，从而实现外汇做市商功能。

（4）通过区块链技术和体系完成支付。银行、外汇做市商等作为节点接入区块链支付账本，待系统确认双方交易信息后，连接区块链支付账本进行结算处理，并通知各方进行交易确认。

四、区块链跨境支付的应用模式

目前，区块链技术在跨境支付领域的应用主要有两类：一类是传统商业银行通过区块链技术对跨境协同报文系统应用的改善；另一类是新兴机构基于区块链底层建设跨境支付系统。

（一）改善商业银行传统跨境协同报文系统

传统商业银行在通过电汇等跨境支付方式开展业务时，应用区块链技术对跨境协同报文系统进行改进，提高跨境支付的安全性和速度。当汇款人从汇出行汇出款项后，银行通过电报、电传、SWIFT等方式向对方银行发送报文，对方银行根据报文的内容和要求向收款人进行付款。这种业务操作过程中，区块链技术的主要作用在于信息的传递和共享。就本质而言，这是区块链对传统跨境支付业务在技术手段上的改进，账务的处理仍然需要在商业银行完成，整体业务对区块链技术应用程度较浅。

如在招商银行"一链通"跨境金融方案中，一是对SWIFT报文复用，采用标准SWIFT报文，系统改造成本低；二是区块链跨境支付业务是自主可控的分布式服务，相比于西方国家控制的中心化SWIFT系统更加稳定可靠，通过平台管理参与方，可以避免非法违规操作。区块链跨境支付业务带来的改变表现为：第一，可以动态追踪和展示业务所处环节、历史经办记录，使透明度大大提升；第二，提供了业务全视图，各个节点账本一致且实时同步，无须跑批对账，通过并行处理改变了在传统跨境支付中串行处理的业务环节，使效率显著提升。①

（二）基于区块链技术构建跨境支付系统

基于区块链技术构建跨境支付系统，目标是对诸如 SWIFT 等传统的跨境支付系统进行替代，这种方式对区块链技术的应用程度更加深入。

加入了区块链技术的跨境支付，整个系统构建在区块链的点对点的架构之上，实现了高度的去中介化。系统中各个节点共享账本，不再依赖于传统的银行、汇款公司等中介完成记账服务，而是直接在区块链网络中完成不同法定货币之间的转换。并通过共识算法确认交易，实现交易即清算。同时，由于所有交易信息都记录在分布式账本上，也使得"区块链+跨境支付"模式具有了数据高度安全、系统高度可靠的属性，既难以伪造、篡改交易数据，又不会因为某个节点故障而影响整个系统的运转。

如蚂蚁链是蚂蚁集团自主研发、国际领先的金融级联盟区块链平台，具有高性能、高可靠、高安全的特点，能够支撑 10 亿账户 × 10 亿日交易量的超大规模应用。2018 年 6 月，基于蚂蚁金服的区块链技术，AlipayHK 联合菲律宾电子钱包 GCash 上线全球首个区块链跨境汇款服务，为中国香港居民和菲律宾居民提供便捷、安全、透明、低成本的汇款服务。②

五、区块链技术在跨境支付领域的应用风险

尽管区块链技术在支付领域中的应用可以在很大程度上降低风险，但是其自身仍然是存在一定风险的。

（一）法律风险

由于区块链技术是相对新生的事物，目前我国尚未出台专门针对区块链跨境支付的法律法规，从业机构面临一定的监管不确定性带来的风险。此外，因为其处于跨境支付领域，不仅涉及国内的法律法规，还涉及境外相关国家和地区的法

---

① 参考招商银行—链通网站 http://aioc-portal.paas.cmbchina.com/.
② 资料来源于蚂蚁集团网站 https://www.antgroup.com/technology.

规及监管体系,而目前国际上有关区块链支付的法规非常少见。如果国家间未能就此达成协调一致或者没有相关的国际组织进行统一协调,容易因为法律冲突而产生问题。

(二)政策风险

当前我国区块链技术及相关业务处在快速发展阶段,虽然国家大力促进其发展,但由于区块链技术方面的政策在不断推出且常有变化,从业机构和相关业务主体在开展业务时面临一定的政策不确定性,操作业务时或有无法确定的情形出现。

(三)业务风险

不同的机构在探索区块链应用领域时存在差异,目前部分的应用探索有赖于小范围的金融机构联盟实现报文协同,但这样容易出现报文标准统一的问题,大规模地推广应用受到限制。另外,区块链的部分共识算法仅能实现概率上的结算最终性,难以满足结算业务的合规要求。

(四)技术风险

区块链技术本身就处于快速发展变化之中,存在显著的技术不确定性,给区块链支付带来技术上的风险。当前基于区块链的支付系统主要是面向有一定技术基础的机构在应用,难以满足面向客户端大规模应用的技术要求。另外,目前尚无成熟、统一的技术标准,使得区块链技术在跨境支付方面存在困难和风险。[①]

第三节 区块链+跨境支付案例

一、招商银行区块链直联跨境支付

招商银行在我国商业银行的区块链跨境支付业务中走在前列,依托自身的研发能力和境内外联通的便利,该行打造基于区块链技术的跨境直联支付系统,使得它在全球现金管理领域应用区块链技术成为现实,并在跨境支付领域中不断取得突破。2017年,招商银行率先实现了区块链跨境支付业务,标志着其成为世界首家将区块链技术应用到跨境支付与结算的银行。

---

① 中国互联网金融协会区块链研究工作组.中国区块链金融应用与发展[M].北京:中国金融出版社,2021:62.

与传统支付方式相比，招商银行借助区块链的强大底层技术，对直联跨境支付系统进行了全新布局。利用区块链技术去中心、分布式记账的特点，实现点对点交易，最大限度提升了支付效率、节省了交易成本。其主要体现在三个方面。

（1）去中心化与金融相结合，将每个业务对象作为独立节点，实现与境外点对点清算联通，减少中间手续，节省人力、费用、时间；剔除了传统大中心架构，基于区块链的跨境支付系统，能够实现快速传输、提升效率。

（2）在账务监管方面加入分布式账本技术，区分自贸单元结算和外币支付系统，以避免混淆，从而进一步加快结算速度。

（3）充分利用区块链技术在安全方面的优势，使跨境支付信息难以被篡改，保证交易双方资金安全。某一节点出现故障不会影响整个系统操作，拓展新节点也不会影响系统整体运作。

二、基于区块链的跨境转账汇款网络 OKLink

（一）OKLink 简介

欧科云链（OKLink）是全球首家区块链大数据上市公司打造的区块链信息服务网站，旨在利用区块链和大数据技术为用户提供安全可靠的区块链信息服务。目前 OKLink 在亚洲、欧洲和美洲的数十个国家和地区提供支付服务，已有遍及全球的数百家合作方加入。通过全天候的客户支持团队，可以轻松实现实时连接以完成跨境支付。

OKLink 是构建于区块链技术之上的新一代全球金融网络，也是我国首个商业化的区块链应用，致力于提高全球价值传输效率，同时提升全球汇款的用户体验。OKLink 主要的客户是全球中小型金融参与者，包括银行、汇款公司、互联网平台等，借助区块链技术来提高金融行业的传输速度、透明性及安全性，致力于通过区块链技术解决中小金融参与者跨境汇款手续费成本高、效率低、操作不方便等难点。

基于区块链技术进行跨境汇款的 OKLink 利用分布式账本技术，连通网络中各个汇款和收款账户，在去中心化的机制下，使汇款人和收款人之间可以直接进行支付和结算。OKLink 网络可以节省中间环节的手续和费用，包括 OKLink 自身和收款人的所有费用，整个网络只在中间汇率基础上收取不超过 0.5% 的费用,并"保证无任何隐藏费用",成本显著低于传统的跨境支付方式,极大地降低了中小企业进行小额跨境支付时的成本,且保证收款人能够收到约定的足额款项。

OKLink 网络中的每个账户能够实现交易信息的一致同步,借记和贷记同时完成,达成交易和结算同步完成的理想交易状态,数分钟之内完成包括支付、汇率换算、结算在内的全部汇款过程,相较于传统跨境汇款平均 3~5 个工作日的流程有了显著的提速。

OKLink 的合作方可以对其涉及的交易进行公开查询,所有交易均可溯源。通过区块链技术,OKLink 能够保证交易无法伪造和篡改。

OK Dollar 的发行是基于美元的,其币值也和美元严格挂钩,OKLink 通过海外信托机构设立了一个信托账户,联盟成员通过向该账户存入美元来获取相应的 OK Dollar,这样的程序增强了金融机构对平台的信任。同时,OKLink 还设计了一个类似支付宝的机制,由下游收款机构先兑付给收款人,再通过多重签名的技术获得来自上游汇款机构汇出的资金,从而避免了交易对手风险。[1]

(二)OKLink 的业务操作

从业务环节来看,OKLink 进行的具体业务操作主要有以下几方面。

1. 对合作伙伴进行全方位调查

所有的合作方必须通过初始的全面审查。OKLink 的合作方都是手续齐全且符合当地及国际汇款制度标准的公司。在和新的合作方签订协议之前,均需查阅合作方的各种资质文件,进行现场勘察,全方位严格审查该公司的资信状况、业务范围、经营能力、业务背景、活动情况、交易模式和运营方式等。

2. 动态进行风险评估

OKLink 与合作方在后期合作中,还将进行不定期的动态风险评估,所有合作方必须严格符合相应的标准,严格地"了解用户"及执行"反洗钱"标准。

3. 确保可靠的支付网络

OKLink 在每个开展业务的国家和地区至少有三个合作伙伴,以备不时之需,必要时有可替代支付途径。OKLink 还在合作方处准备了储备资金,以保证预备资金充足。在开放新的转账汇款途径之前,OKLink 会进行超过 1 000 次交易测试。

---

[1] 资料来源于欧科云链网站 https://www.oklink.com/zh-cn。

同时，OKLink 还要求每个合作方都专门设置 OKLink 联络岗来保证当地与 OKLink 的联系。

4. 退款保证

虽然与 OKLink 合作的公司无法转账到指定收款人的情况不太可能发生，但是为了以防万一，OKLink 为合作公司提供最高 20 万美元的担保。

5. 平台服务全时在线

平台服务 24 小时全天候在线，随时为用户提供技术支持和产品服务。[1]

三、Ripple 跨境账本协议

（一）Ripple 简介

起源于 2004 年的瑞波（Ripple）是基于互联网的全球第一个开放的支付网络，同时方便人们在全世界范围转账支付。用户可以通过这个支付网络转账任意一种货币，交易确认只需要几秒钟就能完成，简便快捷且成本低廉，是有别于传统支付模式的全新模式。如在传统支付模式中，跨境支付通常需要 3~5 个工作日，但全球第一笔基于区块链的银行间跨境汇款使用了 Ripple 的技术，8 秒之内即完成了交易。

Ripple 没有任何个人、公司或政府操控，任何人均可创建一个 Ripple 账户。Ripple 是一个开源、分布式的支付协议，使商家和客户乃至开发者之间的支付几乎免费、即时到账而不会拒付。Ripple 是开放源码的点到点支付网络，可以安全、快速、低成本地将资金转给互联网上的任何收款人。Ripple 的使用成本低，没有所谓跨行异地以及跨国支付费用。

Ripple 是世界上第一家通用货币兑换商，通过这个支付网络可以转账任意一种货币，包括美元、欧元、人民币、日元、英镑等，以及其他数字货币。瑞波币（Ripple 币，XRP）于 2012 年由 OpenCoin 创造，是 Ripple 网络的基础货币，它可以在整个 Ripple 网络中流通。瑞波币不由算法发行，而是由 Ripple 的运营公司 Ripple Labs（其前身为 OpenCoin）集中发行，将这些 XRP 赠送给投资人和普通用户，通过赠送的速率来控制 XRP 的价格，因此并不是真实意义上的数字货币。XRP 的总数量为 1 000 亿枚，并且随着交易的增加而逐渐减少。XRP 主要是用作不同货币

---

[1] 徐明星，田颖，李霁月. 图说区块链 [M]. 北京：中信出版集团，2017.

之间换算的基础货币。瑞波币还有一个作用，就是防止垃圾请求攻击，保障系统安全运行。

（二）Ripple 的工作原理

Ripple 网络是一个共享的公开数据库，记录着账号和结余的总账。任何人都可以读取这些总账，也可以读取 Ripple 网络中的所有交易活动记录。

Ripple 也是一种可共享的公共数据库，同时它也是全球性的收支总账。共识机制允许 Ripple 网络中的所有计算机在几秒钟内自动接收对总账信息的更新，可以"自我结算"，而无须经由中央数据交换中心。由于分布式网络没有单点故障，所以也就更加可靠。

Ripple 使得"每一种货币都可以作为一种自由交易的全球货币"成为现实。Ripple 支持任何币种，可以让用户随意选择货币。用户可以自己持有一种货币，但使用另一种货币支付。譬如，用户在 Ripple 中可以持有黄金、美元，同时可以人民币、日元、欧元、英镑、黄金以及其他任何货币向商家进行支付。Ripple 网络通过在大量争相赚取差价的外汇做市商之间传递兑换单的方法来进行货币"兑换"，可以让每个用户都收到其需要的货币。

Ripple 的分布式外汇交易可以让用户之间直接完成交易，不需要中间机构和其他兑换所的服务。任何用户可以在全球的订单池中输入买单或卖单，而 Ripple 网络会寻找最有效的途径来撮合交易。通过 Ripple 网络进行跨境支付，不需要网络费用，也没有最低数额限制。

【本章小结】

1. 跨境支付是现代国际贸易和国际金融体系的重要组成部分，主流跨境支付方式有银行汇兑、专业机构汇款、国际信用卡支付、第三方支付等。它们在跨境支付领域发挥重要作用的同时，也面临效率、风险、成本等方面的问题。

2. 区块链技术在支付领域中的应用快速发展。区块链支付具有效率提升、成本降低、信息安全、交易独立、系统开放等优势，但也存在法律、政策、业务、技术等多方面的风险。

3. 区块链跨境支付具有提高支付效率、降低交易成本、控制交易风险和节约金融资源等优势，为跨境支付提供全新的解决方案。

【复习思考题】

1. 主流跨境支付方式有哪些?
2. 主流跨境支付方式存在哪些问题?
3. 跨境支付方式主要有哪些种类?
4. 跨境支付业务的痛点何在?
5. 跨境结算业务的风险有哪些?
6. 区块链跨境支付有哪些特点?
7. 区块链跨境支付的优势何在?

第七章 区块链与供应链金融

【学习目标】

1. 了解区块链在供应链金融业务中的应用优势。
2. 熟悉供应链金融的三种模式。
3. 掌握区块链在供应链金融中的创新场景。

【能力目标】

1. 了解供应链金融基本理论,能自主查阅相关资料拓展知识。
2. 熟悉区块链在供应链金融中的应用,培养学生分析和解决问题的思辨能力。
3. 掌握区块链在供应链金融中的创新场景,培养学生的创新能力。

第七章 区块链与供应链金融

【思维导图】

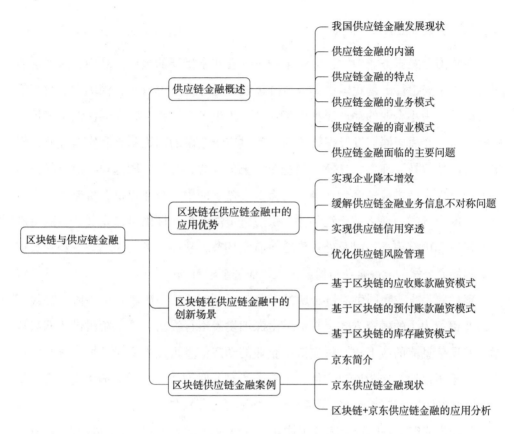

【导入案例】

供应链金融是银行将核心企业和上下游企业联系在一起，提供灵活运用的金融产品和服务的一种融资模式。区块链的去中心化、不可篡改、高透明性等特性使它在赋能供应链金融上有天然优势，可以有效解决供应链上交易环节的信任问题和上下游企业的融资难题。

本章主要介绍了供应链金融的定义、特点、模式以及主要问题，区块链供应链金融应用解决方案，区块链在供应链金融中的创新场景方案与案例等主要内容。

第一节 供应链金融概述

一、我国供应链金融发展现状

在我国金融服务业中，供应链金融占据着非常重要的地位。其中，深圳发展银行（现平安银行）是我国供应链金融领域的先行者。1999 年，深圳发展银行推出面向广大中小企业的动产质押融资业务，迈出了供应链金融在国内金融市场上的第一步。此后，深圳发展银行不断丰富供应链金融的理论基础和实践经验，提出"自偿性贸易"理念、"1+N"供应链金融的设想，并与中国远洋物流有限公司等展开合作发展供应链金融业务，为有资金需求的中小企业提供融资服务。供应链金融的市场潜力随之被广泛关注，供应链金融业务在国内迅速发展，各股份制商业银行和国有银行，以及处于供应链有利环节、掌握上下游中小企业经营数据资源的物流公司和电商企业也纷纷加入供应链金融市场中。

到目前为止，我国供应链金融的发展主要经历了三个阶段：第一阶段是线下以商业银行为主的融资方式，它最早由深圳发展银行提出；第二阶段借用网络技术，实现信息流的线上化，供应链中企业的动态信息可以被实时掌控，资金的提供方也不再以银行作为绝对主体；第三阶段是互联网技术与供应链深度结合，基于"互联网+"打造综合金融服务平台，突破单个供应链的限制。

我国供应链金融的资金来源主体众多，供应链金融市场已经形成了商业银行、物流公司、电商平台主导的几种业务形态。最初，占主要比重的是银行等金融机构，后期逐步加入的有核心企业、物流企业、第三方管理服务公司、金融科技服务公司等，各类主体都有各自的供应链融资模式和对应的产品，市场逐步多样化，但大部分都处于初期阶段。

无论是从政府层面、金融机构层面还是从实体产业层面，各方都已经认识到供应链金融的价值。从宏观来看，政策的引导与支持是供应链金融迭代与优化发展路上的"指明灯"。近年来我国出台的供应链金融发展政策见表 7-1。

表 7-1 近年来我国出台的供应链金融发展政策

日期	政策名称	下发部门	相关内容
2017 年 10 月	《国务院办公厅关于积极推进供应链创新与应用的指导意见》	国务院办公厅	鼓励有条件的企业布局供应链金融服务平台

续表

日期	政策名称	下发部门	相关内容
2018年4月	《关于开展供应链创新与应用试点的通知》	商务部等八部门	提出具体供应链金融服务实体经济的要求
2019年7月	《中国银保监会办公厅关于推动供应链金融服务实体经济的指导意见》	银保监会办公厅	鼓励金融机构运用金融科技，与核心企业等合作搭建供应链金融服务平台
2020年9月	《关于规范发展供应链金融支持供应链产业链稳定循环和优化升级的意见》	中国人民银行等八部门	要求金融机构与实体企业加强信息共享，提高供应链融资数字化水平
2021年4月	《关于做好2021年降成本重点工作的通知》	国家发改委等四部门	强调优化企业金融服务，创新供应链金融服务模式
2022年5月	《"十四五"现代物流发展规划》	国务院办公厅	规范发展供应链金融，鼓励银行等金融机构在依法合规、风险可控的前提下，加强与供应链核心企业或平台企业合作，丰富创新供应链金融产品供给
2022年12月	《扩大内需战略规划纲要（2022—2035年）》	中共中央、国务院	聚焦提高要素配置效率，推动供应链金融、信息数据、人力资源等服务创新发展

从供应链金融的市场规模来看，供应链金融正稳步发展，见表7-2。根据普华永道的数据预测，中国供应链金融市场复合增长率在2019—2025年将达到5.2%，到2025年，我国的供应链金融市场的规模将会接近20万亿元。随着当前各种类型企业逐步加入市场，以及可预计的未来更多新晋参与者，供应链金融市场规模将不断扩大。

表7-2　2016—2020年中国供应链金融市场规模

指标	2016年	2017年	2018年	2019年	2020年
市场规模/万亿元	12.51	13.08	13.7	14.33	14.98
增长率/%	4.43	4.56	4.74	4.60	4.54

资料来源：CSMAR中国经济金融研究数据库。

二、供应链金融的内涵

一般来说，一个特定商品的供应链从原材料采购、制成中间品到最终产品，最后由销售网络把产品送到消费者手中，是将供应商、制造商、分销商、零售商直到最终消费者连成一个整体，如图7-1所示。在这一供应链中，竞争力较强、规模较大的核心企业因其强势地位，往往在交货、价格、账期等贸易条件方面对上下游配套企业要求苛刻，从而对这些企业造成了巨大的压力。而上下游配套企

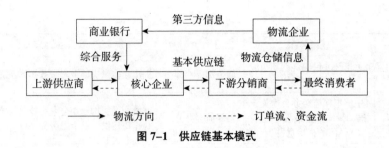

图 7-1 供应链基本模式

业恰恰大多是中小企业，难以从银行融资，最后造成资金链十分紧张，整个供应链出现失衡。

供应链金融，是指在金融机构（如商业银行、互联网金融平台）对供应链内部的交易结构进行分析的基础上，运用自偿性贸易融资的信贷模型，并引入核心企业、第三方企业（如物流公司）等新的风险控制变量，对供应链的不同节点提供封闭的授信及其他结算、理财等综合金融服务。

通俗地说，供应链金融就是银行通过借助与中小企业有合作关系的供应链中核心企业的信用或者以两者之间的业务合同为担保，同时依靠第三方物流企业等的参与来共同分担贷款风险，帮助银行控制中小企业的贷款去向，保证贷款资金的安全，有效地控制银行的贷款风险。

供应链金融是银企共赢的生态系统。首先，对于中小企业而言，供应链金融为中小企业提供了全新的融资工具，可以缓解中小企业融资难的问题。其次，对于银行等资金供给方而言，通过中小企业与核心企业的资信捆绑来提供授信，降低了向中小企业放款的风险，且获得较高的回报。同时，通过这样的金融支持，银行加强了与企业的合作关系，拥有了相对稳定的企业客户，经营风险随之降低，经营效益获得提高。

三、供应链金融的特点

供应链金融必须建立在真实的贸易背景之上，供应链金融的显著特点是封闭性和自偿性，即企业生产、物流与金融支持形成封闭的产业链模式。供应链金融属于一种自偿性贸易融资，具有还款来源的自偿性、操作的封闭性、贷后操作作为风险控制的核心、授信用途特点化等明显特征。

（一）还款来源的自偿性

所谓自偿性，指的是企业还款的来源主要是贸易所得的货款，通过操作模式的设计，还款企业的销售收入会自动导入授信银行的特定账户。典型的应用产品比如保理，其应收账款的回款将按期回流到银行的保理专户中。

（二）操作的封闭性

所谓封闭性，指的是银行等金融机构通过设置封闭性贷款操作流程来保证款项专用，借款人不能用于其他用途。具体表现在银行要对发放融资到收回融资的全程进行控制，其间既包括对资金流的控制，也包括对物流的控制，甚至包含对其中的信息流的控制。典型的产品如动产抵/质押授信业务，银行将企业所拥有的货物进行抵质押，授信资金专项用于采购原材料，企业以分次追加保证金的方式分批赎出货物，随之进行销售。

（三）贷后操作作为风险控制的核心

同传统业务相比，供应链金融相对会降低对企业财务报表的评价权重，在准入控制方面，强调操作模式的自偿性和封闭性评估，注重建立贷后操作的专业化平台，以及实施贷后的全流程控制。以应收账款为例，供应商首先与供应商下游的采购商达成交易，采购商开出应收账款单据，供应商将应收账款单据转让给金融机构，同时供应链下游采购商也对金融机构作出付款承诺，当合同付款期限到期，下游采购商需按约定支付金融机构账款，金融机构在扣除前付账款和利息后，将剩余款项付给上游供应商。

（四）授信用途特定化

授信用途特定化表现在银行授予企业的融资额度下，企业的每次出账都对应明确的贸易背景，做到金额、时间、交易对手等信息的匹配。一旦出现贸易交易虚假或应收账款的合法性存疑等情况，这些有缺陷的所有权或是恶意诈骗交易都会使银行的贷款存在无法收回的风险。

四、供应链金融的业务模式

企业发生资金缺口时的融资需求发生在三个阶段——采购阶段、生产阶段以及销售阶段，与此相对应的是企业流动资金占用的三个科目——预付账款、库存及应收账款，利用这三个部分资产作为企业贷款的信用支持，可以形成预付账款融资、库存融资以及应收账款融资三种基础的供应链融资解决方案。

（一）预付账款融资

1. 产生背景

在企业生产经营活动中，材料的采购顺利进行是一个企业经营良好发展的开始。而在材料采购中，处于供应链下游的采购商（通常为中小企业）因为议价能力较差，很难向材料供应商（核心企业）预付全部的材料款，从而导致融资企业的大量资金被长期占有、短期资金周转速度慢，使中小企业资金压力越来越大。

2. 预付账款融资的概念

中小企业在交纳一定保证金的前提下，供应链企业代为向卖方议付全额货款。在供应商向购买企业正式交付产品前，要求购买企业预先支付一部分或所有货款。

3. 预付账款融资流程

预付账款融资流程如图7-2所示。

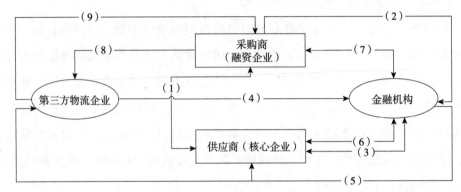

图7-2 预付账款融资流程

（1）材料的采购商（融资企业）和材料的供应商（核心企业）签订特定购销合同，核心企业依据购销合同中的条约为融资企业向金融机构专项贷款资金提供回购保证。

（2）融资企业向金融机构提交购销合同，申请保兑仓质押融资业务，用以支付合同中该项交易的货款。

（3）金融机构收到融资企业的购销合同，需先核查交易的真实情况，还需综合考察核心企业和融资企业的财务状况和信用水平，确保核心企业对购销合同中的约定具有回购能力，然后与核心企业签订"回购和质量协议保证书"。

（4）金融机构聘请专门的第三方物流企业对采购方的货物进行评估和管理。

（5）融资企业按照约定向金融机构交纳一定的保证金和相关的手续费，金融机构同样向核心企业发放贷款通知，核心企业将特定的货物交与第三方物流企业。

（6）核心企业将从物流企业取得的仓单质押给金融机构，金融机构依据协议向核心企业支付购销合同中约定的贷款。

（7）金融机构将货物的部分提货权交予融资企业。

（8）融资企业依据金融机构给予的提货权到第三方物流企业处获得材料。

（9）融资企业在未来产品销售结束后，再向金融机构交纳相应的保证金，重复循环上述的流程，直到全部的贷款金额完结。

（二）库存融资

1. 产生背景

供应链中的上下游中小企业在生产阶段通常有很多存货，而这类存货往往占用企业大量的资金，从而影响企业的资金流转速度，企业因此出现流动资金不足。当中小企业向金融机构申请融资困难时，引入库存融资服务可以有效盘活企业的运行资金，提高供应链的整体效率。

2. 库存融资的概念

库存融资是商业银行以借款人的自有货物作为质押物，向借款人发放授信贷款的业务。该模式主要是以动产质押贷款的方式，将中小企业的存货、仓单、商品合格证等动产质押给银行而取得贷款。动产质押模式将"死"的物资或权利凭证向"活"的资产转换，通过加速动产的流动缓解了中小企业的现金流短缺的压力，解决了中小企业流动资金的不足，提高了中小企业的运营能力。

3. 库存融资的流程

库存融资的流程如图7-3所示。

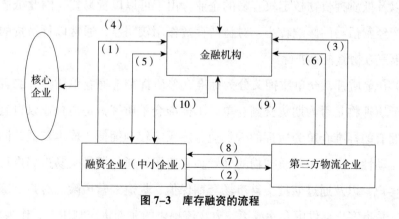

图7-3 库存融资的流程

（1）融资企业（中小企业）向金融机构申请贷款资金。

（2）金融机构聘请专门的第三方物流企业对融资企业的存货进行价值估算。

（3）第三方物流企业对融资企业的存货进行评估后作出单据凭证，并将评估凭证交送给金融机构。

（4）金融机构和核心企业签订"回购协议"，约定会对融资企业的存货进行购买，让融资企业有资金收益的保证。

（5）金融机构和融资企业签订"存货质押合同"，保留合同凭证。

（6）金融机构和第三方物流企业签订"存货仓储保管"合同。

（7）融资企业将自身拥有的存货交给第三方物流企业管理。

（8）第三方物流企业对融资企业送来的存货进行全面的审查和验收。

（9）第三方物流企业将验收单交给金融机构，并通知金融机构发放信贷资金。

（10）金融机构通过第三方的验收单据，据此向融资企业提供资金来源，确保融资企业资金充足、运营畅通。

4.库存融资的主要方式

库存融资主要有下面三种方式。

（1）静态抵质押，企业以自有或第三方合法拥有的存货为抵质押的贷款业务。供应链企业可委托第三方物流公司对客户提供的抵质押货品实行监管，以汇款方式赎回。企业通过静态货物抵质押融资盘活积压存货的资金，以扩大经营规模，货物赎回后可进行滚动操作。

（2）动态抵质押，供应链企业可对用于抵质押的商品价值设定最低限额，允许限额以上的商品出库，企业可以货易货。它一般适用于库存稳定、货物品类较为一致以及抵质押货物核定较容易的企业。由于可以以货易货，因此抵质押设定对于生产经营活动的影响较小，对盘活存货作用较明显，通常以货易货的操作可以授权第三方物流企业进行。

（3）仓单质押，仓单质押又分为标准仓单质押和普通仓单质押，二者的主要区别在于质押物是否为期货交割仓单。①标准仓单质押，是指企业以自有或第三人合法拥有的标准仓单为质押的融资业务。手续较为简便、成本较低，同时具有较强的流动性，可便于对质押物的处置。它适用于通过期货交易市场进行采购或销售的客户，以及通过期货交易市场套期保值、规避经营风险的客户。②普通仓单质押，是指客户提供由仓库或第三方物流提供的非期货交割用仓单作为质押物，并对仓单作出融资出账，具有有价证券性质，因此对出具仓单的仓库或第三方物流公司资质要求很高。

(三)应收账款融资

1. 产生背景

当上游企业为下游提供赊销导致销售款回收放缓、大量应收账款回收困难的情况时,或者上游企业资金周转不畅,出现阶段性的资金缺口时,可以通过应收账款进行融资。

应收账款融资在传统的贸易融资以及供应链贸易中均属于较为普遍的融资方式,通常银行作为主要的金融平台。在供应链贸易业务中,供应链贸易企业在获得保理商相关资质后亦可充当保理商的角色,所提供的应收款融资方式对于中小企业而言更为高效、专业,可省去银行繁杂的流程。同时供应链企业对业务各环节更为熟知,在风控方面的针对性更强。

2. 应收账款融资的概念

应收账款融资,是指以中小企业对供应链上核心大企业的应收账款单据凭证作为质押担保物,向商业银行申请期限不超过应收账款账龄的短期贷款,由银行为处于供应链上游的中小企业提供融资的方式,简单地说,就是以未到期的应收账款向金融机构进行融资的行为。

在应收账款融资模式中,作为债务企业的核心大企业由于具有较好的资信实力,并且与银行之间存在长期稳定的信贷关系,因而在为中小企业融资的过程中起着反担保的作用,一旦中小企业无法偿还贷款,核心企业就要承担相应的偿还责任。

3. 应收账款融资流程

应收账款融资流程如图7-4所示。

(1)债权融资企业(中小企业)与下游的债务企业(核心企业)建立长期交

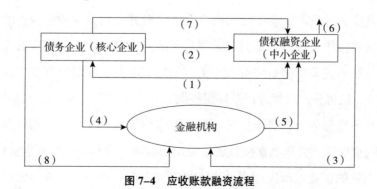

图7-4 应收账款融资流程

易伙伴关系，进行货物交易。

（2）债务企业向债权融资企业购买货物，并发出应收账款单据凭证。

（3）债权融资企业将应收账款单据质押给金融机构。

（4）债务企业（核心企业）向金融机构提供应收单据证明，并承诺及时向债权融资企业付款保证。

（5）金融机构统一材料审核，同意向债权融资企业发放贷款。

（6）债权融资企业利用金融机构的信贷资金购买材料或者生产要素，进行一级产品的生产。

（7）债务企业（核心企业）利用债权融资企业的材料或者一级产品加工成最终成品，并对外销售获取收入。

（8）债权融资企业（中小企业）从债务企业（核心企业）处收回产品的应收账款，并将应收账款及时送入金融机构还款。

应收账款融资模式以企业间的真实交易为基础，这类融资模式最关注的重点是债务企业（核心企业）的还款能力和整条供应链的所有企业运营状况，利用核心企业的雄厚资金实力与优质信用背景对债权融资企业（中小企业）起反担保作用。而债权融资企业为了能和核心企业维持长期的贸易伙伴关系，一般都会及时向金融机构偿还贷款，保持良好的信用记录和树立优质的信用形象。因此，通过应收账款融资模式既弥补了债权融资企业（中小企业）的短期资金短缺，又可以带动整个供应链行业运营顺畅和整体效益，同时有效降低了中小企业的还款风险，充分发挥金融机构的资金价值。

4. 应收账款融资的主要方式

应收账款融资通常有保理、保理池和反向保理三种方式。

1）保理

保理是指通过收购企业应收账款为企业融资并提供其他相关服务的金融业务或产品。具体操作是保理商（拥有保理资质的供应链企业）从供应商或卖方处买入通常以发票形式呈现的对债务人或买方的应收账款，同时根据客户需求提供应收账款催收、销售分户账管理以及坏账担保等。

保理业务通常分为有追索权保理和无追索权保理两种：①有追索权保理，又被称为回购型保理，是指到期应收账款无法回收时，保理商保留对企业的追索权，出售应收账款的企业需承担相应的坏账损失。在会计处理上，有追索权保理视同以应收账款为担保的短期借款。②无追索权保理，又被称为买断型保理，是指贸易性应收账款，通过无追索权形式出售给保理商，以获得短期融资。保理商需要事先对与卖方有业务往来的买方进行资信审核评估，并根据评估情况对买方核定信用额度。

2）保理池

保理池一般是指将一个或多个具有不同买方、不同期限以及不同金额的应收账款打包一次性转让给保理商，保理商再根据累计的应收账款情况进行融资放款。

保理池方式有效整合了零散的应收账款，同时免去多次保理服务的手续费用，有助于提高融资效率。但这对保理商的风控体系提出更高要求，需对每笔应收款交易细节进行把控，避免坏账风险。

3）反向保理

反向保理又称为逆保理，是指供应链保理商与资信能力较强的下游客户达成反向保理协议，为上游供应商提供一揽子融资、结算方案，主要针对下游客户与其上游供应商之间因贸易关系所产生的应收账款。在供应商持有该客户的应收账款时，得到下游客户的确认后可将应收账款转让给供应链保理商以获得融资，其与一般保理业务区别主要在于信用风险评估的对象转变。

五、供应链金融的商业模式

（一）供应链金融1.0：线下模式

1999年起，深圳发展银行推出"1+N"的供应链金融模式。随后金融同业陆续开展供应链金融业务探索，如浦发银行的"浦发创富"产品、中信银行的"银贸通"、民生银行的"贸易金融"、中国银行的"达系列"贸易金融产品、兴业银行的"金芝麻"等。

"1+N"线下模式中，"1"代表核心企业，"N"代表供应链中处于相对劣势地位的上下游中小企业。在"1+N"线下供应链金融中，商业银行作为供应链金融的主体，依托核心企业信用，为链上的中小企业提供延伸的金融服务，从结构上改善了融资关系。该模式下商业银行能够利用核心企业的信用外溢和风控优势，批量开发与核心企业相关的上下游企业，提高银行获客能力，同时也在一定程度上降低银行面临的信贷风险。

线下"1+N"的供应链金融模式的不足之处主要表现为：①供应链金融服务

效率低、银行未参与供应链,其对贸易的真实性难以验证,容易造成信息不对称;②提供的金融服务无法延伸至供应链的末端;③银行风险过于集中,一旦核心企业失信,银行将面临重大损失。

(二)供应链金融 2.0:线上模式

互联网技术的发展推动供应链金融步入 2.0 阶段,实现了传统线下"1+N"模式的线上化。该模式由平安银行于 2012 年提出,借助技术手段将供应链各参与主体连接起来,包括核心企业、上下游企业和相关服务商等,从而实现企业信息的线上流转。因为核心企业的重要节点地位,它与上下游企业、物流企业、商业银行及其他金融机构都有直接关联,使得供应链金融的整个交易流程需要由核心企业设计和组织。由此也形成了线下供应链金融线上化的三条演进路径,分别是银行供应链金融业务的在线操作、核心企业获取小额贷款等牌照后独立开展供应链金融业务、核心企业与银行等金融机构合作推出供应链金融业务。

供应链金融 2.0 的主要特点包括:①服务线上化。供应链金融服务的关键点是实现物流、商流、资金流和信息流的合一,并提供综合性的金融服务。供应链金融 2.0 阶段实现了"四流"不再是通过传统的线下流通,而是通过线上平台。②供应链金融服务以核心企业为主导、多主体参与。商业银行不再是唯一的供应链金融服务提供者,在产业链条中掌握一定优势的相关主体都可能成为供应链金融服务的提供者。

供应链金融 2.0 阶段,供应链流程中的各类信息不断被归集和整合,供应链的相关方通过挖掘优势信息,为链条上的企业提供相应的增值服务。但此阶段的信息归集和整合都是初步的,核心数据仍掌握在供应链上的重要企业手中,因此还不能准确评估供应链上的企业融资需求和中小企业信用风险。此外,该阶段还面临一定的挑战:供应链企业之间存在关系松散的现象,影响了企业信息的流转效率。加之供应链参与主体增多,链条关系的复杂程度有所加深,供应链管理难度增大。

(三)供应链金融 3.0:平台模式

随着互联网、大数据和云计算等技术的深度融合,供应链金融加速进入 3.0 阶段,实现了"由链到网"的重大转变。在这一阶段,供应链金融服务商通过搭建综合性的服务平台"1",来为平台上的中小企业"N"提供融资服务。

供应链金融 3.0 的主要特点包括:①平台化。供应链金融服务平台将供应链各环节有效整合起来,具备生产、运营、管理、融资等功能。同时,还可以收集客户动态信息,并通过借助大数据分析与建模技术,为供应链金融服务提供支持,有效解决了信息不对称的问题。②"$N+1+N$"的业务模式。"$N+1+N$"即互联网供应链金融服务平台引入物流、银行、保险、信托、咨询等服务机构,打造了一个跨区域、跨部门、跨链条的供应链生态圈,为中小企业提供更全面的金融服务,实现金融服务与产业链深度融合和有效对接。通过平台数据服务,将金融服务渗透到产业链条的各个环节,促进整个供应链金融生态协同发展。

供应链金融 3.0 为供应链金融 4.0 打下了金融生态数据基础,因此从这个意义讲,平台化的互联网供应链金融代表了供应链金融的发展趋势。

(四)供应链金融 4.0:智能化模式

供应链金融 4.0 阶段进入跨界合作共赢的时代,将搭建起跨产业、跨区域、跨部门,与政府、行业协会、资本等深度联盟的金融生态平台。

"由链到网"将是供应链金融 4.0 阶段最为突出的特点。早在 2020 年,麦肯锡咨询公司发布的《供应链 4.0——下一代数字化供应链》就将数字化供应链定义为通过数据集成和分析,使得供应链各个环节形成一个完整、网状的生态系统。

应用互联网、云计算、大数据、人工智能、物联网等数字技术,实现了供应链和营销链全程信息的集成和共享,供应链金融 4.0 的业务模式趋向去中心化、实时、定制、小额,产品则以数据质押为主。这一阶段实现了供应链生态的可视化、透明化、智能化,供应链金融真正服务于各类主体,提升了供应链的运营效率。

(五)供应链金融 5.0:自金融模式

供应链金融 5.0 以"自金融+区块链票据"为核心。自金融是主体之间直接投融资的行为,其前提是信息对称和信息处理成本不高。区块链票据是数字票据的雏形,是一种适用于虚拟环境、具有弱中心化的金融价值交易工具。数字票据以分布式记账、弱中心化模式实现,实质是对现有票据系统的颠覆式创新。

基于区块链构建产业链数字资产交易平台及模式,对核心企业的参与模式、区块链的信用创造机制、票据交易的高效性等进行组合创新,具有数字票据、产融结合、综合服务、战略驱动等显著特点。这一架构下的融资便利性与交易成本将比现有模式前进一大步。

供应链金融模式发展的五个阶段比较见表 7-3。

表 7-3 供应链金融模式发展的五个阶段比较[①]

项目	供应链金融 1.0 线下模式	供应链金融 2.0 线上模式	供应链金融 3.0 平台模式	供应链金融 4.0 智能化模式	供应链金融 5.0 自金融模式
商业模式	以核心企业的信用作为支持	供应链金融线上化；ERP（企业资源规划）对接供应链的上下游企业及主要参与方	通过互联网技术的深度应用，打造一个综合性的金融服务平台	行业细分；去中心化、实时、定制、小额；渗透到整个运营管理环节	主体之间直接投融资；数字票据作为权益证明
金融提供主体	银行	银行、供应链参与者	银行、供应链参与者、平台构建者	银行、供应链参与者、互联网金融	核心企业、区块链节点企业
技术突破	不动产抵押、信用评级	互联网、动产抵押	云技术、数据风控建模	数据质押、物联网、人工智能、大数据	数字票据、区块链

六、供应链金融面临的主要问题

（一）供应链信息化程度不足

供应链信息化的整体水平决定了行业是否能够适用供应链金融业务。目前，核心企业和各级供应商都应用自己的 ERP 系统，没有统一平台和标准，导致存在信息不对称问题；同时，各企业的业务数据很难快速接入供应链中，存在高数据壁垒。因此，金融机构很难通过系统信息生成有效的放款依据，支付结算工作也不能自动生成。另外，仍存在核心企业凭其主导地位拖延付款期限、各级供应商违约的行为，供应链上的资金流转效率较低，金融安全风险较大。

（二）数据质量不高

供应链金融的数据来源于各级供应商和分销商的业务系统，由于缺乏有效监督手段，单据数据造假现象多，金融机构需要投入大量人力成本和时间以核对单据的真实性。不准确的数据信息会引发牛鞭效应，并随着供应链的传递产生放大影响。

（三）授信难以扩展至供应链末端

供应链金融是一种依托核心企业的信用，通过供应链传递，发挥融资功能的金融服务模式。一般而言，与核心企业有着稳定交易关系的企业能够更好地获得信贷支持，也就是说，在同一条供应链中靠核心企业越近，能获得的金融支持也

[①] 赵华伟，刘全宝. 供应链金融 [M]. 北京：清华大学出版社，2020：12.

就越多。同时，银行及其他金融机构在授信审批的时候更倾向于对信用评级较好的大型企业给予更多的授信额度。因此，对于供应链末端的大多数中小微企业而言，没有权威的机构对它们进行信用评级，又难以与核心企业进行直接交易，导致无法获得核心企业的信用支持。

（四）核心企业参与的动力不足

一般情况下，负债率较高、现金流压力较大的核心企业对于供应链金融的需求较为迫切，而负债率较低、现金流充足的优质核心企业参与供应链金融的动力并不足。供应链金融的有序发展得力于核心企业的实力和支持，缺少优质核心企业的积极参与会使银行业务难以开展。

第二节 区块链在供应链金融中的应用优势

一、实现企业降本增效

区块链技术与供应链金融结合后，上下游的中小企业可以更高效地证明贸易行为的真实性，并共享核心企业信用，可以在积极响应市场需求的同时满足对融资的需求，从根本上破解中小企业"融资难、融资贵"这一难题，最终实现优化供给侧，提高整个供应链上资金运转效率的目标。

二、缓解供应链金融业务信息不对称问题

区块链通过集体维护分布式共享账本，使非商业机密数据在所有节点存储与共享，让链上数据实现了可信流转，极大地解决了供应链金融业务中存在的信息不对称问题。

三、实现供应链信用穿透

区块链技术能释放传递核心企业信用到整个供应链条的多级供应商。登记在区块链上的可流转、可融资的确权凭证，使核心企业信用能沿着可信的贸易链路传递，解决了核心企业信用不能向多级供应商传递的问题。一级供应商对核心企业签发的凭证进行签收后，可根据真实贸易背书将其拆分，并且流转过程可溯源。

四、优化供应链风险管理

智能合约的应用能确保供应链贸易行为中贸易双方或多方能够如约履行合约，使贸易活动顺利可靠地进行。机器信用的可靠性能极大地提高贸易双方的信任度和交易效率，并有效管控履约风险，是一种交易制度上的创新。

传统供应链金融与区块链供应链金融的对比见表7-4。

表7-4 传统供应链金融与区块链供应链金融的对比

类型	传统供应链金融	区块链供应链金融
信息流转	数据孤岛明显	全链条贯穿
信用传递	仅到一级供应商	可达多级供应商
业务场景	核心企业与一级供应商	全链条渗透
汇款控制	不可控	封闭可控
中小企业融资服务	融资难、融资贵	更便捷、更低价

第三节 区块链在供应链金融中的创新场景

供应链金融的三种传统表现形态为应收账款融资、预付账款融资以及库存融资。目前国内实践中，商业银行或供应链企业为供应链金融业务的主要参与者。下面在介绍供应链金融模式时，主要以供应链企业作为服务提供者。

一、基于区块链的应收账款融资模式

（一）交易流程

在区块链技术支持下，该模式中整个作业过程除货物收发环节需要实物确认，其他环节都在链上进行。区块链支持下的应收账款融资模式如图7-5所示。

1. 签订区块链电子购销合同

上游供应商与核心企业签订区块链电子购销合同，当上游供应商发货后，核心企业向供应商开具应收账款电子单据并自动生成应收账款数字债权凭证。

2. 应收账款数字债权凭证转让交易

供应商向银行申请贷款并授权电子存证信息可查，银行对供应商电子存证信息进行审核并确认无误后，发起应收账款数字债权凭证转让交易，其本质仍是应收账款所有权的转移。待银行、供应商、核心企业三方共同确认转让交易后，自

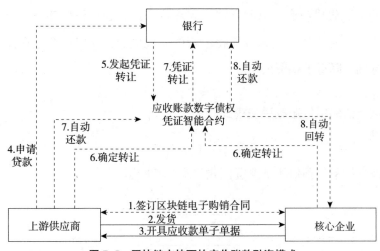

图 7-5 区块链支持下的应收账款融资模式

动触达智能合约执行条件并按智能合约约定程序，应收账款数字债权凭证自动转让至银行名下，且贷款自动发放给供应商。

3. 智能合约还款

核心企业根据智能合约预先设定的还款时间及程序，自动向银行还款的同时，应收账款数字债权凭证也将自动回转至核心企业名下。

当核心企业与不同的供应商签订区块链电子购销合同时，区块链的优势将更加凸显。核心企业可以在采购时直接发起附有应收账款数字债权凭证转让交易的智能合约电子订单，以供应商发货作为触达智能合约的执行条件，直接进入上游供应商、银行与核心企业共同确认转让应收账款数字债权凭证的第六个步骤，一站式解决所有供应商在赊销时的融资问题。

（二）优势

基于区块链的应收账款融资模式优势在于以下两点。

（1）通过智能合约的运用，银行发放贷款与核心企业还款环节均可自动执行，尤其当应收账款数字债权凭证结合智能合约的使用，触发条件后可实现自动转让。因此中小企业无须向银行提供单据质押，核心企业也无须再向银行提供付款担保承诺，在规避了应收账款真实性风险的同时，也降低了核心企业信用风险。

（2）运用区块链技术开发出的数字债权凭证可在交易主体之间进行自由转让。通过数字凭证使债权直接转让的方式比传统设定抵押关系更清晰、操作更便捷，如一级供应商可以分拆核心企业开出的数字债权凭证，并用于支付自己的供应商即核心企业的二级供应商，以此类推至 N 级供应商，数字债权凭证可以在各级供应商之间拆分流通，用于支付或取得银行的贴现融资，为中小企业在注入核心企业信用的基础上降低了融资成本。

二、基于区块链的预付账款融资模式

（一）交易流程

区块链支持下的预付账款融资模式如图 7-6 所示。

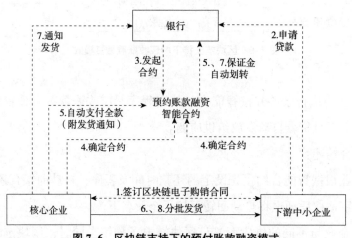

图 7-6　区块链支持下的预付账款融资模式

1. 签订区块链电子购销合同

下游中小企业在与核心企业签订区块链电子购销合同后，向银行申请贷款并授权电子存证信息可查。

2. 发起预付账款融资智能合约

银行对中小企业存证信息进行审核，在确认无误后发起预付账款融资智能合约。

3. 自动触发智能合约

在银行、中小企业、核心企业三方共同确认后，自动触发智能合约执行条件。中小企业的保证金将会自动划转至银行名下，同时银行也将自动向核心企业支付全款，并根据中小企业授信额度给予部分货物发货通知。

4. 通知发货

根据智能合约约定程序，中小企业自动向银行续存保证金的同时，银行也将自动通知企业发货，循环往复直至钱货两清。其中，当加入物流企业对货物进行管理时，可以签订有四方参与的智能合约，同时增加数字债权凭证的流转环节。

（二）优势

基于区块链的预付账款融资模式优势在于以下两点。

（1）银行主动发起三方共同签名确认的预付账款融资智能合约，因而无须核心企业向银行担保授信。

（2）下游中小企业向银行支付保证金、银行向核心企业支付全款及通知发货均依靠智能合约自动执行，为传统预付账款融资模式下的分批发货、分期还款环节省去大量重复性人工操作的同时，规避了交易的真实性风险。

三、基于区块链的库存融资模式

（一）交易流程

区块链支持下的库存融资模式如图7-7所示。

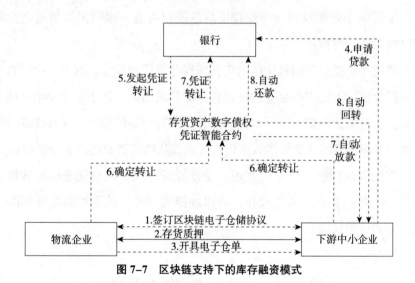

图7-7　区块链支持下的库存融资模式

1. 签订区块链电子仓储协议

下游中小企业与物流企业签订区块链电子仓储协议后，将货物存入物流企业仓库，物流企业向下游中小企业开具电子仓单并自动生成存货资产数字债权凭证。

2. 发起存货资产数字债权凭证转让交易

下游中小企业向银行申请贷款并授权电子存证信息可查，银行对下游中小企业电子存证信息审核无误后，发起存货资产数字债权凭证转让交易。

3. 触达智能合约

在银行、下游中小企业、物流企业三方共同确认转让交易后,触达智能合约执行条件,存货资产数字债权凭证在自动转让至银行名下的同时,银行贷款自动发放给下游中小企业。

4. 自动还款和凭证自动回转

下游中小企业根据智能合约预先设定的还款时间及程序,自动向银行偿还贷款的同时,存货数字债权凭证也将自动回转至下游中小企业名下,方可从物流企业提取质押货物。

在此模式中,还可以在第六个步骤中加入核心企业,签订四方参与的智能合约,由四方共同签名触发数字债权凭证转让交易。同时,附加核心企业负责偿还或回购质押物条款,为下游中小企业提供增信支持。

(二) 优势

基于区块链的库存融资模式优势在于以下几点。

(1) 下游中小企业及物流企业存证信息授权可查,因而无须物流企业向银行单独提供货物监管等信息。

(2) 通过区块链数字债权凭证的流转实现存货质押担保。同时,由于数字债权凭证的可拆分性,下游中小企业的还款环节更具灵活性,如下游中小企业因流动性紧张而无法及时全额还款时,可根据智能合约预先约定的程序,使其在部分还款的情况下取得对应额度的存货资产数字债权凭证,从物流企业提出部分货物。

(3) 银行发放贷款、中小企业还款及存货资产数字债权凭证的回转均通过智能合约自动执行,省去了人工操作,可以规避质押存货信息的真实性风险,并弱化物流企业的信用风险。

第四节 区块链供应链金融案例

一、京东简介

1998年,京东集团于北京中关村正式宣告成立,2004年开始涉足电子商务,2014年正式奔赴美国在纳斯达克上市,随后在2020年于中国香港二次上市。起初京东集团的企业定位为领先的技术驱动型电商公司,在二次上市后正式转型为基于供应链的技术和服务企业,如今已经成为中国最大的电商平台企业之一。其在

2021 年《财富》世界 500 强企业中排在第 59 位，位列中国企业第 16 位，业务涉及金融、零售、健康、数科和物流等诸多领域。在金融领域中，2013 年京东推出了"京保贝"产品，拉开了涉足供应链金融业务的序幕。同年，为更好地发展金融领域的业务，京东金融脱离京东集团，以子公司的身份运营。2018 年，京东金融升级为京东数科，以科技赋能金融，更好地为实体经济服务。2021 年，京东数科进一步升级为京东科技，依托区块链和物联网等技术，为不同行业推出了多样化的产品和解决方案。

京东集团拥有众多消费者和供应商，因此形成了包括融资在内的多样化金融服务需求，为京东集团发展供应链金融业务打下了良好的基础。

二、京东供应链金融现状

以电商平台为核心的供应链金融业务是当前供应链金融的重要发展方向之一，其与传统的供应链金融相比，具有门槛低、效率高、成本低和操作便捷等优势。自 2012 年以来，京东运营供应链金融已 10 多年之久，凭借规模庞大的电商平台和基于强力保障的物流设施，其供应链金融业务先后经历了初步探索、独立运营和升级转型三个阶段，如今已发展得较为系统。2020 年，京东在中国香港进行二次上市共募集到近 300 亿港元的资金，京东方面称，集团二次上市所募集的资金将重点用于供应链和整体研发能力等技术创新方面。

早在 2016 年京东便开始了对区块链技术的研发。2018 年 3 月，京东发布了首版区块链白皮书，首次向外界宣告了其布局区块链技术的决心。京东区块链的品牌名称为"智臻链"，其中"智"代表着智能技术，"臻"象征着美好生活，"链"则寓意着区块链技术的"连接"和"共享"，连起来便是京东将会用区块链这一智能技术给人们带来美好生活，连接供应商等伙伴共创价值。

如今京东的区块链技术已经涉及品质溯源、数字金融和保险等应用场景。在供应链金融领域，京东作为我国规模最大的零售平台之一，加之其自营模式和基数庞大的供应商体系，十分适合供应链金融业务的开展。在此过程中，区块链技术可对核心企业的信用开具、拆分、流转和融资等步骤实现全程赋能，实现各类信息透明化，并结合智能合约等技术手段来推进供应链金融的业务开展，最大限度地加强供应链上各方主体之间的信任，提高融资效率，降低融资风险。

三、区块链 + 京东供应链金融的应用分析

（一）京东"区块链 + 供应链金融"业务介绍

自从京东"智臻链"问世以来，其在供应链金融场景中起到了搭建稳固联盟链、提高数据信息可信度和提高融资效率的重要作用。如今京东的供应链金融业务中，①充分利用了区块链技术具有的分布式记账、可追溯、不可篡改和智能合约自动执行优势，确保了核心企业的电子凭证能够在供应链上便捷地流转。②中小微企业与核心企业完成交易后所得到的电子凭证，可用来拆分流转，去支付自己在贸易过程中所要支付的金额，同时也可以用来融资。③物流、资金流、信息流和商流等四流数据以及相关的融资信息会上传至区块链进行存储，区块链的众多节点会共识上述数据信息，并进行同步记载，确保了数据的安全性。④在业务链上，供应链金融业务的所有参与方会通过这样一个安全且高效的平台建立联系，共享供应链上所有的数据。⑤在区块链技术的加持下，核心企业的信用凭证可以具备以数字资产的方式进行签发、承兑、保兑、支付、转让、质押和兑付等一系列功能。⑥在提高业务安全性的同时，智能合约的自动执行机制也大大提高了整体的业务操作效率。⑦监管部门和资金方都会接入区块链中，来监督资金的流向与信息的真实性。

（二）京东"区块链 + 应收类融资"模式

在如今中国的供应链金融市场中，应收账款融资规模占总规模的 60% 左右，为了更好地给中小微企业提供融资服务，京东着力研发了以区块链为底层技术的"供应链保理区块链平台"，确保核心企业的应付债权可以安全并且高效地在供应链上进行流转，同时以自身的"京保贝"等应收类供应链金融融资产品与接入的银行等金融机构共同为中小微企业提供资金支持。

1. 供应链保理区块链平台

京东集团发布的 2019 年区块链白皮书详细介绍了将区块链作为底层技术的"供应链保理区块链平台"。平台以供应链上核心企业的应付债权作为链上的基础资产，通过对这些债权的分割和流转来满足链上其他供应商企业的融资需求，从而提高整条供应链的运作效率。

京东供应链保理区块链平台具体的融资流程如图 7-8 所示。

（1）形成数字资产。供应链保理区块链平台上的核心企业在与一级供应商完

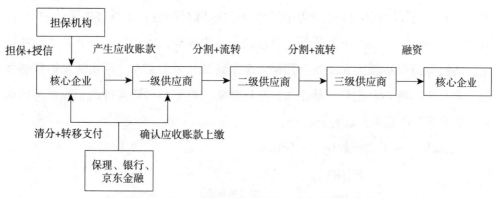

图 7-8　京东供应链保理区块链平台具体的融资流程

成交易后，会形成基于真实贸易背景的应收账款，并在平台上登记、发行，交易过程所涉及的各类合同、协议和信息上传至区块链，形成与应收账款对应的数字资产。

（2）数字资产分拆、支付与贴现。平台上的供应商可以对数字资产进行拆分和流转，用于支付其再生产、采购和贸易过程中所需金额，同时也可以用数字资产进行融资。

（3）核心企业偿还数字资产。在核心企业的应收账款到达还款日后，供应链保理区块链平台的智能合约技术会自动运行还款程序，数字资产的全部持有人将可以对核心企业在区块链上所发行数字资产进行到期结算。

总的来说，平台上的核心企业可以通过区块链技术来为中小微企业供应商提供便捷的供应链金融服务，有效提高供应链上资产的流动性，真正做到科技服务实体经济。

2. 应收类供应链金融融资产品

在上述的供应链保理区块链平台中，中小微企业除了可以向银行等金融机构发出融资申请外，还可以凭借手中核心企业的应收账款通过京东推出的应收类供应链金融融资产品，获得来自京东的资金支持。在现阶段，其最典型的应收类供应链金融融资产品为通过区块链技术赋能的"京保贝"产品。

"京保贝"是京东集团于 2013 年所推出的首批供应链金融融资产品，也是自 2016 年京东开始研发区块链技术以来，通过结合区块链等金融科技推出的首个能在短时间内实现快速较大额融资的业务。作为京东最典型的应收类供应链金融融资产品，"京保贝"融资授信额度一般为应收账款的 50%~80%，年化利率一般为

9%~14.5%，可以很好地帮助中小微企业解决融资难和应收账款难以周转的问题。起初"京保贝"产品的服务范围为京东的自营供应商，随后在区块链技术的加持下，其服务范围不断扩大，如今凡是与京东商城或者与京东"区块链+供应链金融"平台上的核心企业有贸易往来，并且具备应收账款融资条件的企业都可以通过"京保贝"产品来获取资金。

"京保贝"业务流程如图7-9所示。

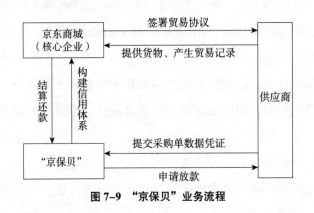

图7-9 "京保贝"业务流程

（1）满足条件的供应商与京东商城或者平台上的核心企业签署采购协议，产生应收账款。

（2）若供应商有融资需求，可以凭借应收账款向京东的"京保贝"提出融资申请。

（3）"京保贝"根据企业信息和应收账款确定融资授信额度，发放资金。

（4）销售结束后，取得资金的供应商可以采取自动还款和提前主动还款两种方式，在规定时间内完成交易。

由以上分析可知，京东已经将供应链与金融融合形成了围绕供应链整体开展的供应链金融，而区块链与供应链金融融合，则构成了引入区块链技术的供应链金融。在加入区块链技术的条件下，区块链、供应链和金融这三个要素之间并非简单的物理性叠加，而是一种有机的融合和创新。基于这种融合和创新，将使融资主体及相关联企业均参与区块链平台的建设与维护，交易主体的关键信息在链上存证并授权可查，所有数字债权凭证可以流动、质押与分拆，这样就可以实现对传统供应链融资模式的优化，在一定程度上助力解决中小企业的融资问题。

【本章小结】

1. 供应链金融,是商业银行信贷业务的一个专业领域(银行层面),也是企业尤其是中小企业的一种融资渠道(企业层面),是指在对供应链内部的交易结构进行分析的基础上,运用自偿性贸易融资的信贷模型,并引入核心企业、物流监管公司、资金流导引工具等的风险控制变量,对供应链的不同节点提供封闭的授信支持及其他结算、理财等综合金融服务。

2. 区块链金融发展经历了五个阶段:线下模式、线上模式、平台模式、智能化模式和自金融模式。

3. 供应链金融的三种主要模式是应收账款融资模式、预付账款融资模式和库存融资模式。

4. 区块链在供应链金融中的应用优势主要表现为:实现企业降本增效、缓解供应链金融业务信息不对称问题、实现供应链信用穿透、优化供应链风险管理。

5. 区块链在供应链金融中的创新场景主要包括基于区块链的应收账款融资模式、基于区块链的预付账款融资模式和基于区块链的库存融资模式。

【复习思考题】

1. 简述供应链金融主要模式。
2. 区块链技术助力供应链金融的具体表现有哪些?
3. 对比传统供应链金融与区块链供应链金融。
4. 简述供应链金融的应用场景。
5. "区块链+供应链融资"模式的应用价值有哪些?

第八章 区块链与征信

【学习目标】

1. 了解征信的内涵与基本原则。

2. 熟悉区块链与征信业务的契合性。

3. 掌握征信行业应用区块链技术面临的挑战与主要对策。

【能力目标】

1. 了解征信的基本内涵,能够拓展信用管理知识。

2. 熟悉区块征信的业务流程,培养学生业务分析和处理能力。

3. 掌握区块链在征信中的基本应用和技术优势,使学生具备较强的实操能力和风控能力。

第八章 区块链与征信

【思维导图】

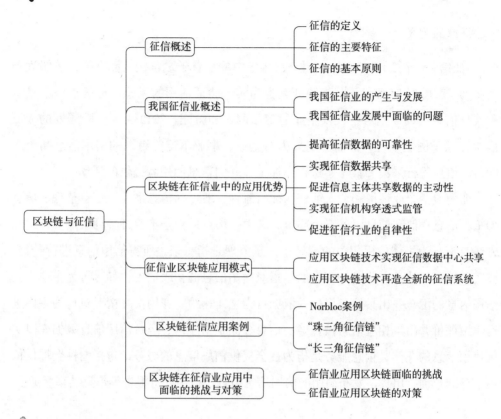

【导入案例】

社会信用体系建设是社会主义市场经济体制和社会治理体制的重要组成部分，是营造优良信用环境、提升国家整体竞争力、促进社会发展与文明进步的重要手段。党的十八大以来，我国在推进社会信用体系建设方面取得了显著成效，跨部门、跨地区的信用信息共享体系基本建成。实践证明，区块链技术在促进信用数据共享、降低运营成本、建设可信体系等方面正在发挥重要作用，它对未来社会信用格局将产生重要影响。

本章主要介绍了我国征信业的发展与面临的主要问题、区块链在征信业中的应用优势以及具体应用模式，同时介绍了区块链征信案例以及区块链在征信业应用中面临的挑战与建议。

第一节 征信概述

一、征信的定义

"征信"一词源于《左传·昭公八年》中的"君子之言,信而有征,故怨远于其身"。其中,"信而有征"为验证其言为实、验证信用的意思。征信本质上是一种共享信息活动,是对个人及企业的信用调查和验证。2013年国务院颁发的《征信业管理条例》中将"征信"定义为对企业、事业单位等组织的信用信息和个人的信用信息进行采集、整理、保存、加工,并向信息使用者提供的活动。

征信包括企业征信和个人征信,征信流程一般包括信息采集、信息整理、信息加工、信息存储和信息服务五个环节。其中,信息采集是指通过各种渠道、方式和方法收集行为主体信用相关的信息;信息整理是指将采集所得信用信息进行分类、核实和校正的活动;信息加工一般是指对信用信息的初级加工,如对行为主体主要信用信息的汇总并出具信息报告,依据行为主体违约、守约实际情况对行为主体进行信用评价并出具相应信用报告等;信息存储是指建构、运行信用信息数据库以实现信用信息的存储;信息服务是指为社会提供信用信息的服务,包括向社会提供信用信息的查询,出具、发布简明的信用信息报告、信用评价报告等信息共享服务。

二、征信的主要特征

征信特征主要体现在以下三点。

(1)主要采集信用信息。信用信息是指能够在一定程度上反映信息主体信用状况的信息。其中,一类是与信用交易相关的信息,如贷款、还款信息及合同履约信息等;另一类是用来识别、定位信用主体身份的信息,如名称、身份证件及其代码、地址、年龄、性别等。

(2)需要建立个人或企业的信息账户。信息账户是征信活动的核心和基础,它是企业或个人的信用信息档案,即将信息主体同其他市场主体的信用交易活动中产生的信用记录整合在一个账户中。信息账户中的信息需要不断更新,这是征信系统价值的核心。如在我国,最早的企业信用信息档案可追溯到20世纪90年代由深圳人民银行推出的纸质"贷款证"。中国人民银行在推广深圳"贷款证"制度基础上,并借鉴国外经验建立起全国集中统一的企业和个人征信系统,为有信贷交易活动的企业、其他组织和个人建立信息账户数据库。

（3）揭示信息主体的信用状况。征信采集的信息作为参考信息可协助授信人更好地授信。信用报告中的原始交易信息及征信增值产品（如评分）都可以用来帮助授信机构预测受信人未来的违约率，以帮助授信机构提升信用风险管理能力。在我国，商业银行是主要的授信机构，另外还有如小额贷款公司、公积金中心、电信等其他授信机构。

三、征信的基本原则

征信的原则是征信业在长期发展过程中逐渐形成的科学的指导原则，是征信活动顺利开展的根本，通常被归纳为真实性原则、全面性原则、及时性原则、独立性原则和隐私保护原则。

（一）真实性原则

真实性原则是指征信机构在征信过程中应采取适当的方法核实原始资料的真实性，以保证所采集的信用信息是真实的。真实性是征信工作最重要的条件，只有信息准确无误，才能正确反映被征信人的信用状况，保证对被征信人的公平。真实性原则有效地反映了征信活动的科学性。征信机构应基于第三方立场提供被征信人的历史信用记录，在信用报告中保持客观中立的立场。

（二）全面性原则

全面性原则又称完整性原则，是指征信工作要做到资料全面、内容明晰。征信机构往往会收集客户历史信用等负债信息，通过其在履约中的历史表现判断该信息主体的信用状况。历史信用记录既包括正面信息，也包括负面信息。其中：正面信息指客户正常的基础信息、贷款、赊销、支付等信用信息；负面信息指客户欠款、破产、诉讼等信息。

（三）及时性原则

及时性原则是指征信机构在采集信息时要尽量实现实时跟踪，能够使用被征信人最新的信用记录，反映其最新的信用状况，要避免因不能及时掌握被征信人的信用变动情况而给授信机构带来损失。信息及时性关系到征信机构的生命力，从征信机构发展历史看，许多征信机构由于不能及时更新信息，授信机构难以及时判断被征信人的信用风险导致最终难以经营下去。

（四）独立性原则

独立性原则又称为客观性原则，是指征信机构应当保持独立的第三方地位，不得与其服务对象存在同业竞争或者利益冲突的情形，否则容易减弱其独立性，从而产生征信失灵的问题。征信机构需要基于独立的、第三方的立场提供被征信人客观的历史信用记录信息，对信用报告等征信产品不能轻易定论，也不能含有虚伪偏袒的成分。

（五）隐私保护原则

隐私保护原则是指对被征信人隐私或商业秘密进行保护，它是征信机构最基本的职业道德。征信机构应建立严格的业务规章和内控制度，谨慎处理信用信息，保障被征信人的信用信息安全。征信机构在征信过程中，应明确征信信息与个人隐私、企业商业秘密之间的界限，严格遵守隐私和商业秘密保护原则，以确保征信活动的顺利开展。

第二节　我国征信业概述

一、我国征信业的产生与发展

我国征信体系的建设源于改革开放以后20世纪90年代初，上海远东资信评估有限公司的成立正式拉开国内信用体系建设的序幕。随后，中诚信等一些信用服务机构开始陆续出现，后期外经贸部与美国邓白氏公司共同设立贸易信用服务机构，掀起了国内设立各类信用机构的热情。

1997年，中国人民银行着手建设银行信贷登记咨询系统；2002年建设完毕，实现了"总行—省会中心支行—地市中心支行"三级覆盖。1999年，经中国人民银行批准，上海资信有限公司正式成立，这是全国首家从事个人征信业务的机构。2000年7月1日，首批200万市民的信用信息进入公司的"信用档案中心"，从此个人信用记录在上海市的15家商业银行中共享。2004年，中国人民银行建成全国集中统一的个人信用信息基础数据库。2005年，中国人民银行将银行信贷登记咨询系统升级为全国集中统一的企业信用信息基础数据库，实现全国联网查询，我国征信业发展进入快车道。

2013年，国务院、中国人民银行先后颁布了《征信业管理条例》和《征信机构管理办法》，对企业征信机构采取备案制管理，众多民营机构积极备案，高峰期备案机构一度有130余家。在企业征信快速发展的同时，也暴露出了企业信息壁垒严重、信息安全堪忧等一系列问题。为此，中国人民银行于2016年和2018年下发了《中国人民银行关于加强征信合规管理工作的通知》《中国人民银行关于进一步加强征信信息安全管理的通知》等重要文件，加强对备案机构的监管与清理整顿，鼓励"具有稳定数据来源、先进数据处理技术、明确市场需求"的机构备案，在此期间有近20家机构因业务调整或长期未开展实质性征信业务被注销了备案资格，企业征信机构进入规范发展阶段。

尽管中国人民银行征信中心的数据库已基本实现了对传统类金融机构个人负债信息的全覆盖，但依然存在大量缺乏信贷记录甚至没有信贷记录的"信用白户"或"准信用白户"。对此，以非信贷信息为主的"替代数据"正发挥着越来越重要的作用。在个人征信机构领域，第一家持牌个人征信机构百行征信公布数据显示，该机构聚焦缺乏信贷记录的"信用白户"或"准信用白户"群体，从数据、产品和服务三个角度出发搭建了"信用白户"征信服务平台，已累计推广、服务200余家金融机构，平台系列产品日调用量突破100万次。在个人征信领域，主要征信机构核心产品与数据来源见表8-1。[①]

表8-1 主要征信机构核心产品与数据来源一览

征信机构	核心产品	服务对象	主要数据	数据来源
中国人民银行征信中心	个人信用信息提示概要、个人信用报告	金融机构个人用户	公安部身份信息、个人基础信息（职业、居住、婚姻等）、银行信贷记录（贷款记录、资产信息、担保信息等）、公共事业记录（欠税记录、判决记录、处罚记录、欠费信息等）	金融机构、国家机关与公用事业单位
百行征信	个人信用报告、信息调查、特别关注信息、反欺诈报告、反欺诈评分、欺诈关系图谱等	互联网金融从业机构、共享经济平台企业	互联网金融数据、互联网深度行为数据、网络化的公共数据、公共服务运营商数据、互联网公开数据	电商平台、互联网金融机构、互联网搜索平台、社交网络平台
芝麻信用	芝麻认证、芝麻信用分、行业关注名单、欺诈评分、欺诈信息验证	电商与互联网金融平台用户	用户的身份信息、支付、交易、用户行为、互联网金融数据等。包含身份证、手机号、银行卡、环境与设备的海量欺诈名单库	淘宝、天猫电商平台，蚂蚁金服、支付宝互联网金融平台
中诚信征信	信用评分、风险监控、反欺诈服务、用户画像、电商认证、万象智慧	政府与金融机构、互联网金融企业、行业协会、学术单位、事务所	包括身份、工商、司法、通信、消费、设备等多维数据	第三方互联网大数据

---

① 沈国云，侯宗辰. 互联网时代我国征信体系建设现状与路径研究[J]. 商业经济，2022（7）：166-170.

随着用户对企业信息以及商业类大数据查询需求增大，天眼查、企查查、启信宝等企业信息查询平台快速崛起。Quest Mobile 数据显示，截至 2022 年 3 月，天眼查月活跃用户规模居于商业查询行业第一。天眼查的市场渗透率近八成，企查查与启信宝位居二、三位，渗透率为 18.9%、6%。

经过 20 多年的发展，我国征信业从无到有、从小到大、从弱到强，不断发展，初步形成了以中国人民银行征信中心与私营征信机构双轮驱动、公共征信机构与私营征信机构并存互补的行业格局。其中，公共征信体系主要以央行征信中心为核心，各省、区、市政府主导的区域性公共征信系统为补充；私营征信体系主要由市场上的征信机构、担保公司、评级公司及资信调查公司等构成。央行数据显示，截至 2020 年末，全国共有 131 家企业征信机构完成备案。从体量看，当前我国已建成世界最大的个人与企业征信系统，截至 2020 年底，中国人民银行个人征信系统共收录 11 亿自然人、6 092.3 万户企业及其他组织；2021 年的个人征信查询同比增长 14.1%，企业征信查询同比增长 34.6%。

随着我国经济社会迈入高质量发展的时代，在新技术的驱动下征信行业正迎来一个黄金发展期，对征信体系建设提出了新的更高要求，其中，《中华人民共和国国民经济和社会发展第十四个五年规划和 2035 年远景目标纲要》指出"健全社会信用体系"，"培育具有国际竞争力的企业征信机构和信用评级机构，加强征信监管，推动信用服务市场健康发展"。2022 年 1 月，国务院印发的《"十四五"数字经济发展规划》中提出"加强征信建设，提升征信服务供给能力"；国务院办公厅印发的《要素市场化配置综合改革试点总体方案》中要求"充分发挥征信平台和征信机构作用，建立公共信用信息同金融信息共享整合机制"。2022 年 5 月，中国人民银行印发的《中国人民银行关于推动建立金融服务小微企业敢贷愿贷能贷会贷长效机制的通知》提出：要强化金融科技手段运用，加快推进涉企信用信息共享应用。各金融机构要深度挖掘自身金融数据和外部信息数据资源，发挥金融信用信息基础数据库作用，对小微企业进行精准画像。中国人民银行分支机构要依托地方征信平台建设，按照数据"可用不可见"的原则，在保障原始数据不出域的前提下，进一步推动地方政府部门和公用事业单位涉企信息向金融机构、征信机构等开放共享。指导市场化征信机构运用新技术，完善信用评价模型，创新征信产品和服务，加强征信供给。加快推广应用"长三角征信链""珠三角征信链""京津冀征信链"，推动跨领域、跨地域信用信息互联互通。

二、我国征信业发展中面临的问题

(一) 信用数据共享程度低

(1) 现阶段我国的征信体系以央行征信为主,各征信机构之间缺乏有效的共享合作。已申请征信业务牌照的征信机构的数据库数据规模普遍较小,诸如小贷公司、担保公司、融资租赁公司、保险公司、资产管理公司等非银行类金融机构,其数据尚未全部接入中国人民银行征信系统,导致大量数据被沉淀,不能发挥出应有的价值。企业和个人信用信息主要分布于中国人民银行征信中心数据库、市场监管、税务、社保政府部门、持牌金融机构、非持牌金融机构以及公共服务机构等多个机构,由于相互之间尚未建立信用信息共享机制,公共征信机构与私营征信机构之间、征信机构与其他公共部门之间缺乏数据流通,形成了"数据孤岛"现象。

(2) 信息在流通与共享过程中还没有建立统一的格式标准,传统技术架构也无法确保不同机构之间共享数据时的安全性,造成信用数据共享程度低。

(3) 市场化机构出于自身的利益考量,对数据共享也缺乏主动性。

(二) 信用信息采集与核实成本高

在征信行业,由于信息采集渠道受限、信息共享不充分,信息成为稀缺资源。目前大部分企业征信机构的信用信息采集方式是以"政府部门共享+征信机构购买+数据服务商购买"为主,还有通过使用数据采集技术直接从互联网上抓取数据,征信机构在获取信息过程中花费了大量的人力、物力资源。同时,征信机构购买和从网络抓取的信息质量参差不齐、无法保证准确性,还存在数据被非法篡改的风险。信息的采集、核实成本高,直接影响了征信产品与服务质量,不利于提升征信行业公信力和征信产品的市场认可度。

(三) 互联网征信监督机制缺乏

目前,由于大多数互联网金融企业还没有加入中国人民银行征信系统,系统中没有关于企业与个人的失信行为记录,导致其违约后仍可通过传统的金融渠道进行融资,大大增加了信用风险。由于我国还没有明确的互联网征信监督管理机构,传统征信管理技术手段应用于互联网征信监管效果不佳,无法满足对互联网征信监管要求。现场监管对弱实体化的互联网征信缺乏着力点;非现场监管主要基于各企业定期报送的数据,无法收集、跟踪海量的互联网数据,导致了数据时效性差、分析难度大。在互联网金融服务中，对失信者的惩戒措施与手段比较少，如阿里巴巴主要是通过关停网店、内部通告等方式实施惩戒，网络金融平台通过"黑名单"方式惩戒，这些惩戒力度并不大。

（四）数据隐私与安全保护不足

保证客户的隐私信息和数据安全是征信机构面临的严峻挑战之一。一是越来越多的网络交易行为使数据经纪商收集并存储了大量关于用户的个人身份信息、家庭信息、资产信息、健康信息、通信信息、购物与消费偏好信息等敏感信息，根据《征信业管理条例》的规定，采集和应用个人征信信息必须获得征信主体授权。但这些数据经纪商为谋取利益可能会将用户信息非法出售给他人。二是数据库有可能遭到黑客攻击和电脑病毒感染，导致信息被不法分子非法查询、截取、篡改和出售，如2018年，Facebook、万豪的客户信息被泄露，圆通、顺丰的用户信息被出售；2019年，Facebook 包含超过2.67亿用户的 ID（身份证明）、姓名以及电话号码等信息的网络数据库被公开。

（五）信用数据确权难以实现

信用数据是一种有价值的无形资产，但目前缺乏明确的信用信息产权界定，并且信用信息作为特殊商品，其本身的复制成本几乎为零且难以追溯，加之相关领域法律制度不健全，违法犯罪成本较低，导致信用信息交易渠道不顺畅。作为数据提供者也无法知道个人数据的使用情况，更无法从数据的交易和数据产品之中享受它带来的收益。究其原因，一方面互联网企业和征信机构通过垄断数据由此获取利润；另一方面无论是传统的征信手段还是大数据征信，在实现数据资产的确权上难度非常大。

第三节 区块链在征信业中的应用优势

将区块链的去中心化、防篡改性、分布式存储、时间戳和智能合约等技术优势应用于征信领域，能提高征信数据的可靠性，实现征信体系征信数据共享。同时，这也能提高征信流程的透明度，改善征信机构、金融机构的监管能力等。

一、提高征信数据的可靠性

由于当前市场上信用信息源有限，征信机构较少选择从信息源直接采集信用数据，大部分都是以购买的方式或从政府信息归集平台上获取，这带来了对信息真实性求证的困难。同时，大数据时代的征信数据规模大、维度多，在筛选、清洗、审核数据上工作难度大，导致一些无效、错误甚至恶意的征信数据被传至征信系统。即使被信用主体发现，对信息查证、追溯也往往需要耗费大量的人力、物力。

运用区块链技术可保证数据的准确性以及实现数据溯源，提升征信数据的可靠性。①区块链数据的不可篡改性可以有效防止内部人员对征信数据进行违规篡改，保障了数据的安全、准确、有效。②共识机制保证了区块链所有节点数据的一致性，可以使接入的机构，也就是区块链节点提供的信息只有被其他节点确认后才会被记录在链上。由于只有被信任的数据才能获得整个链上的共识并被使用分享，信息的真实性有了保证。③区块链中存储的是带有时间戳的信息，即使一些无效信息、错误信息，甚至是恶意信息上链，也能追溯至信息的源头，实现对信息发布主体的追溯，从而降低了数据造假的风险，从根本上杜绝虚假、伪造信息。④使用智能合约实现数据的标准化，各机构的数据集中到链上，所有数据严格按照智能合约中规定标准进行处理，不受人为干涉。其中，智能合约的设计与发布并非由个人或机构单独完成，只有得到征信数据的提供者、访问者、监管者等所有成员确认后方可上链部署；链上成员按相应的数据标准对自己的数据进行处理，形成标准化的数据后提交上链。

二、实现征信数据共享

目前征信体系的"数据孤岛"现象严重，中国人民银行征信中心和市场化的征信机构都采用中心化的数据库对信息进行采集、处理、存储和使用，这不但需要庞大的计算机算力以及网络传输能力作为支撑，而且一旦系统发生崩溃会影响到数据的安全性。同时，由于征信数据的来源非常广泛，也加大了数据采集工作的难度，耗费的成本也高，征信数据的全面性、及时性、有效性等都很难得到保障。

去中心化是区块链技术的本质特征，数据不是存储在某些特定的服务器或者中心节点上，而是存储在每个节点上进行共享。区块链中的每个节点对等，每个节点都能向外发布信息，因而能有效解决数据源受限问题，打破了"数据孤岛"现象。同时，所有节点共同维护账本数据，每个节点同步复制、保存完整的账本数据，保证了区块链上信用数据的一致性、及时性。

三、促进信息主体共享数据的主动性

区块链技术可以消除信息主体对数据安全性和所有权等方面的顾虑，能够促进信息主体共享数据的主动性。

（1）区块链能更好地保护信用主体的隐私安全。互联网时代的征信体系涉及的数据覆盖面更广，征信数据除了信贷历史记录，还包括购物记录、个人偏好、人际关系等，涉及的个人隐私数据更多，所以对数据安全性保护极为重要。但传统的互联网技术无法解决数据被泄露、篡改、破坏等各种安全风险。区块链技术应用密码学技术，使对链上数据的修改难度远高于传统互联网技术，能更好地保护信用主体的隐私信息的安全性。

（2）区块链可以有效解决信用数据的确权问题。在数字经济时代，数据是一种有价值的资产。基于区块链的信用数据以区块的形式进行存储，一旦将数据上链发布后，数据的发布人、发布时间等都将被写入区块并不可篡改。在任何时间，区块链节点都可通过区块信息确定该数据资产的归属者。同时，上链数据因采用非对称加密技术进行了加密，只有经数据所有者授权的节点才有权访问和使用。信息主体权益得到了保证，从而促进了其共享数据的主动性。

四、实现征信机构穿透式监管

首先，对征信机构而言，作为区块链上的一个节点有权查看每一条信息提供方分享的数据，并实时监控所有节点上传数据，及时更新与个人信用评估相关的事件，从被动变主动防范风险事件的发生。如在个人征信中，征信机构借助联盟链可以共享黑名单，实现"穿透式监管"。如甲在 A 银行发生了不良信贷记录，那么通过 A 银行上传的数据，征信机构就能实时查看相关信息并调整征信评估结果，防止甲再通过向 B 银行贷款来偿还 A 银行的不良信贷，杜绝以贷还贷的不良循环，尽早防范了信用风险。其次，对征信机构管理而言，作为区块链上的一个节点有权查看征信机构提供的征信结果，从而实现对征信机构的动态监管，减少暗箱操作、徇私舞弊的风险。如 A 征信机构频繁调整关于社会个人甲的信用评估结果，又无法提供正当理由，可通过区块链追溯调整原因和调整人员，检查是否有人为舞弊行为发生。

五、促进征信行业的自律性

区块链对信息的记录几乎是永久性的、不可更改的，而且可以在全网范围内搜索。如果存在征信机构买卖用户信息，被央行处罚或者被同业举报，就会被永久记录在区块链上，从而不再被合作伙伴、社会、个人信任，甚至造成丧失联盟链权限的后果，这有助于形成良好的行业氛围。

第四节　征信业区块链应用模式

目前，征信行业应用区块链技术主要有以下两种应用模式。

一、应用区块链技术实现征信数据中心共享

利用区块链技术对不同机构构建多个中心数据库进行连接，从而实现信息分享。现阶段，可以应用联盟链技术将信息主体、征信机构、信用信息提供者、征信业监管机构、云服务商等作为节点纳入区块链中，通过区块链实现信用信息的交互共享。

（1）信息主体。信息主体是指企业或个人，是信用信息归集对象。信息主体的信息一般存储在银行机构、互联网金融机构、政府部门等中。

（2）征信机构。征信机构是指在中国人民银行备案的企业征信机构。按照《征信业管理条例》中的界定，征信机构主要对企业、事业单位等组织的信用信息进行采集、整理、保存、加工，并向信息使用者提供业务。作为主要参与节点，它们既是征信数据的查询方，又是征信数据的提供方。每个征信机构拥有自己独立的中心数据库，交换和共享彼此的数据。

（3）信用信息提供者。信用信息提供者主要包括银行、证券、保险、支付机构等持牌金融机构；电商等互联网金融机构；公安、市场监管、税务等政府部门；水、电、燃气等公共服务机构等。

（4）征信业监管机构。按照《征信业管理条例》的规定，中国人民银行及其派出机构依法对征信业进行监督管理。

（5）云服务商。云服务商主要提供信息的云存储服务，可以由监管部门提供，也可以由第三方（如阿里云、腾讯云等）提供。

基于联盟链的征信数据共享流程主要包括以下环节,如图 8-1 所示。

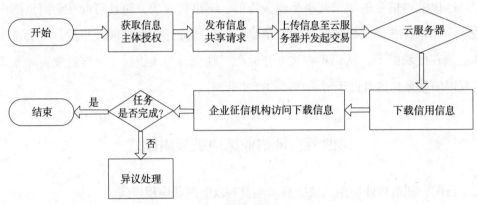

图 8-1　基于联盟链的征信数据共享流程

（1）获取信息主体授权。征信机构在发布信用信息请求前,须获取信息主体授权。

（2）发布信息共享请求。征信机构在获取信息主体授权后,向区块链内所有节点发布信息共享请求。

（3）上传信息至云服务器并发起交易。信用信息的提供者收到共享请求后,如果自身数据库中有符合需求的信息,则按照一定的数据格式将信息加密后上传至云服务器。同时,在区块链上发起交易凭证,将数据摘要等信息以交易的形式广播到区块链网络中。

（4）下载信用信息。交易达成后,征信机构从云服务器下载企业的信用信息。

（5）异议处理。上述过程中,信息主体授权、征信机构的信息共享请求记录,以及信用信息提供者上传的数据都会被记录在联盟链上。一旦出现异议可以向监管机构提出,监管机构借助区块链的不可篡改性和可追溯特点进行裁决,从而为信用信息供需双方营造一个公平、可行的共享环境提供保障。

该模式的主要优势是与征信行业现状贴合紧密,对现有征信系统的软硬件改造小、成本低、可操作性强,成功的概率较大。但其缺陷也很明显,主要表现为：①信息采集仍以现有的方式进行,信息源仍然有限；②信息提供者在信息交易后就失去了对信息的控制权,导致其缺乏共享的意愿；③缺少校验机制,无法保证信息真实性。

二、应用区块链技术再造全新的征信系统

打破原有的征信系统格局，以区块链技术作为底层架构打造的全新征信系统，完全实现征信数据的共建与共享。如银通征信有限公司开发的云棱镜征信区块链系统，就是致力于打造去中心化信息共建共享式数据平台，合作用户可以充分依据区块链中的信用信息，不再需要第三方的信用背书。

该模式的主要优势是作为区块链技术应用于征信的一种最为彻底的模式，它能够很好地解决现有征信体系中存在的主要问题。但实施起来难度大，它意味着要把现有的征信系统推翻重建，不仅需要分布式数据库、加密算法等技术的有力支撑，还需要社会有关多方的协同配合，是一项投资大、耗时长、涉及全社会的复杂系统工程。

结合以上两种模式优劣势，征信行业应用区块链技术可以分两步实施：在短期内，以各征信机构已经建立起来的中心数据库为基础，利用区块链技术实现互联互通，实现征信数据初步共享；待条件成熟后，再对征信系统进行彻底重建。

第五节　区块链征信应用案例

一、Norbloc 案例

（一）Norbloc 公司简介

Norbloc 是瑞典的一家区块链 KYC 解决方案提供商，它成立于 2016 年，专注于为欧洲市场提供区块链平台与应用服务。2020 年初，由 Norbloc 公司提供技术支持的阿联酋区块链平台 KYC 创立。正式运营后，合作方可以通过平台直接访问超过 20 万名客户的 KYC 数据。未来阿联酋区块链 KYC 平台将继续扩展，合作方可以使用的附加功能增加，更多的银行和相关机构也将加入这一生态系统中。

平台流程为：①用户创建包含自身信息的 KYC 文档，并与有权限的金融机构共享。②金融机构需要验证 KYC 文档的可靠性，如符合要求，就将文件储存于区块链平台中。③经过验证的 KYC 文档成为评估用户信用的重要来源，用户也可以通过授权的金融机构对 KYC 电子文档进行更新。④金融机构评估用户信用，并检查信息审阅者以及信息更新时间，以确保评估结果的可靠性与一致性。

（二）区块链技术带来的优势

平台给机构和用户都带来了一定的优势。

（1）对机构而言：①具有较高的数据可获得性。平台利用 KYC 文件和分布式区块链存储结构，实现了有效的数据存储和高可用性。②安全性高。平台以 P2P 分布式技术进行保护，确保所有客户的 KYC 数据和元数据都能以最安全的加密方式存储与共享。③具有合法性。平台已经过法律评估，符合 GDPR（欧盟《通用数据保护条例》）和第 4 条 AML（反洗钱）指令的要求。

（2）对用户而言：①拥有数据的所有权。用户对数据有所有权，可以使用该平台更新、共享或撤销机构对其数字 KYC 文件的访问权限。②效率高。与以往的"数据孤岛"模式不同，在该平台上用户可以及时管理自己的 KYC 数据，确保信息的唯一性和正确性。③具有商业价值。用户可以在该平台上以"许可证"（permission）的方式提供和共享数据，取代了传统纸质流程，加快了账户审核的速度。

二、"珠三角征信链"

（一）"珠三角征信链"简介

为贯彻落实习近平总书记关于"抓紧建立覆盖全社会的征信系统"的重要指示精神，落实区域一体化发展国家战略部署，由中国人民银行总行统一领导、中国人民银行广州分行指导建设的"珠三角征信链"，是以"粤信融"征信平台为依托、以制度创新为核心、以区块链技术为保障建成的征信链。

"珠三角征信链"是一条贯穿广东省内征信机构、金融机构、监管机构和数据源机构的信息高速公路，它已成功将广东德信行信用管理有限公司、广州智乘企业征信有限公司、广州金科企业征信有限公司、广州金电图腾软件有限公司、百行征信有限公司、深圳市信联征信有限公司、金蝶征信有限公司和深圳前海征信中心股份有限公司等珠三角区域八家备案的市场化企业征信机构连通，通过共享各机构内存储的信用数据，有效实现征信服务供需各方的业务流程联动，以及穿透式业务监管，真正改变"数据孤岛"现状，打通信用信息流通壁垒，对外提供高质量征信服务。

截至 2022 年 5 月 31 日，"珠三角征信链"共上链征信机构、数据源单位、监管部门等节点 11 个，上链企业 227.64 万家，上链信用信息 5 908.16 万条，为 207

家金融机构开立查询用户 1.47 万个，累计上链授权 9.77 万笔。金融机构依托"珠三角征信链"平台，累计查询企业信用报告 222.84 万笔，累计授信 5.23 万多户，金额 3 233.48 亿元。[①]

（二）主要特点

"珠三角征信链"以成熟先进、国产自主的 FISCO BCOS 为底链构建应用平台，并由微众银行提供 FISCO BCOS 区块链开源技术支持。通过使用国产区块链底链技术、国密算法、区块链共识机制作为应用设计安全基础，对上链交换的隐私数据进行加密保护，构建了覆盖身份与信任管理、访问控制、机密性、完整性、安全审计的安全体系。

通过"珠三角征信链"应用平台，链上的查询机构可自主向征信机构发起订单业务，由征信机构接单并提供服务。同时，监管机构可通过 FISCO BCOS 底链上的监管节点，获取订单流程信息，进行查询监管。

"珠三角征信链"将按商业规则运行，按照"谁贡献谁受益"的原则，对"链"上发生的每一笔信息发起、交易、记录、查询进行记录和存证，提供数据更多、质量更好的征信机构将获得更高的市场回报。

（三）应用效果

（1）实现了跨区域、跨系统、多维度的企业信用信息共享互通，各共享机构掌握的非信贷数据助力银企融资对接，助推区域经济一体化。

（2）能显著缓解银行、企业之间的信息不对称性问题，建成涵盖基本信息、经营信息、增信信息、警示信息、资产信息在内的多元企业信息系统，向商业银行提供更加全面的中小微企业"画像"。为商业银行支持小微企业、民营企业融资提供所需的信用数据和相关信息，为中小微企业、涉农主体获得融资服务提供信用支持。

（3）通过部署面向外省征信平台用户服务节点应用，广东省外金融机构和征信机构可通过本地征信平台实现"珠三角征信链"相关业务的办理。

（4）征信机构可以上链提供征信服务；纠纷调解机构可以在链上查询信息，对历史业务数据进行溯源，帮助协调机构纠纷。

---

① 区块链助力粤港澳大湾区一体化，在数字经济领域有哪些重要应用？[EB/OL].（2022-07-21）. https://www.163.com/dy/article/HCQBMDUP0534A4SC.html.

三、"长三角征信链"[①]

(一)"长三角征信链"简介

"长三角征信链"是中国人民银行推动建设的首个跨地区"征信链"平台,是中国人民银行贯彻落实"长三角金融经济一体化发展"国家战略的重大举措,是金融科技赋能金融服务、为中小微企业提供高效金融服务的典型项目。2020年12月,在中国人民银行总分行指导下,由苏州企业征信服务有限公司牵头,长三角征信机构联盟成员单位共同参与建设的"长三角征信链"平台正式运行,该平台旨在将区块链与征信深度融合,推动区域一体化征信联盟链落地,促进长三角地区在征信领域的互联互通。该平台可利用区块链、大数据技术,在实现区域内征信机构数据共享互通方面积极探索,根据不同访问权限,通过有效授权,实现信息异地共享。

目前,"长三角征信链"已完成长三角地区9个城市(上海、南京、杭州、合肥、苏州、常州、宿迁、台州、宁波)16个节点的铺设运行,包括8个征信机构节点,上链企业达2 040万家,接入查询机构349家。自上线试运行以来,系统平台实现安全平稳运行,长三角各地金融机构上传授权有54万余笔,查询征信报告近93万次。截至2022年5月6日,如苏州银行通过征信链平台查询企业相关情况约3.9万笔,其中,成功查询异地征信报告1 000多笔。[②]

(二)主要特点

与中国人民银行征信中心提供的信贷信息不同,"长三角征信链"提供更多的是非信贷数据,也被称为"替代数据",利用替代数据刻画企业的信用状况。按照世界银行的定义,借贷信息以外的数据统称为替代数据。参照《长三角征信链征信一体化服务规范》团体标准,信用报告主要包含工商基本信息、股东信息、董事监事及高管信息、社保公积金缴存信息、资产负债表主要信息、利润表主要信息、主要财务指标信息、纳税信息、海关进出口信息、融资信息、抵押与查封信息、负面信息和水电气缴费信息等29项信息。

[①] 马梅若. 长三角征信链"链"动小微金融服务 [N]. 金融时报,2022-05-19(1).
[②] 长三角有这样一条"征信链"→[EB/OL].(2022-05-18). https://baijiahao.baidu.com/s?id=1733108202512145545&wfr=spider&for=pc;长三角征信链"链"动小微金融服务 [EB/OL].(2022-05-17). https://baijiahao.baidu.com/s?id=1733027570548439215&wfr=spider&for=pc.

通过企业授权之后，加入"长三角征信链"的银行可以在线调取长三角地区的企业涵盖该 29 项信息内容。有了这些非信贷数据，银行可以更清晰、更全面地了解企业，作出授信与否的判断，尤其对于缺乏借贷信息的首贷户、信用"白户"，多维度的替代数据能够更好地提升银行的风控能力。近几年的实践证明，作为借贷征信数据的补充，替代数据能够很好地刻画企业信用状况，潜在的商业价值正逐步体现。

征信链在数据采集、存储、传输、使用等过程中对潜在的数据安全隐患采取了多方面措施，充分利用了区块链的不可篡改技术特性和将数据哈希摘要上链，有效保障数据共享全程透明、可审计，确保数据使用合法合规，使上链的征信机构对数据安全问题不必过度担忧。

（三）"链"动小微金融服务

1. 小微企业贷款之"痛"

不少小微企业存在财务制度不健全、会计信息失真、对外公开的数据较少等情况，银行对企业实际情况缺乏足够的了解，无法掌握其真实的经营信息、财务状况等。由于信息不对称，银行往往对放贷持有谨慎态度。同时，虽授信金额小，但审批难度与大中型企业并无明显差别，导致银行审批过程效率低、人力成本高。此前的贷款审核整个流程得 10 天左右，主要包括：①客户经理接洽客户，初步了解企业经营情况及融资需求，并据此推荐一些合适的信贷产品，设计初步的授信方案；②客户经理着手收集相应材料，包括企业营业执照、财务报表、纳税申报表、水电费发票、账户流水等相关经营证明，根据材料和现场情况完成尽职调查，进一步了解企业的经营财务情况，确定授信方案并撰写详细的调查报告，完成后在系统内提交；③根据不同权限，由相应的审批人员负责审批。

2. 应用效果

接入"长三角征信链"后，银行在得到客户授权的前提下，可以实时查询小微企业的综合信息，主要包括工商基本信息、税务财报、纳税信息、银行信贷、专利信息、涉诉、行政处罚等，实现了小微企业授信的在线实时审批。同时，银行在授信审批时可以参考更丰富的征信链信息，形成企业初步画像，降低了小微企业授信审批的难度，提高了审批效率。理论上可以在十几秒之内迅速作出决策，个别金额较大的需要增加一次审核，能够大大缩短尽调流程，成本也明显下降。对小微企业而言，成为贷款成本下降的受益者。如此前苏润机械的融资成本超过

6%，而且通常还要加上 1.5% 左右的担保费，现在信用贷款的利率为 4%~5%。[①]

"长三角征信链"也有助于银行对本地企业客户异地关联方的风险进行识别，弥补异地关联方信息不对称的短板。如苏州银行在立足苏州市场的同时，努力实现业务辐射长三角，在南京、扬州、宿迁、南通等地区开设了分支机构。但是各地区网点在建设和经营过程中，区域之间银企信息不对称问题越发突出。由于各分行仅能在本地区与当地征信机构合作查询企业的相关征信情况，并且各地征信机构授权模式多样，数据查询和应用规范各不相同，获取的信息差异度较大，难以做到跨区域的授权归集和信息查询，不利于总行风控部门的统一管理，增加了信贷业务的尽调流程和风险成本。而"长三角征信链"的延伸，丰富了银行的数据来源，平台可以更好地发挥反欺诈、自动审批、大数据风险监测等模型作用，在贷前审核环节可应用于企业借款准入、担保准入；在贷中决策环节可支持差异化的授信方案；在贷后环节可对存量业务进行风险预警，深化各业务场景应用，提升全流程综合风险管理能力。

第六节 区块链在征信业应用中面临的挑战与对策

一、征信业应用区块链面临的挑战

（一）区块链征信平台建设标准不统一

技术标准是一个行业健康发展的基础。区块链作为一项新兴技术，目前在征信领域尚未建成统一的技术标准。作为 R3 区块链联盟创始成员之一的高盛集团于 2016 年底退出了该联盟，主要原因是对原体系的区块链技术标准存在疑义。总体来看，区块链行业现有的进入者规模大小不同，目的也不一样，除个别较有实力的大型企业研发团队，更多的是通过渲染项目的前景依靠众筹获得投资。因此，开展区块链征信平台建设急需建立相关技术标准和规则。

（二）信息主体权益保护仍存在不足

征信发展过程中最大的问题是没有有效解决信息主体的数据权益保护问题，这给行业的整体发展带来了一定的负面影响。区块链征信虽然在技术层面对信息主体的隐私保护有了很大进步，但在一些信息主体权益保护与当前征信规则两者

---

① 长三角征信链"链"动小微金融服务 [EB/OL]．（2022-05-17）．https://baijiahao.baidu.com/s?id=1733027570548439215&wfr=spider&for=pc．

之间还存在一定的冲突，如不良信息的保存期限问题、信息主体异议与投诉实现、信息主体的密钥遗失无法恢复等，这些都需要从技术层面进一步加以研究，从而确保与国家相关的法律法规不冲突，信息主体权益更能够被有效保护。

（三）征信机构参与度还不高

虽然通过区块链平台确认的信息能够得到社会的认可，但在发展初期，征信机构对已经建设的区块链征信平台的参与度还不高，比如以建设信息主体黑名单、白名单系统为主要目标的区块链征信平台。因为征信机构目前仅仅依靠区块链平台获取信息是远远不够的，并且这些信息征信机构需要在信息主体授权后才能取得。一方面，征信机构需要通过竞争方式在平台上获取尽可能多的授权；另一方面，征信机构还要通过线下方式从其他渠道获取更加全面的信息，才能给信息使用方提供更加有效、完整的信息参考。

（四）监管障碍和安全风险进一步凸显

一方面，去中心化的运作机制在一定程度上削弱了监管部门对业务的控制，技术的进步同时使一些业务操作被隐藏在黑箱之下，监管部门难以使用传统监管手段对其进行全方位的监管。另一方面，虽然区块链底层技术大大提升了安全等级，但并不代表不会受到黑客的攻击，系统在运行中仍蕴含着一定的安全风险。由于征信信息大量集中在一个去中心化的系统中，一旦受到攻击会对国家金融安全造成重大不利影响。另外，从用户层面来看，一旦密码丢失或被盗，他的相关权益也会受到威胁。

二、征信业应用区块链的对策

（一）建立征信数据共享机制

国家应加强顶层设计，要尽快制定行业数据与技术标准，以标准规范数据源，积极推动征信行业数据上链，实现征信数据的公开、透明、可溯源且不可篡改。要充分发挥政府的主导作用，联合征信机构推动跨领域、跨地域信用信息互联互通，实现征信数据信息的共享，最终建成完整的企业、个人信用体系。与此同时，在个人数据化的基础上，借助区块链技术实现个人信用的资产化。

（二）制定区块链征信相关法律制度

目前，国家相继出台了有关征信业管理条例和征信机构管理办法，以及区块链信息服务管理规定等配套法规，其在维护征信体系安全方面和规范区块链技术应用方面都具有深远意义，但有关征信体系与区块链的法律法规之间是相互分离的。随着二者不断地融合，应尽快制定更加有针对性的法律制度，并出台相关征信体系业务规则，实现对征信机构及征信业务的明确界定，才能更好地引导区块链征信行业健康有序地发展。

（三）加强监管技术创新

在监管政策和技术功能上，传统的监督管理较为关注征信机构内控制度、业务经营等方面的合规性和安全性。早期征信体系的法律规章制度无法实现针对以区块链技术为主要代表的去中心化技术的革新，对链上监管治理存在疏漏，这给区块链+征信发展带来一定的潜在风险。因此，需加强监管技术创新，形成区块链点对点的监督。应将智能技术应用到征信体系监管中，使以前人为监管体系向智能化监管体系转变，以提升监管的时效性与精准性，提高区块链征信发展的安全性。

（四）鼓励征信机构创新

区块链技术已成为实现企业创新的主要阵地，如蚂蚁集团将区块链技术作为一项核心竞争力，利用区块链技术落地芝麻信用等40多个场景，在技术上能够支持10亿账户规模，实现每秒10万笔跨链信息处理能力。因此要以市场为导向，大力鼓励芝麻信用、腾讯信用等企业积极探索区块链技术在征信行业的应用与创新。

（五）加强社会诚信文化建设

社会的诚信文化建设是一项系统工程，需要从多个方面协同推进。区块链从技术角度出发参与社会信用体系的建设，与此同时，还应从文化角度加强对社会诚信文化的建设。信任与文化的关系密切，信任是社会共享道德规范的产物，来自"先天的道德共识"，更容易从共同的价值观和文化中产生，要充分发挥诚信文化建设对社会信用体系建设的引领作用。

（六）加快区块链征信专业人才培养

要想使区块链技术在征信行业应用早期阶段抢占创新制高点，提升国际话语权，就需要一批懂区块链、懂征信业务的区块链征信复合型人才。政府部门应大力推动区块链征信人才体系建设，企业征信机构、金融机构、高科技企业也应加强与国外相关机构的交流与合作，吸收先进的专业技术知识和行业经验。高校也要加大人才培养力度，积极推动区块链征信教育，培养多元化与市场化的区块链征信人才，从而真正实现区块链技术驱动征信体系高质量发展。

【本章小结】

1. 征信的主要目的是解决交易双方信息不对称的问题，实现有效的信用风险管理。

2. 区块链与征信业务有很好的契合性，特别在提高征信数据的可靠性、实现征信数据共享、促进信息主体共享数据的主动性、实现征信机构穿透式监管、促进征信行业的自律性等五个方面有突出的应用优势。

3. 区块链应用于征信有两种模式，一种是应用区块链技术实现征信数据中心共享，另一种是应用区块链技术再造全新的征信系统。

4. 征信领域中应用区块链面临一定的挑战，主要包括区块链征信平台建设标准不统一、信息主体权益保护仍存在不足、征信机构参与度还不高、监管障碍和安全风险进一步凸显等。

5. 为了使区块链更好地在征信领域发挥作用，未来应从建立征信数据共享机制、制定区块链征信相关法律制度、加强监管技术创新、鼓励征信机构创新、加强社会诚信文化建设和加快区块链征信专业人才培养等几个方面综合考虑。

【复习思考题】

1. 什么是征信？征信的主要作用有哪些？
2. 简述区块链如何与征信业务契合。
3. 简述在征信领域中应用区块链技术带来的主要优势。

第九章 区块链与保险

🔍【学习目标】

1. 了解区块链技术在保险业中的应用现状。
2. 理解区块链与保险业务的契合性。
3. 了解区块链在保险业中的应用优势。
4. 掌握区块链在保险业中的应用原理。

🔍【能力目标】

1. 了解区块链与保险基本理论来源，能自主查阅相关资料拓展知识。
2. 熟悉区块链技术在保险业中应用的优势、劣势，培养学生辩证分析问题的能力。
3. 掌握区块链在保险业中的典型应用场景，培养学生技术创新与应用能力。

【思维导图】

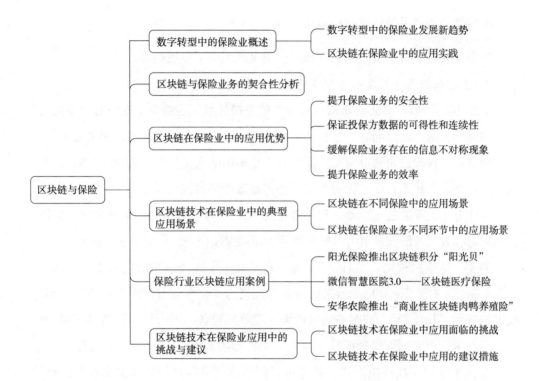

【导入案例】

在金融科技快速发展的背景下，保险业也面临数字化转型的压力。保险业数字化转型过程中面临业务、技术、监管和信息安全等多方面挑战，而区块链技术由于其自身特性可以解决保险业的许多痛点，与保险业具有天然的契合性。区块链能够较好地融合于保险领域，在保险产品设计、保险理赔和反欺诈等方面得以有效运用，有助于解决保险在信任、效率、成本控制、风险管理以及数据安全等方面的问题。

本章主要介绍了保险业在数字化转型背景下的发展趋势以及区块链技术在国内外保险行业中的应用现状，区块链与保险业的契合性、应用优势，重点介绍了区块链在健康险、农业保险、再保险领域的典型应用场景与案例，区块链技术在保险业应用中的挑战与相关建议。

第一节　数字转型中的保险业概述

一、数字转型中的保险业发展新趋势

在数字化转型背景下，未来的保险业将呈现出以下发展趋势。

（一）扩展机器学习及人工智能应用，推动数字化转型加速

2020年，许多日常活动要减少人与人的直接接触，这激发了人们对"零接触"技术的强烈需求。与此同时，各种"零接触"场景依托于信息技术，相关业务产生了大量数据，保险公司通过对大数据的分析挖掘出了大量信息。借助这些海量信息以及"零接触"技术，许多传统人工业务将越来越多地被自动化技术升级。例如在理赔等业务中，保险公司自动化趋势将持续加快，"零接触理赔"高速发展。另外，机器学习和人工智能技术也可以辅助决策，帮助保险公司满足新的业务需求。

关于"零接触理赔"，目前尚无统一定义。一个比较恰当的定义由 LexisNexis 数据库提出。LexisNexis 将"零接触理赔"定义为"完全没有保险公司员工参与的线上处理的工作流程"。该服务通过借助智能终端设备、无人机、智能自动聊天机器人等技术，可完成保险理赔整个流程，全程无须人工介入。"零接触理赔"由于不需要人工干预，执行速度快，并且可复制性高，可以并行处理多条业务，对保险公司有很大的吸引力。目前，许多保险公司都开始不同程度地开展"零接触理赔"业务，一些基础业务已经实现无人干预自动完成，保险行业对此技术也寄予了很高的期望。

（二）打造数据驱动型个性化客户体验

目前半导体技术仍快速发展，数据处理速度稳步提高，5G 等高速通信技术也快速发展，人们对于数据的时效性需求越来越强。同时许多用户已经不满足于同质化的服务，希望获得个性化的体验。但是在此之前，许多保险产品仍然以传统的客户档案为数据基础研发。客户档案更新速度慢，不能快速反映不断变化的客户需求。而现在，保险数据不再局限于传统纸质档案，可以结合智能终端、遥感设备、传感器等硬件获取潜在客户的大量数据，并且能借助大数据技术更好地挖掘用户潜在的保险需求。

随着保险产品不断推陈出新，保险行业的格局也面临变化。保险公司必须通过保险产品的快速革新与个性化定制，来满足不同客户群体的具体需求。例如，随着新能源汽车的发展与智能驾驶技术的进步，保险公司可以获取客户的驾驶习

惯数据，从而有针对性地开发车险产品；又如，随着智能穿戴设备的发展，保险公司可以获取客户的精细化健康数据，并以此为依据针对健康保险设置折扣。这种个性化的产品和服务更符合保险的运行规律，从而能够提升客户体验，提高客户的维系率和续费率。

（三）企业云转型风险防范力度加大

目前快速发展的大数据、深度学习与神经网络等技术更加依赖具有灵活性、弹性、可扩展性等特征的云计算技术。保险公司无须自行配置机房、服务器、光缆等硬件设备，只需在云端购买相应服务就可以快速部署相应的技术系统，并且可以根据实时运算需求弹性地增加或减少设备算力，也不需要后期硬件维护，极大降低了保险公司的业务成本。由于上述诸多优势，服务上云将会是一种快速发展的趋势。目前，保险公司将自有业务迁移到云服务上还面临一些困难，如数据隐私性问题、安全性问题，因此多数企业一般采取混合方案，即将涉密数据和敏感业务留存于本地服务器，将其他业务迁移到云上，在成本与安全性中寻找折中的平衡点。

此外，保险公司还面临监管问题。全球多个国家和地区各级监管机构对企业上云相关的风险问题高度关注。相关的法律法规也需要完善，保险公司要重视云环境因缺乏集中度而引发系统性风险，并进行相关业务的合规性整改。

（四）数据隐私与监管不断完善

用户数据是数字技术的基础。随着保险公司对用户数据的收集，围绕客户隐私和权利的法规也在不断完善。数据隐私保护已成为全球范围内关注的焦点。目前，各种关于数据隐私保护的规定都在陆续出台，比如《通用数据保护条例》、加拿大《数字宪章实施法》（DCIA）以及亚太经济合作组织推出的《跨境隐私规则》（CBPR）。各项政策在保护用户数据隐私的同时，也增加了保险公司业务合规的复杂性。

保险公司需要针对各项监管政策及时调整业务流程，加强数据分类和审核，管理敏感数据，满足合规性要求。在数据隐私越发敏感的背景下，良好的数据安全对增强客户信心至关重要。

二、区块链在保险业中的应用实践

（一）国内保险业区块链的应用

目前，中国成为全球第二大保险市场，2010—2020 年，我国保险原保费收入呈逐年上升的趋势。近年来，随着时代发展和科技进步，保险行业成为科技助力的首要阵地。保险行业一直被认为是区块链应用的黄金行业之一，从2016年起，区块链开始受到保险业关注。2019年，银保监会发布《中国银保监会关于推动银行业和保险业高质量发展的指导意见》，指出银行保险机构要增强金融产品创新的科技支撑，充分运用区块链、人工智能等新兴技术，改进服务质量，降低服务成本。2020年8月，银保监会下发了《推动财产保险业高质量发展三年行动方案（2020—2022）》（以下简称《方案》）。《方案》指出，鼓励财险公司利用大数据、云计算、区块链、人工智能等科技手段，对传统保险操作流程进行更新再造，提高数字化、线上化、智能化建设水平，这意味着"区块链+保险"的发展将上升到一个新水平。

国内许多保险企业或机构都进行了不同深度的区块链保险探索。例如阳光保险于2016年3月推出了以区块链为底层技术的"阳光贝"积分服务。"阳光贝"在传统的积分服务基础上，可以允许用户将积分通过区块链进行转赠。目前"阳光贝"已经可以通过区块链记录客户的交易信息。随着区块链技术的发展和应用的普及，相关应用将会大大降低企业的运营成本，并且显著提高客户的满意度。2016年7月，阳光保险又推出"飞常惠"航空意外险，它在传统的保险基础上运用区块链技术，用户可以直接通过微信下单，并将保险卡单随时通过发红包的形式与亲友共享，从而吸引新客户。2017年5月，众安信息技术服务有限公司发布了基于区块链技术和人工智能技术的保险基础设施"安链云"技术，该技术吸引了许多保险公司以此为基础对自身业务进行整合。例如泰康保险基于"安链云"技术开发了电子保单存储系统。该系统通过区块链技术实现分布式存储，使得保单内容难以篡改，增强了安全性。上海保险交易所、黄河财产保险股份有限公司、中国太平洋财产保险股份有限公司也基于区块链技术推出了各自的新型保险产品。

总体上看，区块链在保险行业中的应用主要分为智能合约、再保险和共同保险、可追溯技术、联盟链四类。①智能合约主要是将合同、文档使用区块链技术进行分布式存储。②再保险和共同保险领域，在再保和共保业务的交易撮合及结算时，区块链用来提升交易及结算的效率和透明度。③可追溯技术利用区块链的分布式记账难以篡改、可追溯的特性，针对涉及保险的资金、物料、贵金属进行追踪和监控，从而降低风险。④保险企业之间建立的行业联盟链[1]，即多个保险公

---

[1] 许闲. 区块链与保险创新：机制、前景与挑战 [J]. 保险研究, 2017（5）: 43-52.

司共同搭建区块链，实现行业内部信息共享。此外，互助保险、航运保险等险种也开始积极探索应用区块链技术。

（二）国外保险业区块链的应用

国外保险公司对区块链技术展现出了浓厚兴趣，并在创新产品与服务、防保险欺诈以及减少运营成本等方面积极应用区块链技术，取得了不错的成效。

1. 创新产品与服务

在创新产品与服务领域，区块链技术具体应用包括客户身份验证 KYC、基于区块链技术支持的互助保险及智能合约三类。

1）客户身份验证 KYC

KYC 是一种身份验证流程，被全球企业组织广泛采用。该流程最早于 2000 年被金融机构引入，旨在于客户开设账户之前"了解客户"。通过 KYC，客户可以授权保险公司访问其身份数据，并且在完成 KYC 验证后，客户可以避免在其他公司需要时重复进行身份验证。

区块链技术可以利用去中心化的数据分类账目，实现高效的 KYC 验证。基于区块链的 KYC 具有去中介化、交易公开透明以及没有集中控制等优点。Stratumn 是一家总部位于法国巴黎的区块链网络安全解决方案提供商，其技术可以使信息需求方共享经过验证的客户信息，从而省去各信息需求方重复验证的时间和成本。另一家创业公司 Tradle 利用区块链技术为保险公司提供监管基础设施，并在区块链上储存 KYC 的授权记录，从而简化并加快用户引导的进程。

2）基于区块链技术支持的互助保险

英国公司 Teambrella 是第一家基于区块链技术的去中心化保险公司，区块链的多重签名地址允许用户在无须信任的去中心化环境中来管理资金。目前，Teambrella 提供补充的汽车碰撞保险与宠物保险这两类保险业务，其运作模式是：用户间相互提供保险，如果一个团队成员提出索赔，将由这个团队的个人钱包进行赔偿，没有中间人的介入。队友加入团队需要得到团队许可，团队本身控制了将要面临的风险。

3）智能合约

美国公司 FlightDelay 和 sureETH 都为客户提供基于区块链技术的航空延误保险。该公司通过使用智能合约平台实现自动投保、定价和赔偿：智能合约平台自动接收客户的投保，保费根据历史航班延迟时间的不同概率得出，并且在出险后自动赔偿。美国威斯康星州的 Dynamis 是一家通过智能合约创新保险产品的区块链创业公司，该公司研发了一种 P2P 补充事业保险，并使用社交网络的个人资料来核实身份与就业状况，智能合约结合其他投保人的认可和验证，对保单实现自动承保以及索赔。

2. 防保险欺诈

区块链技术使得检验过程更为简便。区块链技术可以跨行业实现外部数据相通，验证真实性，如对货物所有权的验证、所有权发生变化的时间以及位置的变化、维修历史等，还可以确保我们所交易和消费的商品具有可靠来源，并且能够追踪这些商品的整个生命周期。例如，英国的早期创业公司 Everledger 开发了一种追踪和保护世界奢侈品的全球数字分类账，基于超级账本项目的区块链技术确保了钻石每个阶段的透明度，协助保险公司验证真实产品是否已经丢失或者被盗，有效缓解了欺诈性保险索赔数量的增加。

3. 减少运营成本

以各保险公司为节点的联盟链，可以实现保险公司之间的信息共享。例如，在有共保或再保的保险赔偿情形中，通过将赔偿文件录入区块链中，所有的合同主体（保险人、再保险人以及承保代理人等）都可以监测到保险赔偿的进展，能够及时处理保险理赔，极大地减少了保险公司的运营成本。保险公司还可以通过区块链技术自动检验投保人身份、合同效能、可审核的债权登记以及第三方数据，并且可以实现索赔的自动支付。以再保险为例，智能合约可以简化再保险的销售和索赔处理流程。2016 年 10 月，欧洲保险业的五大巨头安联保险、荷兰全球人寿保险、慕尼黑再保险、瑞士再保险、苏黎世保险联合组建了区块链研究组织联盟 B3i，目前联盟成员机构已经有十几家，主要是通过应用区块链技术以及智能合约，实现再保险与转分保流程的简化和信息共享。

第二节 区块链与保险业务的契合性分析

保险业是一个拥有大量文书工作、敏感数据和手工流程的行业，信息共享、账单结算、业务流程、服务水平等因素都制约了保险业的发展。换言之，这是一个信任成本巨大的行业。区块链技术对保险业的发展具有积极的推进作用，可以帮助保险业突破自身瓶颈，更好地实现业务升级与产品创新。

从区块链技术特征来看，区块链与保险行业有天然的契合性。因为保险业务是基于"大数法则"的，在大量样本中寻找共同的风险特质，而区块链技术也是通过将信息分散到大量节点上进行分布式存储，二者具有"基因相似性"，将信任视为核心价值的保险行业与天生携带信任基因的区块链技术就是"最佳组合"。[①]

区块链与保险业务的契合性具体表现为以下几方面。

（1）区块链技术具有明显的去中心化特点，这可以帮助保险业重塑业务流程，优化中间环节，降低因为信息不对称导致的高昂交易费用。

（2）区块链技术可以开展智能合约，这可以帮助保险公司降低运营成本和加速创新产品。一方面，智能合约自动触发，不依赖人工，可以降低人工成本和谈判的交易成本；另一方面，智能合约可以依赖更加客观的触发标准，开发出更多触发型保险产品。

（3）区块链技术具有数据不可篡改性和可追溯性，这可以帮助保险公司提升风控能力。保险业作为经营风险的行业，各个业务环节严重依赖各种数据，如果数据出现不真实、不完整甚至被篡改的情况，将极大增加保险公司自身业务风险。区块链技术通过分布式记账技术，使得数据难以被篡改，这样大大增加数据的真实性与完整性，提升保险公司的风险控制能力。

（4）区块链技术基于非对称加密算法，这可以帮助保险公司提升业务安全性。利用非对称加密算法，保险公司可以更好地管理客户私密信息，减少数据泄露的风险，即使数据泄露也很难破解，为数据安全增加了一道保障，从而能最大限度保证客户利益。

区块链在保险产业"痛点领域"的应用见表9-1。

表9-1 区块链在保险产业"痛点领域"的应用

保险产业问题	主要痛点	区块链技术解决方式
数据信息验证	传统保险产业面临逆向选择和道德风险问题	区块链有数据验证、共享功能，可对个人身份、健康信息准确验证
数据可获得性	客户行为数据匮乏，难以保证数据连续性	区块链信息共享有助于解决数据可获得性问题，提高风险评测能力

[①] 周雷，邱勋，王艳梅，等. 新时代保险科技赋能保险业高质量发展研究[J]. 西南金融，2020（2）：57–67.

续表

保险产业问题	主要痛点	区块链技术解决方式
人工核保验证	传统保险出险验证和事后理赔完全依靠人工操作，不仅浪费资源，易产生操作风险，而且工作效率低，普遍存在理赔慢问题，还存在较长的沟通协商过程，增加了保险公司交易成本	区块链智能合约加速核保进程，"代码即法律"原则利于出险验证，移动设备即可完成，无须人工。理赔阶段只要按事先设定的标准自动执行，即可消除理赔慢、理赔难问题
保险欺诈风险	技术的进步使得保险欺诈事件增多，为防范保险欺诈风险，保险企业会投入大量资金，既浪费资源，也没有效率	区块链技术具有共识机制，区块链系统内的所有保险企业都享有相同的信息，当保险企业产生怀疑时，可通过密钥方式获得其他企业的信息，协助自身进行判断
保险代理费用	保险产业具有许多由第三方销售渠道导致的代理成本高的问题，为保证收益，保险企业必然会降低产品质量；一些第三方销售渠道为了销售会提供虚假信息，导致保险企业形象受损	在区块链系统内，保险企业和第三方销售渠道或其他保险企业之间可以直接对接，在标准协议下，可保证产品信息准确和价格稳定。同时，智能合约也能防止第三方销售渠道提供虚假信息
特殊保险风险	对于艺术品等特殊商品而言，保险企业需要对其进行合理评估，但是不同保险企业的评估能力和标准不同，因此误差较大，存在较高风险	区块链技术具有可追溯性特征，所有保险产品在产生时都具有独一无二的时间戳，可由此追溯到产品源头，有助于防止信息造假，提升保险评估的准确性

第三节 区块链在保险业中的应用优势

一、提升保险业务的安全性

（一）分布式数据存储增加了信息披露的透明度

区块链最重要的特征之一就是分布式数据存储，每个节点都保存着由接入区块链各节点的服务器上的加密数据组成的一套完整的区块链总账，各个节点均可以查看全部交易信息。同时，区块链上交易信息的修改、更新需要链上所有节点共同验证，并同步覆盖最新的数据。在传统保险模式下，道德风险与逆向选择导致信息不对称，使得保险欺诈或者不当得利现象时有发生，增加了交易风险，侵蚀了投保人的共同利益。区块链技术的分布式数据存储可以实现点对点交易、全网共证、同步监督，增加了销售、核保、核赔与结算等环节交易信息的透明度，提升效率、节省成本、降低风险。

（二）加密及不可篡改性增强了保险数据真实性

区块链技术应用密码学、时间戳等技术，使每个区块严格按照交易时间顺序推进，实现加密数据的不可逆性。

（三）区块链的共识机制能够使得任何试图修改区块链内数据的行为都很容易被追溯

在保险合同的签订、履行中，如果保险机构出现违背规则的经营行为，则会在区块中形成不可篡改的交易记录，这种信用记录无法更改，更无法抹去，是历史交易的真实反映。

二、保证投保方数据的可得性和连续性

（一）基于区块链的数字身份系统在数据可得性、数据连续性、减少欺诈、规避风险等方面具有优势

个人只要通过区块链数字身份对保险公司进行数据授权，保险公司就可以调用完整的身份信息，身份核查过程中也无须用户反复提供身份信息。这些身份记录通过哈希加密进行保护，以防止被肆意篡改，并且有助于在整个组织和适当的第三方之间安全共享信息。另外，如果客户身份通过区块链得到了保护，保险公司就可以有效地验证他们的资格，而无须通过多个数据来源进行验证，同时客户在购买或更新保单时，保险公司还减少了录入大量数据的工作。

（二）在区块链数字身份实现共享之后，原保险人和再保险人之间可以通过共享账本进行信息交互

双方的系统可以同时保存有关保费和损失的详细数据，从而避免了在每起赔案发生时双方繁杂的文书来往。再保险公司也无须等待原保险公司为每项索赔提供数据，因此可以实时处理索赔申请。当公司需要识别客户身份时，用户可以选择与保险公司共享部分或全部经过验证的数据。被保险人只需要验证一次，就可以简单地提供他们在区块链上经过验证的身份信息。

三、缓解保险业务存在的信息不对称现象

在我国，由于前期野蛮发展，许多保险公司在开展业务过程中存在一些不合规的现象，例如销售误导、保险条款不透明以及事故发生后赔偿难等，致使客户对保险公司存在一定的不信任情绪。另外，许多投保人也违背最大诚信原则，利用信息不对称骗保，这也降低了保险公司对客户的信任度。这种双向的不信任制约了我国保险业的发展。

信任是金融业的基础，最大诚信原则是保险的基本原则之一。区块链技术能

减少信息不对称的问题,解决保险行业中常见的保险产品销售误导、保险条款不透明、客户利用信息不对称进行骗保等问题。首先,区块链技术将保险相关数据在各个节点中分布式记账,链上各个节点都能掌握整个保险业务的相关数据,任何交易、改动都会向全链进行广播,因此保险合同中单个主体都难以单方面进行违规操作,例如重复交易、骗保等行为很容易被发现,这样就增加了交易的透明度,从而增强了信用。其次,保险公司可以与其他业务伙伴如银行、医疗机构建立联盟链,对客户数据进行有限度的共享,可以在保障数据隐私的前提下打破保险行业的"信息孤岛",通过大数据的交叉验证,减少信息不对称的问题。

四、提升保险业务的效率

(一)可扩展和可编程的智能合约使保险经营更智能化

保险业是经营风险的行业,按照标的物的风险程度,保险公司决定是否承保并匹配保险定价。一份保险合同的签订,需要投保人如实填报保险标的各方面的基础信息,保险公司再人工核对信息以作出是否承保的决定,如果不能及时发现风险并进行相应的处置,后期在核赔环节再进行风险倒查时,易引发承保前端纠纷。区块链技术是一种基础开源技术,可以实现各类应用场景的扩展,当新的机构加入区块链成为节点时并不会影响链上原节点正常运行。区块链可通过编写相关程序设置交易条件,一旦满足条件系统就会自动执行智能合约,无须人工干预。

(二)提高投保效率,促成保险签单

保险合同是一种高度标准化的合同,具体表现为保险合同的基本格式和基本条款由保险公司事先确定,投保人不参与合同的制定过程。即使投保人因为存在特殊保障需求在保险合同中加入了附加条款,合同的主体部分仍体现出标准化的特征。由于保险合同是一种标准化的合同,区块链技术可以提高保单签约效率,降低管理成本。保险公司将保单内容编译为代码,加密后形成一份智能合约连接在公司的区块链上。公司的某个节点完成核保工作后在系统中输入合约地址,智能合约会自动进行验证和处理,完成签约。签约完成后,签约节点向全链广播,其他区块对新签约保单验证后,将包含新保单信息的区块连接在公司的区块链上。整个过程中,保险公司工作人员只需要输入一次执行命令,其他工作全部由智能合约自动完成,无须核保人和投保人进行多次验证。

（三）实现高效理赔，增强理赔的可辩护性

理赔速度慢，赔款给付少一直是外界对保险公司不满的原因之一，这种不满很多时候源于投保人或被保险人对保单条款或理赔工作的不理解。保险公司无法提供充分易懂的证据表明其理赔工作的合规性，导致保险人与被保险人之间的沟通无效。利用区块链存储信息的优势在于区块链中的信息具有可追溯性。保险公司可以根据保险标的的唯一标识对保险标的的信息进行持续追踪和记录。例如，在农业保险中，保险公司可以用牲畜耳标对猪、牛等大型牲畜进行唯一标识，持续追踪其健康状况，并将追踪信息记录在区块链上。一旦保险标的受损，保险公司可以根据区块链上的信息对保险标的从投保到理赔全程的信息进行审核，以确定保险责任以及赔付额。特别是在寿险业务中，对被保险人全过程的信息追踪增强了保险公司的主动性，更易于确定保险公司的赔付责任。

第四节 区块链技术在保险业中的典型应用场景

随着区块链技术越来越成熟，其在保险业中的应用也在不断加速，出现了很多的"区块链+保险"场景。

一、区块链在不同保险中的应用场景

（一）区块链+健康险

健康保险是以人的健康为保险对象的保险，以确诊的疾病和合同中规定的医疗费用和护理服务费用为赔付条件。因此，健康险要基于被保险人的健康数据设计，从而实现产品的合理定价与高效服务。但是，被保险人的健康数据属于较为私密的数据，保险公司难以获得较为全面的数据。而且，基于快速理赔的考量，健康险需要获取用户实时的健康信息，这些数据往往分散于不同机构、平台，保险公司很难从分散的数据中整合被保险人的信息。智能可穿戴设备快速发展，可以更加快速有效地获取被保险人的各项生理健康数据，这给健康险的精细化厘定提供了基础，但是碎片化的信息也增加了数据分析的难度。

区块链技术可以帮助保险公司整合客户健康数据，从而开创健康险的新定价和承保模式。首先，区块链技术提升了被保险人健康数据获取频率。保险产品定价的基本准则是大数定律，即要通过大量、同质化的保险标的发生保险事故的概

率和损失程度来确定保费。区块链技术可以将大量的数据整合存储，帮助保险公司优化费率厘定。其次，区块链技术可以帮助保险公司获取大量数据。保险公司可以与医疗机构等业务关联公司建立联盟链，实现被保险人的医疗健康数据在行业内共享，从而实时了解被保险人的健康状况，进而有效规避被保险人的道德风险。

（二）区块链 + 农业保险

农业保险的难点在于保险标的数量繁多且状态实时变化。我国耕地面积广大，保险公司无法对广大的农地进行逐一勘察定损，只能进行抽样调查。而且小家禽饲养数量大，为滚动饲养，保险公司也很难确定养殖场户投保标的的具体数量。由于保险公司无法实时监测农作物和家禽的生长情况，容易出现不足额投保、道德风险等信息不对称的情况。

区块链技术可以帮助保险公司一定程度上缓解此类信息不对称问题。对于种植业保险，保险公司可以以农地确权登记信息为基础，借助智能手机的定位功能确定农作物的地理位置，农户可以实时上传农作物生长的照片，同时结合遥感技术辅助监测农作物生长情况，一旦出险可以及时给予农户赔付。对于养殖保险，保险公司可以以动物耳标或者图像识别技术确定唯一标识，同时将养殖场户的饲养相关数据上传区块链，实现对家畜全生命过程的监控，并且可以间接推算养殖场户的投保情况是否属实。区块链技术将帮助保险公司更准确地评估标的数量，避免出现信息不对称情况。

（三）区块链 + 再保险

再保险又称保险的保险，是原保险公司为降低自身风险将已承保的部分风险和责任向其他保险公司投保的行为。与原保险相比，再保险涉及更多相关保险人，协商过程更为复杂，各方利益难以协调。再保险公司难以直接接触保险标的，从而不能准确评估标的的风险。

2016 年 10 月，欧洲五大保险公司联合成立了欧洲区块链再保险研究组织联盟 B3i，通过研究区块链在再保险中的应用提高再保险信息的透明度，简化再保险处理流程。2018 年 3 月，中再集团联合众安科技公司成立了我国首个区块链再保险实验室，开启了我国再保险上链研究历程。《再保险区块链（RIC）白皮书》指出，再保险区块链分为核心数据链和交易数据链，建立再保险联盟链能够实现再保险交易主体、平台运营主体和监管主体等参与方全体上链，对再保险合同实现全过程监管，提高信息透明度，降低再保险协调成本。

（四）区块链在其他领域的应用

除了在上述业务场景中应用区块链技术，保险公司还可以通过建立私有链，实现内部数据优化，提升业务效率。以保险公司资产管理为例，保险公司可以通过区块链技术设置智能合约，设置适当的交易规则，实现对资产的自动化处置。区块链技术在保单存储与管理、人员管理与绩效考评方面也将发挥其独特优势。

二、区块链在保险业务不同环节中的应用场景

在保险产品的设计、销售、理赔、运营等不同环节，区块链也有一定的应用场景。

（一）在设计环节，区块链可以促进精准化

应用区块链技术可以帮助保险公司提升产品质量、拓展服务链条。首先，区块链技术可以将用户的交易记录、行为习惯等零散信息实现分布式存储，保险公司在此基础上使用数据挖掘技术深度挖掘数据价值，为用户风险偏好与保险需求进行精确画像，为其量身定制保险产品，夯实风险评估的数据基础，增加产品开发的精准性。其次，区块链基于非对称加密算法设计，链上的数据对链内用户有限开放，通过恰当的权限设置可以做到行业之间数据合规共享，由此帮助保险企业拓展服务内容，为客户提供更多增值服务，拓展保险产业的深度和广度。

（二）在销售环节，区块链可以减少道德风险与逆向选择

一方面，被保险人利用自身信息优势进行不当风险转嫁，如单个保险标的多公司超价值投保；另一方面，投保人的欺诈行为会对保险公司造成巨大损失。

保险公司借助区块链技术，可以利用区块链数据全网共证、难以单方篡改的信息特征，实现与投保人信息对称透明，了解投保人真实的风险状况。同时，区块链存储的用户数据能够通过客户的公共密钥让第三方获得，保险公司可以根据完善的行为记录及时发现理赔过程中一票多报、虚报虚抵的不当得利行为。

（三）在理赔环节，区块链能够提高保险公司的理赔效率

首先，可以将电子发票应用于区块链技术，使其作为理赔凭证，既保证了真实性又避免了人工审核，简化了理赔流程，降低了成本。其次，区块链的智能合约技术可以实现保单自动化理赔，一旦满足理赔条件，便自动触发赔款流程，快速给付保险金，减轻了客户因漫长等待导致的资金流动性压力。

(四)在运营环节,区块链有助于提效降本

运用区块链技术的共识机制、智能合约等提高工作效率,客户自主投保,系统自动审核,理赔在智能合约下自动发生,赔偿标的价值可以有效锁定,并可以实现保险机构代位求偿权的追索路径。另外,区块链去中心化的特性还有助于保险"脱媒",以帮助保险行业省略诸多非必要的中间环节,不仅能降低保险代理人等人力成本的比重,也能降低甚至消除保险中介成本,降低保险产品销售及运营成本。

第五节 保险行业区块链应用案例

一、阳光保险推出区块链积分"阳光贝"

阳光保险是将区块链技术应用于保险行业的领头羊。在国内刚刚起步的区块链应用中,发展比较早且具有一定代表性的就是阳光保险公司推出的区块链应用——"阳光贝"积分。"阳光贝"以打造中国最先进的区块链应用平台为目标,以为客户提供更便利的保险服务体验为愿景。

(一)阳光保险公司简介

阳光保险公司是保险业的佼佼者,作为中国500强企业之一,是由中国南方航空集团有限公司、中国外运长航集团有限公司、中国石油化工集团有限公司、广东电力发展股份有限公司、中国铝业股份有限公司等大型企业在2005年发起组建的,注册资金高达65.6亿元人民币[1]。早在2016年,阳光财产保险股份有限公司营业收入就达到264.7亿元,其中保费收入为247.9亿元[2];阳光人寿保险股份有限公司营业收入达569亿元,其中保费收入为439.9亿元[3]。由此可见,阳光保险公司有着雄厚的资金实力和庞大的发展规模。

(二)"阳光贝"积分的诞生

面对区块链新技术的出现,公司2015年成立了区块链研究有关部门,充分利用新技术打造新型积分形式来满足客户需要。就在国内金融业还在对区块链进行

---

[1] 数据来源:阳光财产保险股份有限公司官网,https://www.4000-000-000.com/#/disclosure.
[2] 阳光财产保险股份有限公司. 阳光财产保险股份有限公司2016年年度信息披露报告[R/OL].(2017-04-28). https://carliferesourses.sinosig.com/CarlifePro/cxwebInformatioDisclosure/1704281004472880.pdf.
[3] 阳光人寿保险股份有限公司. 阳光人寿保险股份有限公司2016年年度信息披露报告[R/OL].(2017-04-28) https://static.sinosig.com/c/lifeProduct/1689841942501095929.pdf.

初步的理论研究的时候，阳光保险公司就于2016年3月8日推出了"阳光贝"积分。作为保险业第一款区块链产品，它是以区块链为底层架构的新型积分模式。用户可以将自己的积分通过区块链以"发红包"的形式转赠他人、与其他公司发行的区块链积分互换。阳光保险也因此成为国内第一家区块链技术应用落地的金融企业，在对区块链战略的理解和落地上，为后来者提供了宝贵的经验。

（三）"阳光贝"积分体系平台架构

如图9-1所示，"阳光贝"积分体系基于布比区块链研发，比邻共赢公司和其他链上企业共同组成了一条联盟链。布比区块链由布比公司开发，该链目前已经有21个节点在运行，区块链的代码不对外开源。

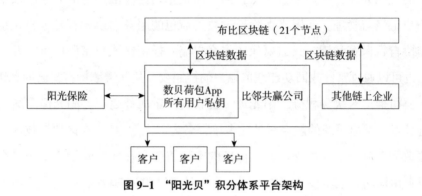

图9-1 "阳光贝"积分体系平台架构

数贝荷包是比邻共赢公司的一个积分管理产品，作为中间层，它代替客户与区块链进行数据交互。数贝荷包经阳光保险授权，通过微信等方式收集客户信息，并向客户发放积分，同时将积分数据写在区块链上，每个客户对应一个区块链上的地址。阳光保险通过接入数贝荷包，实现在区块链上进行积分资产的发放和客户的管理；客户通过数贝荷包接入布比区块链，在数贝荷包中可以进行积分赠送、兑换现金、兑换其他链上企业的积分等管理操作。

（四）"阳光贝"积分应用架构分析

区块链积分和传统的积分有何区别呢？传统的积分固定存在于一张会员卡中，只能一人使用，不能转赠他人，更不能折现，只能买指定店内的指定商品，这就造成了很多积分的浪费和不便。而区块链积分，也就是"阳光贝"，它是可以在亲朋好友之间互相转让，也可以在阳光商城兑换任何商品的积分，只需要在支付的页面选择用"阳光贝"积分支付即可，用这样的积分购物非常方便快捷，更重要的是省钱，不会造成资源的浪费。除了在阳光商城内部可以互相转赠外，也可以将"阳光贝"积分与其他公司发行的区块链应用积分互换。

（1）用户体验好。由于区块链自身的特性，链上的所有交易都要等待其他用户确认，所需时间很长。如果客户直接接入区块链的话，每个用户的交易都会需要较长时间确认，时效性很差。阳光保险通过数贝荷包采用中间服务器统一管理客户的私钥，用户不需要面对区块链上的大量交易，只需要对服务器发出交易指令，服务器代替客户向区块链发送相关命令来管理自己的积分，加快了交易速度，提升了用户体验。

（2）用户资产安全性高。区块链的运行基于非对称加密技术，私钥是用户数字资产的唯一凭证，一旦丢失无法找回。而且私钥为算法产生的一大串数字，不便于用户记忆与管理。而阳光保险通过数贝荷包的服务器统一管理客户私钥，用户不需要自行保管私钥，只需要像传统客户端一样记忆账户密码即可，万一忘记密码，也可以通过密码找回功能获取账户的控制权，从而继续持有自己的私钥。

在公司推出区块链积分"阳光贝"且收到一定成效之后，阳光保险继续探索区块链技术，推出了新的航空意外险卡单，名为"飞常惠"。在区块链技术安全且不可篡改的基础上，这款 200 万元保额的卡单将没有任何中间渠道费用，客户之间可以自由流转，成本仅 3 元钱。同一保单最多可购买 20 次，购买之后不仅可以自己使用，还可以转赠他人，这也为阳光保险吸引了更多客户。

二、微信智慧医院 3.0——区块链医疗保险

2018 年 4 月 28 日，国务院新闻办发布了《国务院办公厅关于促进"互联网 + 医疗健康"发展的意见》，提出了促进互联网与医疗健康产业深度融合发展的一系列政策措施，鼓励"互联网 + 医疗健康"产业的发展。在此背景下，大量区块链与医疗相结合的项目得到了国家政策的扶持。其中与医疗保险相结合的区块链应用中，比较有代表性的为腾讯公司发布的"微信智慧医院"。

（一）微信简介

微信是腾讯公司于 2011 年推出的一个为智能终端提供即时通信服务的社交软件。《2018 微信数据报告》中提到，截至 2018 年 9 月，微信月活跃用户达到 10.82 亿人次，公众号注册总量超过 2 000 万个，由微信驱动的信息消费总额达 2 097 亿元人民币，微信因庞大的用户群和流量得到了医疗保险行业的青睐。

（二）微信智慧医院 3.0 诞生

2018 年 4 月，腾讯正式发布了微信智慧医院 3.0。微信智慧医院 3.0 涵盖了 1.0 和 2.0 的所有能力，同时增加了 AI（人工智能）导诊、处方流转、保险支付、药品配送等一系列看病所需的功能。所有数据以及知情方（接触病人资料的人员）全部被纳入区块链进行保存，从而实现实时链上监管。通过区块链和人工智能技术，保障病人隐私，提升药方透明度，完善医疗保险服务，打通就医全流程，真正意义上实现了智慧医院管理，如图 9-2 所示。

图 9-2 智慧医院发展

（三）微信智慧医院 3.0 平台架构

一直以来，医疗数据安全和患者隐私保障是医疗行业的核心问题。微信智慧医院 3.0 能够全面保障实名安全、风控安全、支付安全以及交易安全，微信智慧医院 3.0 平台架构如图 9-3 所示。

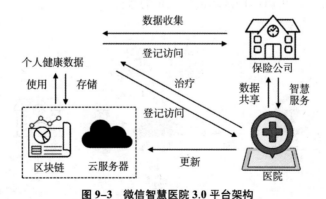

图 9-3 微信智慧医院 3.0 平台架构

（1）在实名安全方面，微信智慧医院 3.0 将个人信息加入区块链中，诸如患者实名认证、医生电子照认证以及保险公司入保验证，实现医疗环节的实名制。

（2）在风控安全方面，微信智慧医院 3.0 基于区块链技术，为政府监管、医院开药方、保险公司理赔创建了交流平台，在保障数据、隐私安全的同时，实现链上数据防篡改。另外，共享机制使得链上各个节点共享利用，多方存证，实现信息可追溯，保证链接上的安全度。在微信智慧医院体系，医院在诊疗环节后，处方开始流动。信息可随时追溯，确保了医疗的安全，降低了保险的风险。

（3）在支付安全方面，微信智慧医院 3.0 通过采用区块链技术，利用非对称加密技术和共识机制，设计了一个完整的、分布式的、不可篡改的账本数据库，可以保证资金的流转和信息安全。此外，微信智慧医院 3.0 底层系统具有开源、透明的特点，设计架构灵活，保证了金融信息在安全可靠的前提下实现高效、低成本流动，确保保险行业信息与价值的有效共享。

（4）在交易安全方面，智能合约的利用为数据的保护提供了依据。当医院、保险公司确定使用智能合约后，其保险资金就按照合约条款进行配置，纳保人缴纳保金，同时这笔保金只有在合约到期时才可以被使用。在合同生效时，保险公司或医院都不能控制或盗用保险以确保交易的安全性。此外，区块链上记录的合同具有时间的独特性和区块链审查的必要性。资产可以通过分布式存储和传输加密来控制，以提高医疗保险交易的效率。

（四）区块链在医疗保险领域的应用架构分析

区块链在医疗保险领域中，有患者、医院、保险公司和服务器四方，所有相关数据都记录在区块链上，保存在服务器里，如图 9-4 所示。由于区块链的不可篡改性，所有用户都可以信任区块链中记录的数据。

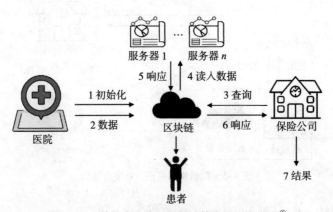

图 9-4　区块链在医疗保险领域的应用架构分析[①]

---

① 韩雪.我国区块链医疗保险发展研究——以"微信智慧医院 3.0"为例 [D]. 沈阳：辽宁大学，2019.

具体步骤如下。

（1）医院发送一个初始化设置到区块链网络。

（2）医院将记录事务发送到区块链网络，其中，患者可以验证医院对其支出记录的计算是否正确。

（3）保险公司发送一个查询事务来查询一些结果。

（4）服务器从区块链读取查询事务和相关记录事务。

（5）本地计算完成后，服务器生成响应，然后将响应事务发送到区块链网络。

（6）保险公司收集被保险人的交易信息，获得正确的交易信息。

（7）保险公司回复正确响应。

以上步骤实现了提升就医效率、加强患者数据保护、改善现有管理模式、降低管理成本、个性化服务等目标。

三、安华农险推出"商业性区块链肉鸭养殖险"

（一）安华农险简介

安华农业保险股份有限公司（以下简称"安华农险"）于2004年12月30日正式在长春成立，成为东北地区第一家、全国第二家商业化运作、综合性经营的专业农业保险公司，这也是目前我国唯一一家综合性经营、专业化管理的全国性农业保险公司。

安华农险经过20年的创新式发展，在稳定粮食生产、保障粮食安全等方面发挥了重要的作用，给部分农民带去了福音，但目前仍存在经营成本高、道德风险严重、农民满意度不高等问题，制约着公司业务的拓展，就现阶段而言，比较典型的便是家禽业保险。

（二）商业性区块链肉鸭养殖险

一直以来，肉鸭个体小、死亡率高、生物体相似度高，各公司都对开展肉鸭养殖保险持谨慎态度。从保险角度讲，肉鸭为滚动养殖，而标的则要按年承保，承保标的数量难以精准量化，且肉鸭缺少耳标等识别信息，农户有不足额投保的动机。此外，查勘员频繁出入养殖场也增加了疫病传播风险。

针对肉鸭养殖行业中存在的农户投保难，保险公司核保难、勘损难的困境，安华农险创新性地将区块链技术应用到农业保险业务中，通过区块链技术分布式记账的方式来记录和存储养殖户和上游订单企业的进雏、饲料、防疫、回购等交易信息，利用区块链记录交易信息的真实性和难以篡改的特性来避免肉鸭养殖过程中养殖户向保险公司不足额投保、谎报数据、欺诈骗保等行为的发生。这是继生猪价格指数保险后，安华农险在探索破解养殖难问题上的又一阶段性成果[①]。

（三）"区块链+保险"模式分析

1. 保险公司核实肉鸭养殖保险户投保资格

为了确保区块链肉鸭养殖保险模式的有效应用，保险公司需要在接到投保需求后对投保人进行核保工作，确保投保人符合以下条件。

（1）投保人必须是"公司+养殖户"的订单养殖模式。

（2）上游订单企业的经营管理方式必须是"产、供、销一体化"，按照"统一进雏、统一用药、统一防疫、统一用料、统一销售"的方式对接养殖户。

（3）区块链肉鸭养殖保险的参与主体，即养殖户和上游订单企业需要与保险公司签订协议，保证在区块链系统中记录的数据的真实性。

2. 保险各参与方进行区块链系统日常数据维护

安华农险开发的基于区块链技术的区块链肉鸭养殖保险业务系统，需要参与该商业性养殖保险的保险公司、养殖户、养殖户的上游订单企业各自在该系统上传相关养殖数据：上游订单企业应当首先上传养殖户的进雏数量至区块链系统，保险公司以该数量作为养殖户的投保数量；在肉鸭养殖期间，养殖户需每天上传肉鸭死亡数量、饲料用量、免疫接种数量等数据至区块链系统；肉鸭达到出栏标准后，上游订单企业回购养殖户饲养的肉鸭，同时记录肉鸭回购屠宰数量并上传至区块链系统。至此区块链系统中各方上传的数据可以形成完整的数据闭环。

3. 保险公司在保单到期后履行赔偿保险金的义务

在完成上述养殖过程后，保险公司对区块链系统中各方上传的数据进行处理，通过多方数据计算、比对、验证，获得肉鸭养殖每日实际死亡数量，并以此数据处理结果作为赔偿依据。在保险公司核定应赔责任后，须在10日之内通过区块链智能合约技术进行赔付，可以避免保险公司惜赔、拖赔或者拒赔的违规行为，保障投保人的合法权益。

（四）应用分析

（1）肉鸭养殖保险运用了区块链技术以后，打造了从雏鸭生产、饲养到成鸭

---

① 孟德才. "区块链"破题家禽保险 [J]. 农业知识, 2018, 1633 (33): 10-12.

屠宰的全流程数据闭环，直击养殖险出险时数据失真的行业痛点，为肉鸭保险精准理赔提供了数据支撑，也为小型家禽牲畜的保险产品开发提供了可资借鉴的新模式。显然，区块链技术的运用是打通安华农险肉鸭养殖保险的关键一环，这也为其他家禽保险产品的开发奠定了基础。

（2）通过充分发挥保险的作用，保险公司既承担了农业生产经营的风险，也分散了农担公司、银行信贷的风险，形成了"保险＋农担＋银行＋企业"的普惠金融服务新模式。通过这一模式服务农业产业客户，为新型农业经营主体发展中面临的融资难、融资贵难题提供了良好的解决方案。银行、保险、政策担保与核心企业紧密合作，不仅破解了肉鸭养殖保险的难题，为上游养殖户化解了风险，而且增强了金融机构投向该领域的信心。俗话说"家有万贯，带毛的不算"，通过保险其变成可以评估的资产，丰富了抵押担保措施，对产业链融资起到了良好的示范作用。

第六节　区块链技术在保险业应用中的挑战与建议

一、区块链技术在保险业中应用面临的挑战

（一）交易信息透明化，隐私安全难以保证

数据的隐私安全是区块链技术在保险业中应用的首要前提。区块链技术虽然已经经过多年发展，但仍属于新的技术，其安全性并没有得到充分的验证。首先，区块链技术通过全网广播交易信息，实现分布式记账，从而保证数据不被篡改。但全网广播的方式也增加了信息泄密的可能性。金融业务重视隐私保护，在现行共识机制下，部分敏感信息透明可见，缺乏隐私性。[1] 其次，随着网络信息安全受到越来越多的关注，区块链技术也必须通过在保险领域应用信息安全这一道考验。从目前来看，区块链的应用保障信息，以及在交易与传播过程中的安全性仍需等待更多时间和更多实践的检验。区块链技术本质上是一种去中心化的数据存储技术，主要运用于数据的存储和传输，而5G、智能手机及物联网的快速发展使公众对数据隐私的需求越来越高，这给信息安全带来挑战。此外，需要解决区块链应用的风险问题，例如技术创新本身带来的业务风险，以及如何在保证数据安全的前提下实现数据共享。

---

[1] 柏思萍. 区块链技术推动保险业创新路径研究[J]. 中国集体经济，2021（15）：148-150.

（二）相关法律法规不完善，蕴含潜在风险

保险业应用区块链的相关法律法规并不完善，主要表现为：区块链是新生事物，而我国金融监管的主旋律是金融审慎，对区块链在金融领域的态度可能更注重监管。因此专门为区块链保险出台的相关法律法规很少；法律法规有滞后性，如果没有制定新的法律法规，在运用过程中仍旧会采用已有法律法规，而区块链技术处于快速发展中，一些旧的法律法规可能无法考虑到区块链技术在保险业中应用的新场景，存在一些滞后性。因而要加快制定相关法律法规，从顶层制度积极引导区块链在保险业中的应用。

（三）缺乏行业标准，难以进行有效监督

区块链保险的应用也给保险监管带来挑战，区块链保险下的监管将出现三个转变：由原来的制度监管转变为技术监管，从政府监管转变为行业自律，从公司合规监管转变为社会监督监管。

保险行业在应用区块链技术时需要注意顶层设计问题。目前，该行业在区块链技术应用方面的法律法规尚未成熟，金融监管部门虽然一直关注区块链在保险领域的应用，但仍未制定相应政策。如果缺少行业标准，各保险公司可能会为了规避风险而减少新技术的应用。例如，中国互联网保险在发展初期并未有明确的规定，结果出现了一些混乱的情况。此外，政策滞后性给区块链技术带来了很大的不确定性，从而严重影响区块链技术在推动保险创新方面的进度。

区块链技术不仅给保险监管带来全新的方法和工具，也将改变监管环境，带来新挑战。由于得不到有效监督，上链前数据的真实性和完整性无法保证，在将区块链技术用于各类资产溯源时，难以真正形成闭环以降低风险、减少投机，反而可能会因信息失真或扭曲而造成潜在损失。此外，监管过程中会出现主体不明确、法律监管不明确的情况，造成利益受损方无法维权，以区块链为底层技术的保险业务的跨界也将给监管带来挑战。

（四）技术不成熟，规模化发展存在困难

区块链技术在可伸缩性、安全性、标准化方面都存在局限性，主要表现在以下几个方面。

（1）区块链技术的交易速度还比较慢，难以处理复杂执行逻辑的应用场景，容量和效率尚不能满足大规模运用的要求。关于区块链保险实际应用中的交易速率、存储空间等问题也是各保险企业比较担心的问题。如我国保险市场上已经推

出的区块链航空意外保险卡单等,这类保险金额小,但是交易频率很高,而区块链技术需要广播交易形成共识,速度较慢,高频交易也会形成庞大的交易数据。如果区块链技术不能解决此类问题,就会限制相关保险产品的研发。

(2)区块链过度依赖密钥安全,丢失风险难以补救。密钥安全是区块链可信的基石,窃取或删除私钥等会危害相关资产或数据所有者的权益。同时,私钥的唯一性使得其丢失、被窃等情况难以补救。高度安全的私钥科技金融体系,也伴随着一旦丢失永远消失的风险。此外,用于隐私保护的密码学新技术尚不成熟,如组合环签名、零知识证明、同态加密等容易形成数据膨胀、性能低下等问题,与实际应用还有一段距离。

(3)智能合约存在不确定性。区块链保险应用主要在于智能合约上的突破,但区块链智能合约存在不确定性,图灵完备的智能合约过于灵活,一旦有漏洞被利用,将会造成不可挽回的损失。同时,区块链防篡改特性将对业务逻辑修正、合约升级形成一定的障碍。

(五)专业人才匮乏,技术研发推广受限

目前,很多从事保险业的区块链人才仅仅具备专业的技术背景,不具备有关专业知识与工作经验,对保险行业具体环节的区块链技术运用研发方面有着很大的知识空白。

区块链技术作为一种全新的技术,处于产品研发初始阶段,保险公司因为人才储备以及技术累积匮乏,在构建技术研发部门与开发测试平台等方面均要投入很多的资金。而且产品研发中,保险公司要承担沉没与机会成本。因为产品研发时间长,同时科技发展持续变化,保险公司在将来收益不明确的条件下,所需投入的资金较多;在产品推广运营时期,要利用很多宣传方法与手段获得用户的信任,积极引导用户接受新的产品,而由此产生的费用也是技术推广的成本。

二、区块链技术在保险业中应用的建议措施

(一)完善法规及监管等外部环境,奠定应用和发展基础

我国保险业在区块链技术应用上需要高度关注顶层设计问题,一方面,要将区块链作为一种核心和底层技术,纳入我国保险业信息技术发展的总体规划,应尽快制定比较清晰、明确的行业标准,为区块链技术的应用和发展奠定基础。针对区块链技术给保险监管带来的新挑战,需要完善监管体系,提高监管水平。另

一方面，要为区块链保险的发展营造环境、留出空间、提供支持。保险行业需加大资金支持以继续突破区块链底层技术，包括合约引擎、合约语言、共识算法、账本结构、隐私协议、计算模型等，解决区块链扩展、安全、中心化等问题。

（二）加强产品和服务创新，深化区块链技术与保险业务融合

保险机构应密切关注区块链技术在金融领域的研究与创新的最新动向，深化区块链技术与保险的融合，从客户角度出发开发更多适宜的应用场景，更好地为保险业务服务，推动产品创新和服务创新。如智能合约有着一致性与共识性等特征，保险公司把理赔条件录入智能合约系统，客户要办理理赔相关的服务，仅需要与提前设置的共识原则相符即可进行自动理赔，在某种程度上简化了理赔程序，减轻了人员工作量，提升了理赔效率。

同时，基于区块链技术，推动行业相互间的技术融合，提高用户体验感。根据用户实际需求，全面整合行业内部各大公司数据信息与技术平台，准确评估区块链技术在保险行业各大环节中比较适宜的运用场景，推动有关技术在保险行业中共同建设与共同分享。

（三）加强保险行业合作，通过区块链实现反欺诈

保险行业发展的一大阻碍就是理赔欺诈，因为保险服务过程中牵涉很多数据信息，公司无法完全核验数据信息真实性，也无法彻底避免理赔欺诈的现象。由于区块链可为保险人和被保险人保留可用于理赔的永久性记录，反欺诈成为区块链的应用方向之一。区块链技术可以改善公司数据库相互间的整合力，把理赔信息存储在分布式账本内，有效限制违规理赔空间，有利于重新构建保险行业信用体系，避免理赔欺诈现象发生。

区块链技术的引入需要保险公司之间的大力合作方能实现。保险公司构建理赔反欺诈联盟，合理运用区块链技术一同合作对抗保险理赔欺诈行为。公司需要公开理赔信息，把理赔证据、资金流向传输到区块链上的公证处与电子证据中心等机构，达到理赔整个过程透明化。而将索赔信息记录存储到分布式共享总账上，有助于加强各保险公司合作，识别出整个保险体系中可疑的欺诈行为。一旦出现理赔欺诈现象，司法机关可以立即调取证据。

（四）加强人才和技术储备，加深行业间的技术相融

保险公司应加强人才和技术储备，拟定有关人才吸引举措。要采取各种方法培养技术人才，在公司内部选择条件较好且各方面素质高的人员展开培养，加强

内部技术支撑能力。还要通过和高校合作，培养相关优秀人才。除此以外，保险公司需要强化外部技术合作，关注区块链技术动向，强化与国际、国内组织机构的沟通，主动参加且助推区块链技术在保险行业中的研发运用。

【本章小结】

1. 未来保险业在数字化转型背景下有以下发展趋势：①扩展机器学习及人工智能应用，推动数字化转型加速；②打造数据驱动型个性化客户体验；③企业云转型风险防范力度加大；④数据隐私与监管不断完善。这些趋势为区块链在保险领域发展提供了良好的环境。

2. 目前我国保险业应用区块链技术主要分为智能合约、再保险和共同保险、可追溯技术、联盟链四类。国外保险业应用区块链技术主要有创新产品与服务、防保险欺诈以及减少运营成本等方面。

3. 保险业数字化转型过程中面临业务、技术、监管和信息安全等多方面挑战。区块链技术具有去中心化、可开展智能合约、数据不可篡改性与可追溯性、可实现非对称加密的特点。这些特点与保险有着天然的契合性，能解决保险产业痛点，提高保险业务安全性、可得性和连续性。

4. 区块链在不同保险中的典型应用场景有"区块链＋健康险""区块链＋农业保险""区块链＋再保险"，同时在其他领域也有一些应用。

5. 区块链在保险的产品设计环节可以促进精准化，在销售环节可以减少道德风险与逆向选择，在理赔环节能够提升理赔效率，在运营环节可以提效降本。

6. 区块链技术在保险业应用中存在隐私安全难以保证、相关法律法规不完善、缺乏行业标准、技术不成熟和专业人才匮乏等问题，需要国家及行业相关人员完善法规及监管等外部环境，加强产品和服务创新，加强保险行业合作。

【复习思考题】

1. 比较区块链技术在国内外应用的异同点。
2. 简述区块链与保险在哪些方面具有天然的契合性。
3. 简述区块链技术应用于保险业有哪些无可比拟的优势。
4. 比较区块链在不同保险中的应用场景。
5. 简述区块链技术在保险业应用中的挑战与建议。

第十章 区块链与金融监管

【学习目标】

1. 了解金融监管的定义,明确金融监管原则及金融监管失灵问题。
2. 熟悉监管科技的定义,以及区块链在监管科技领域的应用。
3. 熟悉国际上主要的金融监管模式。
4. 掌握区块链技术给金融监管带来的挑战和困境。
5. 掌握区块链金融监管的新思路。

【能力目标】

1. 了解金融监管理论发展,培养学生自主拓展学习能力。
2. 熟悉区块链给金融监管带来的挑战和困境,培养学生分析问题能力。
3. 掌握区块链金融监管的新思路,运用发散思维培养学生创新能力。

【思维导图】

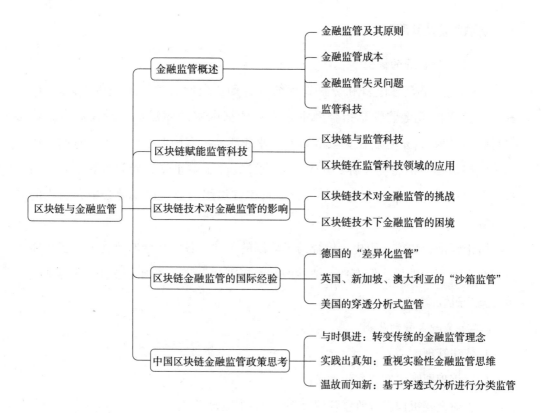

【导入案例】

金融发展遵循"创新—监管—创新"的历史轨迹，区块链作为一种制度性技术，创新了合约和组织的形式，并能在数字化治理基础设施方面发挥作用，但区块链在实现更加便捷的价值交换与流转的同时也易产生风险，因此，区块链也成为金融监管层亟须加强监管能力与治理能力的新领域。要想充分利用区块链技术驱动金融高质量发展，就需要建立有效的金融监管体制作为保障。

本章主要介绍了金融监管的定义与面临的问题、区块链在监管科技领域的应用、区块链技术的应用给金融监管带来的挑战、区块链金融监管的国际经验以及对我国金融监管政策的思考，旨在探索我国区块链金融监管的新思路。

第一节　金融监管概述

一、金融监管及其原则

（一）金融监管的概念

金融监管是金融监督和金融管理的复合词。金融监管有狭义和广义之分，其中：狭义的金融监管是指金融主管当局依据国家法律法规的授权对金融业（包括金融机构以及它们在金融市场上的业务活动）实施监督、约束、管制，使其依法稳健运行的行为总称；广义的金融监管除金融主管当局的监管之外，还包括金融机构的内部控制与稽核、行业自律性组织的监督以及社会中介组织的监督等。

由于经济、法律、历史、传统乃至体制的不同，各国在金融监管的诸多具体方面存在着不少差异，但有些一般性的基本原则却贯穿于各国金融监管的各个环节与整个过程。

（二）金融监管的原则

1. 依法管理

依法管理原则包括三方面含义。

（1）对金融机构进行监督管理，必须有法律法规为据。

（2）金融机构对法律法规所规定的监管要求必须接受，不能有例外。

（3）金融监管当局实施监管必须依法行事，只有依法才能保持监管的权威性、严肃性、强制性和一贯性，才能保证监管的有效性。

2. 合理适度竞争

竞争是市场经济条件下的一条基本规律，金融监管当局的监管重心应放在培育、创造、保护、维持一个公平、高效、适度、有序的竞争环境上。

3. 自我约束和外部强制管理相结合

外部强制管理即使足够缜密严格，其作用也是相对有限的。如果管理对象不配合、不愿自我约束，而是千方百计设法逃避、应付、对抗，那么外部强制监管难以收到预期效果。反之如果将全部希望寄托在金融机构本身自觉自愿的自我约束上，则不可能有效地避免种种不负责任的冒险经营行为与道德风险的发生。

4. 安全稳定与经济效率相结合

金融机构安全稳定地经营业务历来都是金融监管的中心目的。除此之外，金融监管还应该注意如何顺应市场环境的变化，对过时的监管内容、方式、手段等及时进行调整。20世纪90年代以来，金融自由化浪潮一浪高过一浪，金融衍生工具风险、金融业间的收购兼并风潮、风险的国际扩散等，已经成为金融监管当局高度关注的问题。监管力度的松紧搭配，管理更需审慎、强化等，已经上升为基本原则的一个重要延伸部分。2008年美国次贷危机后，世界各国都在加快推动金融监管体系变革，其中一个重要的方向就是调整金融监管的理念，由原来的主要关注金融市场风险转向更关注风险处置和金融消费者权益保护。同时，伴随着以"破坏式创新"为特征的金融科技的快速发展，与之相匹配的传统金融监管方式和方法明显落后于现实要求。依托大数据、云计算、区块链和AI等新技术的创新性监管方法被各方所关注，"监管科技""沙箱监管"和"智能监管"等成为今后发展的重要方向和可选方案。

二、金融监管成本

金融监管必然付出成本，没有成本的金融监管是不可想象的。假如成本过大，大到金融监管难以实施的程度，则金融监管不能成立。关于必须实施金融监管的观点的实际内涵，即金融监管所能带来的社会效益必然大于监管的社会成本。但由于主要是定性分析，所以在比较时就会有较大的分歧意见。一种极端是只强调监管，而忽视成本；另一种极端则是高估成本以致否定监管。大多数具体措施都不是孤立的。只要放在较大的背景上，成本与效益的比较就不是简单的算题。无论如何，必须肯定的一点是，金融监管问题与其他许多经济问题一样，成本与效益的关系是必然存在的。因而，判断的基本根据不是抽象的道理，而是利弊的权衡。

对于金融监管成本，大致分为显性成本和隐性成本两个部分。显性成本主要表现为监管的直接成本，如金融监管当局的行政预算支出。隐性成本则主要表现为间接成本，如过度监管导致的效率损失和道德风险等。一般来说，金融监管越严格，其成本也就越高。

具体来说，金融监管的成本主要表现为以下几点。

（一）执法成本

执法成本是指金融监管当局在具体实施监管的过程中产生的成本，它表现为监管机关的行政预算，也就是以上提到的显性成本或直接成本，执法成本的一部分由被监管的金融机构承担，其余部分由政府预算来补充。由于金融监管当局关注的是监管目标的实现，而较少考虑降低监管成本，从而有可能造成监管成本过高的现象。

（二）守法成本

守法成本是指金融机构为了满足监管要求而额外承担的成本损失，通常属隐性成本。它主要表现为金融机构在遵守监管规定时造成的效率损失。如为了满足法定准备金要求而降低了资金的使用效率；由于监管对金融创新的抑制，从而限制了新产品的开发和服务水平的提高等。金融科技背景下，严格监管不可避免地要求金融科技企业提供更多的"风险数据"，通过监管数据分析，识别金融科技主体的风险行为和风险暴露，以确定监管时机。但是，对金融科技主体更多的数据报告要求，很大程度上增加了金融科技主体的守法成本，抑制了金融科技创新。

（三）道德风险

金融监管可能产生的道德风险大致可以包括三个方面。

（1）由于投资者相信金融监管当局会保证金融机构的安全和稳定，会保护投资者利益，就易于忽视对金融机构的监督、评价和选择，而只考虑如何得到较高的收益。这会导致经营不良的金融机构照样可以通过提供高收益等做法而获得投资者的青睐。无疑，这会增加整个金融体系的风险。

（2）保护存款人利益的监管目标，使得存款人通过挤兑的方式向金融机构经营者施加压力的渠道不再畅通。金融机构可以通过提供高利率吸收存款，并从事风险较大的投资活动，这也会人为地提高金融体系的风险。

（3）由于金融机构在受监管中承担一定的成本损失，因而其会通过选择高风险、高收益资产的方式来弥补损失。这显然和监管的初衷相悖，并会造成低风险金融机构补贴高风险金融机构的不良后果，导致金融机构间的不公平竞争。此外，监管过度还会导致保护无效率金融机构的后果，从而造成整个社会的福利损失。这些无法具体量化的成本成为金融监管隐性（间接）成本的重要组成部分。

三、金融监管失灵问题

詹姆斯·布坎南（James Buchanan）等提出并发展的公共选择理论认为，虽然政府管制可以在一定程度上弥补市场缺陷，但政府同样也会面临失灵问题，即政府管制并不必然能够实现资源的有效配置，以监管失灵来否定金融监管的必要性，至少从实践来看是不成立的。但在推进金融监管时，不把"失灵"问题置于考虑、权衡之中也是不利于监管的。

（一）监管者的经济人特性

从理论上讲，金融监管机关作为一个整体，是社会公众利益的代表者，能够在某种程度上超越具体的个人利益。但具体到单个的监管人员来说，由于他们也是经济人，也具有实现个人利益最大化的动机，一旦掌握垄断性的强制权力，很容易被某些特殊利益集团俘获，并成为他们的代言人。作为交换，监管者可以获得相当丰厚的回报，如监管者离任后可以在被监管部门获得待遇优厚的工作等。

（二）监管行为的非理想化

监管行为的非理想化主要表现为，尽管监管者主观上想尽力通过监管最大限度地弥补市场缺陷，但由于受到各种客观因素的制约，最终却不一定能够实现其良好的愿望，亦即监管行为不能实现理想化的目标。制约监管效果的客观因素如下。

（1）监管者对客观规律的认识具有局限性。

（2）监管者面临信息不完备问题，如被监管者为了自身的利益故意隐瞒实情，甚至向监管者传递虚假的信息。在这种情况下，即使监管者对客观规律具有完全的认识，也不可能作出正确的决策。

（3）金融监管的"信息孤岛"问题。金融分业催生的监管"信息孤岛"具有体系的独立性、系统的防御性、组织的排他性以及形式的多样性等特征，监管主体之间信息关联性差，被监管主体间数据共享性差，金融监管信息资源分散且无法共享。伴随着"信息孤岛"形式日渐多样，金融监管面临新的挑战。

（4）监管时滞问题。这表现为金融监管当局对金融现象的认识，是否采取措施和采取何种措施，以及从采取措施到产生效果，都可能产生滞后现象。由于监管者不能够适时推出恰当的监管措施，也不能够及时纠正错误或不当的措施，金融监管的有效性也就值得怀疑。

（三）监管者的独特地位

作为监管制度的制定者和实施者，金融监管机关处于独特的地位，它们几乎不受来自市场的竞争和约束，也就没有改进监管效率的压力和动机，这必然会导致监管的低效率。而且，金融监管机关具有政府部门的科室结构，其运作机制和一般的政府部门也无大区别，极易导致监管者的官僚主义行为。

四、监管科技

2008 年美国次贷危机后，全球金融监管当局对金融机构的监管逐渐收紧，金融机构遵守监管法令的成本增加。为了满足监管要求，避免巨额罚款，金融机构引入科技手段，促进自身满足监管要求能力的提升。与此同时，面对金融科技带来的新的风险场景和风险特征，许多国家金融监管部门需要充分利用 IT 提高现有监管流程效率，对新金融产品、模式实现"穿透式管理"，确保这些金融科技业务的合规性，成为当前复杂金融环境下的监管新思路。毕马威（KPMG）的全球金融科技研究报告显示，近几年监管科技领域投资快速增长，2016—2017 年总共获得 9.94 亿美元的投资，完成 91 笔交易。截至 2021 年中，监管科技领域投资活动总共获得 66 亿美元的投资，完成 142 笔交易。

从字面上理解，"监管科技"是监管和科技的结合，普遍适用于如食品监管、互联网监管等各行政监管领域。由于金融业是少数几个纯数字领域之一，技术变革带来的冲击总是能早早地在金融领域产生影响，监管科技也不例外。2008 年美国次贷危机后，无论是监管机构还是金融企业，对获取更全面的数据、更有效处理海量金融数据的能力表现出前所未有的渴望，监管科技与金融业逐渐走向深度融合。因此，近几年来，在没有限定的场景和语境下，"监管科技"往往是指运用在金融领域的监管科技。关于监管科技的定义，国外金融监管当局、研究机构以及国际组织从不同角度对监管科技的内涵进行了描述和解释。英国金融行为监管局（FCA）将监管科技定义为"利用新技术促使达到监管合规要求"。国际金融协会（IIF）将监管科技描述为"利用新技术以高效和有效解决监管及合规要求"。Broeders 和 Prenio（2018）将监管科技定义为"监管机构使用创新技术去进行金融监管"。京东金融研究院在其报告《Suptech：监管科技在监管端的运用》中提出，监管科技（regtech）有两大分支——运用于监管端的监管科技（suptech，图 10–1）和运用于金融机构合规端的监管科技（comptech）。本书接下来提到的监管科技意为"为满足监管机构的监管需求和金融机构的监管及合规需求而采用的一系列新技术手段"。

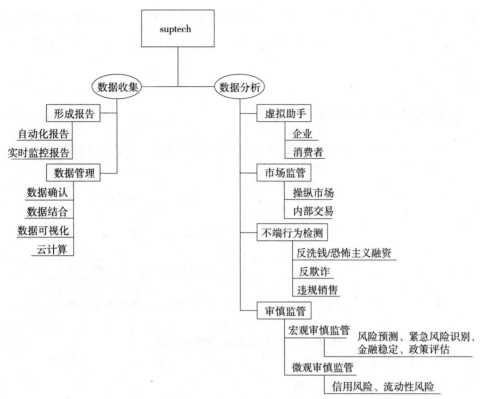

图 10-1 suptech 在监管端的应用

第二节 区块链赋能监管科技

监管科技领域经历了明显的迭代,由第一代以信息流管理为主要技术,已演化成第三代融合大数据和第四代叠加人工智能的技术。利用区块链系统内部搭建以大数据和云计算为核心的金融风险预警机制,实现金融风险的实时防范是近期监管科技的重要方向。

一、区块链与监管科技

为应对金融科技和监管压力,监管科技给金融机构和监管机构均提供了法律合规监管的新思路。区块链具有去中心化、无须事先信任、开放性和自治性等特征,其本身蕴含的实时动态在线、分布式总账本、全网广播等思想内核,使其天然地与金融高度契合,并且在金融监管、反洗钱、金融风险控制等细分领域有着突出的表现。区块链以"全息"化的结构连接所有节点的同时,各个节点都实时上链，并且一个节点的信息增删修改，需要全网超过 51% 的节点确认后在所有节点的区块包中进行修改。区块链的这种跨时空连接、全网记录和自信任机制，能够有效提高监管效率。

二、区块链在监管科技领域的应用

区块链在监管科技领域的应用主要包括以下四个方面，如图 10-2 所示。

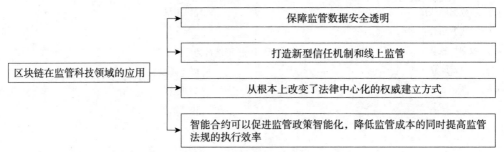

图 10-2　区块链在监管科技领域的应用

（一）保障监管数据安全透明

由于区块链的防欺诈和难以篡改、可回溯查看的优势，用区块链记账的金融机构数据和监管数据将更加安全透明。相比于传统金融监管要求金融机构上报一系列文件材料，需要进行烦琐复杂的会计和审计、尽职调查、出具法律意见书等程序，耗费大量的人力时间和财力成本，以区块链构建的监管科技平台可以实时存储企业数据和监管政策，企业定期把公司报告、财务报表等上链，也可以在区块链上进行信息披露和发布行业公告。一旦信息上链不可修改，可以有效减少实践中出现的财务造假、获取内幕信息的问题，监管机构可以及时得到真实数据，也可以随时进行查看和复核分析。

（二）打造新型信任机制和线上监管

区块链信任是基于算法、技术产生的，技术、算法乃至建立在数学问题基础上的奖励机制具有中立性和客观性，人们自然会相信其逻辑的自洽和真实性，这实现了信任的重构。金融行业是法律规则和监管密集型行业，在传统金融监管存在的问题中比较明显的就是监管者和被监管者之间缺乏信任，监管机构往往"一放就松，一管就死"，市场主体、金融科技初创企业钻监管漏洞，进行监管套利的现象较为常见。在二元金融体制下，地方金融监管部门和中央金融监管部门之间也缺乏良好的信任机制，中央的政策能否有效传导到地方，以及地方如何执行、执行的程度，都影响着监管政策作用的发挥。基于区块链监管平台的打造，有利于促进监管机构和被监管方在线上交流互动，及时沟通计划和动向，开展线上研讨、论证，增强金融监管生态中各方主体的信任。

（三）从根本上改变了法律中心化的权威建立方式

在传统的法律体系中，为防止合同当事方违约，在双方互不信任的情况下，法律和中立的第三方就会成为合同当事方的必然选择，因为法制的权威来自国家机器的中心权威，能够最大限度保障合同的履行和违约责任的追究。而区块链技术则试图打破这一格局，通过纯数学方法来建立非中心化的权威，通过技术背书而非中心化的法律模式来进行信用创造（即"算法式权威"）。交易中的互相信任在这一过程中转化为对整个系统的信任，转化为对整个区块链社区的信任。

（四）智能合约可以促进监管政策智能化，降低监管成本的同时提高监管法规的执行效率

以智能合约为代表的区块链2.0，将智能合约置于分布式结构的上层，用编程式的合约规制经济关系。智能合约也可以应用到行政规制的金融监管领域，通过假设条件、事实和结果三段论的逻辑结构来构建监管政策。首先，智能合约具有良好的兼容性和延展性，可以根据实际情况进行调整和迭代。因为底层框架是稳定不变的，在这个基础上修改逻辑层和应用层的代码，其成本将比监管层从无到有制定法律法规，以及增删修改现有法规的成本更低。由于在代码层和技术层作出的变动，对金融机构产生的直接效果更明显、约束力更强，通过底层合规和技术合规推动金融机构智能化调整并符合监管规范，可能是未来区块链智能合约发展的趋势之一。其次，由于智能合约降低了监管当局的政策法规成本，监管机构和监管科技企业将能根据金融机构的动态和风险情况，灵活调整监管阈值，以编程化、数字化的法规、部门规章以及算法代替制定成文的监管政策和文件，在智能化过程中促进动态合规，让监管科技和监管政策能够智能化应变、协同化调整。同时，以智能合约形式出现的区块链交易，则能够自动保障法律规则的实现和合规自动化，且过程公开透明，大大提高了法律规则的执行效率和公平性。2013年公开募资的以太坊项目，就是通过撰写编码合约程序，实现从订立到执行的全面自动化，将传统合约变成智能合约，消除了一部分传统合约的潜在纠纷。

第三节 区块链技术对金融监管的影响

虽然区块链技术日臻完善,但作为由自然人设计、执行与使用的系统,即使通过客观的代码来表达,其中嵌入的主观因素也在所难免。区块链易受自利、攻击和操纵行为的影响,构建于区块链技术基础之上的系统,同样需要法律规制界定其合法行为的范畴,这绝非单纯的计算机技术问题。区块链技术的应用,在促进金融创新发展的同时,也给金融监管带来多重挑战。且现行金融监管立法没有给予这种金融创新以明确的法律定位,使得区块链技术在金融领域的应用蕴含着法律风险。

一、区块链技术对金融监管的挑战

(一)监管主体不清

一般而言,数据保护责任主体包括数据控制主体和数据处理主体。区块链是分布式的共享账本网络,其去中心化的特征导致网络节点分散且可通过多种路径互相通信。换言之,在分布式的存储场景下,数据并不是存储在中心化的数据库中,而是分散存储在每一个节点上。数据主体将数据存储于区块之后,由系统随机选择矿工把区块链的数据通过哈希算法编入链中,且链上每个节点的账单都对新增节点进行同步更新,这就导致难以对网络节点进行直接管控。

从金融监管的角度来看,节点设立的一般性规则不明确,导致监管责任主体的分散。①在私有链中,因其本质属于一个法律主体控制,虽有多个节点但节点的设立与成员的法律关系相对比较单一,仍可容纳于现有金融监管体系之内。②在联盟链中,节点同样需要得到认证和许可。尤其是在跨境应用的联盟链中,联盟链的网络在不同国家和地区的主体间搭建,对于在其他国家和地区设立的节点进行监管涉及国际法中的法律适用问题。对于此种新型组织形式的法律责任主体,现有的金融监管规则难以直接适用。③在公有链中,监管责任主体的问题更为突出。对联盟链和私有链来说,一般可以通过设置一定的准入机制和中心化管理机制对交易数据的存储进行干预,数据控制主体和数据处理主体均相对明确。但公有区块链完全没有任何的节点准入限制,可谓几乎无任何责任主体,节点的监管难度最大。如加密货币市场的全球性决定了大多数交易所如今都还处于无监管状态。

（二）监管对象不明

传统法律中，单一的中央权威是法律权利和义务的承担者，反映在金融监管制度中则表现为监管对象明确，即各金融机构。但区块链技术的去中心化特征使监管对象发生变更，之前单一的中心权威被各分散的节点所代替。

区块链技术的应用可能导致传统金融机构无用武之地甚至完全被取而代之，间接导致金融监管对象的变更，即监管对象可能变更为诸如区块链技术应用的提出者和开发者；设计、实施及贡献区块链运行相关的开放式软件源代码及加密协议的软件开发者、节点操作者、私人密钥持有者、"钱包"服务提供商等。

（三）监管覆盖不足

区块链技术的兴起使传统金融监管的内容无法将其覆盖，尤其是新型的应用场景。典型体现是区块链技术下数字资产的监管问题，包括以太坊的数字代币、公有链的代码设计和代币设计等。对数字资产的监管则主要面临以下三大难点。

（1）数字资产的法律定性问题。数字资产一般作为价值激励的载体，其性质如何却无统一的定论。新加坡将数字资产分为"证券性代币"和"使用性代币"，其中证券性代币参照证券法的规定进行监管，而使用性代币则不必照此进行监管；美国则是依其判例法确定的"豪威测试"（Howey test）原则来判定某一具体代币是否属于证券。豪威测试是美国最高法院对豪威案的司法判例规则，"如果投资人在将资金投入一个联合投资企业时怀有从他人努力中获利的合理期待，那么该投资构成美国证券法上的投资协议。"若该代币属于证券，则按证券监管的法规纳入监管。我国则明确否认数字资产的货币属性，禁止金融和支付机构开展相关业务。

（2）数字资产的规范问题。这主要是指因为区块链技术的匿名特性所带来的数字资产匿名跨境流动产生的相关规范问题。这一特性容易被不法分子利用，使数字资产成为非法交易的工具，例如洗钱、恐怖主义融资、贩毒等。我国不承认其货币的属性原因之一即基于反洗钱的考虑。数字资产这一系列的规范问题都需监管制度作出回应，很显然，目前的监管内容还未将其纳入其中。

（3）数字资产的税收问题。对纯线上流动的数字资产是否要征税、如何征税等问题均未有定论。美国国家税务局（IRS）认定数字资产属于财产而非货币，因此需要征税，并依照资本增值税法进行监管。而我国还处于是否承认数字资产合法地位阶段，对税收问题尚未涉及。但很明显，随着数字资产体量的不断增大，税收是无法回避的问题。从国际通用规则来看，公有链的税务监管问题需要适应加密货币和加密资产会计核算的国际通用会计准则的出台。

（四）技术安全隐患

就区块链本身而言，其技术特征在一定程度上保证了链上数据的安全性。但是在现有的技术条件下，区块链技术本身依然存在着安全隐患。根据区块链的技术原理，区块链的安全隐患主要存在于以下几个方面。

（1）密码学是其底层技术，在区块链中的应用包含哈希值算法、数字签名、随机数等。如果这些底层技术存在漏洞，则会影响区块链的底层逻辑。虽然目前的密码学技术已经相对成熟，但存在安全隐患，例如采取绕过算法及利用其设计的方式，使加密算法失败。同时，加密信息传输过程中存在通信隐患。

（2）区块链参与者的交互依赖于其加密生成的密钥来操作，而目前量子计算等新技术会通过更快的计算威胁到非对称加密的安全性。

（3）数字化资产及其价值的存储存在安全风险。将资产实现数字化交易是区块链技术的特征优势之一，这也是区块链技术可以提升交易效率的重要原因。在区块链系统内，资产数字化只是一连串的字符串存储在介质中，因此现实资产的存在与否则完全取决于这一系列字符串是否丢失、损坏或者被篡改。虽然区块链技术在一定的技术条件下可以保证相关数字资产的存储安全，但是与传统的纸质媒介、人类记忆等方式相比，显然在线存储的安全隐患更大。

（4）虽然区块链技术具有不可篡改的特性，但是如果有群体能够掌握全网51%的算力，那么这个群体就有能力危及区块链的安全。参照"英国脱欧"事件，部分群众在未了解脱欧行为给英国带来的影响的情况下，进行随意的投票，结果引发剧烈的社会动荡。基于区块链匿名性特征，此类行为若转移到链上，或许会进一步加剧投票者的非理性程度，带来更深程度的影响。可见，在此背景下，如果将区块链技术大规模应用于金融领域，那么技术安全隐患问题不容忽视。

（五）消费者权益被侵害隐患

区块链技术的规模性、传导性和去中心化等特性，使得区块链金融中的消费者权益保护受到挑战，主要包括消费者的知情权、隐私权等。特别是在消费者隐私权保护方面，金融领域是消费者各种信息被泄露的高发区，在区块链金融领域同样存在这种状况，甚至在一定程度上会加剧消费者隐私权被侵害的风险。这主要是因为以下两点。

（1）公有链上所有参与的节点都能够看到交易数据，公众能够追踪数据痕迹，从而引发消费者隐私权被泄露的风险。

（2）在区块链去中心化的技术特性下，传统金融服务中介机构的作用将会被弱化。在传统金融领域，这些金融服务中介机构承担着识别风险和防范风险的职能，例如在证券市场中，证券公司为证券发行人提供上市辅导、承销、保荐服务，监督证券发行人真实、准确、完整披露信息并及时揭示投资风险，对投资者进行适当性管理等，起到了维护金融市场秩序的作用。而区块链技术为市场参与者的直接对接提供了技术基础，弱化了传统金融服务中介机构的识别风险和防范风险的职能，也弱化了传统金融服务中介机构维护金融市场秩序的作用，加剧了消费者的权益被侵害的风险。如受监管金融机构遵守反洗钱/了解客户规则的，是否应当要求加密货币服务提供商获取有关其客户及交易目的地的验证信息。

（六）诱发金融诈骗隐患

传统金融领域的欺诈现象在区块链金融中依然存在，甚至在某种程度上，区块链技术会被别有用心之人利用，成为非法集资、金融诈骗的手段。例如，2019年3月，郑州警方对"河南链鑫科技有限公司涉嫌集资诈骗案"立案侦查。诈骗团伙嫌疑人高某成立河南链鑫科技有限公司、AT交易所等多家公司，将购买的硬盘、主板、机箱贴标拼装成所谓"矿机"，对客户谎称投资购买"矿机"就可通过挖币、兑换、交易等方式获得高额回报。但当客户高价购买其"矿机"后，该公司以交易平台被黑客攻击为由，冻结客户兑换的虚拟币，通过后台操作阻止客户提现，非法占有客户资金。该案涉案资金高达13.6亿元，受害民众有7 000余人。

在我国，区块链技术曾被应用于首次代币发行（initial coin offering，ICO）领域。事实上，发行代币的行为是一种非法的公开融资行为，但由于缺乏政府的监管，发行代币方可以随意向公众募得虚拟货币，再通过各种交易平台将这种虚拟货币换成现实货币，然后就消失得无影无踪。如2017年深圳普银区块链集团有限公司利用区块链技术，发行了所谓"普银币"，3 000多人被骗，总涉案金额3.7亿元。

（七）法律定位模糊

区块链技术和金融的融合，其核心是金融本身，依然需要遵循国家的金融法律，金融监管部门也需要对其进行有效监管。但是，当前我国的金融立法没有对区块链金融创新进行明确定位，致使区块链金融在发展过程中面临巨大的法律风险，可能随时被停止交易或被定性为非法集资。例如围绕私人数字货币

（cryptocurrency）的流通及以主流私人货币为基础所进行的 ICO 等融资活动，由于缺乏监管约束、行业自律及透明度欠缺、信息不对称等原因，成为各种违法犯罪活动的温床，这无疑会对国家经济安全和社会秩序稳定造成极大威胁。区块链系统的不合法性涉及利用加密货币违法或通过黑客行为或类似手段窃取加密货币。问题的关键在于化名或匿名的私有去中心化货币会大大降低实施此类违法行为的难度，且行为人无须为此承担任何责任。目前在我国，ICO 被认定为非法集资。

二、区块链技术下金融监管的困境

（一）陈旧的监管技术

区块链技术的快速发展以及区块链技术与大数据、云计算、人工智能等技术应用的结合，导致金融科技风险更为复杂、传播速度更快、涉及面更广，例如基于区块链 1.0 技术引发的创新支付业务场景以及基于区块链 2.0 技术的以太坊将区块链的应用边界扩大到智能合约等新金融业态，对该类交易人的行为监管等传统监管模式显然不再适用。如 2016 年，阿根廷布宜诺斯艾利斯当局禁止信用卡公司处理网约车公司优步的交易，因该公司违反了地方法规。然而使用存储虚拟货币的 Xapo 借记卡进行交易能够规避上述禁令，并绕开金融监管，因 Xapo 的账户交易并不要求从本地网络连接传统支付平台。

如不使用区块链技术进行动态追踪、实时监管，将会导致风险积聚，形成系统性风险。比如，金融科技在互联网上产生大量数据，如何保护数据安全和个人隐私；数字货币与多个平台产生交流信息，如何保护远程通信的安全。

科技发展推动金融科技商业模式不断创新，原有的数据监管模型不能应对去中心化的欺诈行为，需要利用文本信息挖掘和区块链技术的动态监管来解决金融科技创新导致的技术性监管短板，2015 年股灾就说明监管机构缺乏对 HOMS 系统的监管技术和监管条件。

（二）滞后的治理理念

传统的金融监管理念无法有效应对区块链技术下的金融行为，使得金融监管面临困境。目前已有的监管模式包括规则监管和原则监管。

（1）规则监管。规则监管是指通过制定详细的监管规则，依据法律规则对金融业实施监管，监管的重点是金融业态的业务流程。但是金融科技在不断创新，新的金融模式不断出现，已有的监管规则很难覆盖所有的金融创新，大量的金融创新被排除在监管范围之外，出现监管空白和监管漏洞，这种轻经济实质、重法律形式的规则监管极易导致规则监管陷阱。

（2）原则监管。规则监管不能应对不断变化的金融科技创新，原则监管应运而生，原则监管将监管法律概括化、抽象化，扩大了监管者的自由裁量权和解释权，减少监管漏洞和监管空白，使监管目标更容易实现，提升了监管效率。但是原则监管产生内生性问题，原则监管会导致多重理解，产生理解偏误，企业向监管者提供自己的行为及变化，这很大程度上依靠企业的诚信，如果双方缺乏信任，原则监管的履行成本和监管成本较高。

现有针对区块链的监管措施呈现上层"一刀切"禁止和地方鼓励性为主这一"上严下宽"特征。这一特征的背后逻辑是风险防范，但过度强调风险反而会阻碍金融发展。由于监管主体不清、监管对象不明，双方信息不对称，现行的规则监管和原则监管很难满足对区块链技术的监管需要。

区块链技术在金融领域的应用涵盖供应链金融、贸易金融、征信、保险、证券等多个细分领域，这些应用虽涉及面广，但研发不深，很多应用场景还只是停留在试点阶段并未成熟。通常，监管机构往往在一事物发展成熟之时才谈监管。正是在这种"金融监管留白"理念的指导之下，针对金融领域区块链技术应用的监管还停留在鼓励号召阶段，对很多已有应用并未积极回应出台相应的具体监管措施。除了对数字货币和区块链信息服务出台了相应的监管措施外，对区块链技术在金融领域的其他应用诸如征信、保险、证券等均未匹配相应的监管措施，存在一定的缺漏。

（三）监管理论缺失

传统的监管理论是双峰理论，即审慎监管和行为监管。①审慎监管，主要包括微观审慎监管和宏观审慎监管，其中，微观审慎监管是指对单一金融机构的审慎监管，关注微观金融主体的信息披露和现金流，但是单一金融机构集体一致的行为，在金融同质化背景下，会带来风险叠加和共振，形成系统性风险，2008年爆发的全球经济危机表现得尤其明显。宏观审慎监管是指为了减少微观审慎监管可能导致的系统性风险，从金融市场整体层面进行监管制度设计。②行为监管，是指金融机构信息披露不充分，为了保护金融消费者利益，对金融机构失当行为进行的监管。

基于区块链的金融科技增大了资产端和资金端的规模，互联网金融的投融资低门槛，给社会大众提供投资理财便利，增加了资金端的数量，也为科技型小微企业融资提供便利，增加资产端数量。但是双峰监管理论的着力点是金融机构，是对金融机构的监管设计，只能监管资产端的风险，无法控制资金端风险，当金融风险爆发，资产端的风险会向投资者转移。

（四）立法和监管双脱节

（1）《中华人民共和国商业银行法》《民法典》《关于促进互联网金融健康发展的指导意见》等法律法规无法真正有效适用于区块链金融。没有明确对区块链金融进行定性，金融监管部门难以对区块链金融起到应有的监管作用。

（2）金融监管的主体尚不明确。2015年中国人民银行等部门发布的《关于促进互联网金融健康发展的指导意见》规定各部门按照各自职责进行监管，这种监管模式不仅造成各监管主体各自为战，还会增加监管真空、降低监管效率。

（3）监管部门对区块链技术的认识比较粗浅，尚不能清晰界定区块链金融各方参与者的权利和义务，无法充分保护市场参与者的权益。在此情况下，为避免难以掌控的金融风险，可能就会采取一律禁止的监管方式，不利于区块链金融的良性发展。

（4）在金融监管标准层面。当前金融监管部门对区块链技术在金融领域的应用缺乏统一的监管标准，监管能力较弱。

第四节　区块链金融监管的国际经验

一、德国的"差异化监管"

德国对区块链技术在金融领域的相关应用一直秉持开放态度，区块链金融监管也走在了世界前列。为了防止行业乱象，保护社会公众利益，德国正在逐渐规范区块链技术在金融领域的应用。德国联邦金融监管局指出，"作为一种技术，区块链技术的使用本身不受监管要求的限制。是否纳入监管范围取决于如何应用技术以及与之一起开展哪些活动"。2018年9月，德国联邦金融监管局发布了《关于区块链技术的监管报告》，报告强调了不会专门为区块链代币设立一套监管法规，而是按照区块链技术的应用特点和业务场景分为三类模式，采取差异化监管措施。

（一）支付型代币监管

支付型代币（payment tokens）是被用于购买商品或服务的一种支付手段，或者价值转移手段。其本身不具备价值，也不具备其他功能，仅作为支付手段，承担清算或结算的功能。由于其不属于电子货币，因此不适用德国《支付服务监管法》。但作为记账单位，适用德国《银行法》。2011年，德国联邦金融监管局正式将支付型代币作为一种记账单位，即归类于金融工具，纳入监管范畴，但不作为法定货币监管，其监管类似于外币监管。作为金融服务提供方，适用德国《反洗钱法》。德国《反洗钱法》第二条明确了反洗钱履行义务主体，其中包括德国《银行法》规定的金融工具提供方。

（二）证券型代币监管

证券型代币（security tokens）包括权益代币和其他资本投资代币，即首次代币发行。其持有者拥有对特定资产、权益和债务工具的所有权。该类代币会对投资人允诺未来公司收益或利润。因此，此类代币的功能类似于证券、债券或者金融衍生品。德国联邦金融监管局对证券型代币持保守态度，但目前并未予以禁止，且正在积极完善相关的监管法规。这主要体现在两个方面：一是发布监管指导意见；二是强化消费者权益保护。

（三）功能型代币监管

功能型代币（utility tokens）仅被应用于发行者自身的网络体系，具有相对封闭性，授予其用户通过基于区块链的基础设施使用数字产品或服务的权利。对于单一的功能型代币，例如，消费代币、产品应用类代币，其本质上均不具备金融属性。单一的功能型代币不属于金融工具，不纳入德国《银行法》《证券法》等法律的监管范畴，也不需要监管授权。但是如果发行的功能型代币同时承担了支付功能，此功能型代币可能会被认为是一种记账单位，那么应该作为一种金融工具，纳入德国《银行法》的监管范畴。

二、英国、新加坡、澳大利亚的"沙箱监管"

监管沙箱（regulatory sandbox）前身是英国的"创新中心"（innovation hub）。2015年3月，英国政府首次提出沙盒监管设想。同年11月，英国金融行为监管局率先发布了可行性报告之后，在英国政府的支持下为达成保护消费者利益和促进企业间有效竞争的目标，英国建立了金融监管沙箱制度。

"沙箱"一词系计算机用语，是指用于计算机安全领域的一种虚拟技术，是在受限的安全环境中运行应用程序，并通过限制授予应用程序的代码访问权限，为一些来源不可信、具备破坏力或无法判定程序意图的程序提供试验环境，因为有预设的安全隔离措施，一般不会构成对受保护的真实系统和数据的修改或安全影响。英国将沙箱理念引入金融监管领域，创造了"监管沙箱"的概念，为可能具有破坏性和众多风险的金融创新提供一个安全的测试环境和监管试验区，即监管沙箱提供一个不受当下金融监管体制监管的"安全港"。在这个微型的真实市场内，准入的公司可对自身的金融创新产品、服务和模式等进行试验，及时发现该金融创新产品或服务的缺陷与风险，继而寻求解决方案。同时，监管者也可通过此测试展开风险评估，决定是否允许该金融创新产品或服务正式进入市场推广，是否需要调整甚至改变金融监管规则。

2015年，FCA在《监管沙箱》(*Regulatory Sandbox*)报告中对此进行了详细介绍。金融科技中的监管沙箱是针对尚未正式投放到金融市场中的区块链金融产品，率先提出的"实验主义"监管的创新监管政策和机制，其底层逻辑是为了实现金融创新须允许一定范围的"破坏性创新"，旨在为金融科技企业测试创新型产品、服务、商业模式和发行机制而提供安全空间，要求企业能够在规定的时间和特定领域内完成一定的创新活动。企业进行创新活动的同时，接受监管部门的监管以及相关主体的检测，以确保风险被控制在一定范围内，不会给公众带来危害。这既能鼓励科技创新企业运用技术进行创新，也使其承受一定的压力，在经营合规与自我发展双重压力下实现企业的目标。

想要进入英国监管沙箱的初创公司需要向FCA提交申请并经FCA的审核，资格审查周期为三个月。FCA将申请进入沙箱的主体分为三类，给它们初步制订了相应的监管计划并授予不同的权限：第一类主体是未取得金融牌照的创新企业，其在进入沙箱后将获得FCA批准的"受限授权"，以便在合法状态下展开经营。如能满足监管部门的全部评估要求，则之前所受到的限制可被解除，继而获得正式的监管授权，得以在沙箱之外推广。而其中的一些初创企业，也可以在"沙箱保护伞"的作用下进一步减轻申请授权过程中的负担。第二类主体是已有金融牌照的Fintech公司，它们能够获得FCA为其量身定制的个性化指导，包括对相关规则的解释等。根据沙箱测试的进展情况，FCA可能会为其移除或者修改部分规则，并在符合一定条件的情况下为其发放"不强制执行函"。第三类主体是提供金融服务和业务平台的科技公司，与第二类主体的监管方案的执行方式基本相同。

FCA 的主要审核标准包括五条，见表 10-1。这五条标准构成了 FCA 运用沙箱监管的重要前提条件。

表 10-1　FCA 的主要审核标准及释义

审核标准	释义
是否在 FCA 监管范围内	创新活动应属于金融服务领域，直接接受 FCA 监管或者在受 FCA 监管的公司中开展
是否属于真正的创新	申请方案应具有原创性，申请企业的产品或服务应当是完全创新的，或与市场上已有产品存在较大差异
能否保护消费者权益	创新活动要能给消费者带来明显的收益前景，具备向客户补偿任何损失（包括投资损失）的能力。保护的内涵扩展到"消费者受益"等方面，主要为调低价格、提升服务质量、增强交易的互惠性、增强便利性、提高可得性、协助消费者鉴别和降低风险等
是否存在沙盒测试的必要	潜在原因主要为申请者除与 FCA 合作以外，难以通过其他途径达到测试目的
是否准备充分	应对沙盒规则有明确的了解、足够的资源投入，并在真实市场中以实际消费者为对象进行测试

沙箱监管是一种带有激励性质的包容性监管措施，FCA 认为测试活动没有突破法规要求、没有损害其监管目标时，可以发布无异议函，保留终止测试活动的权利，但声明将不对测试活动采取执法行动，以鼓励金融科技创新。提供区块链金融产品或服务的金融企业在能够确保金融消费者权益的基本前提下，按之前设定的完整的审批程序向 FCA 提交产品或服务申请，并取得有限授权后进入一个特定的测试区域，开始在适用范围内进行产品或服务测试。各国监管沙箱的运行流程大致相同，整个测试期一般为 3~12 个月，其基本运行流程如图 10-3 所示。

在英国的沙箱监管模式中，FCA 将对该测试过程进行全程监控，并对测试情况进行最终评估，判断是否能给予该区块链金融产品或服务正式的监管授权，令其投放到正式金融市场交易。该机制的特殊性在于监管机构为金融创新企业构建出一个安全无忧的测试空间，在进入前将获得一定程度的豁免权，从而确保其区块链金融产品或服务能完成全方位、全部层次的测试，为产品或服务的真正投放提供可靠的前期检测结果以供参考。

建立金融监管沙箱主要目的有两点：①能够使企业在进行测试活动过程中遇到问题时不会立即受到以往的监管规则的约束，在风险可控的前提下促进金融创

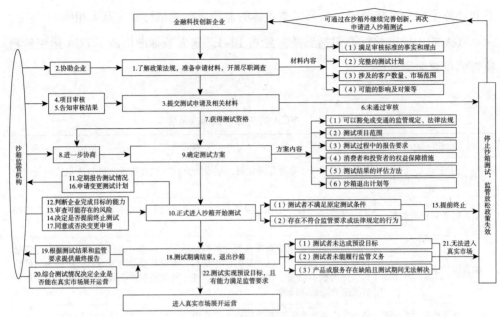

图 10-3 监管沙箱基本运行流程

新；②金融沙箱监管制度能够在对企业实施有效监管的条件下，同时确保企业和消费者获得应有的保障。自 2016 年以来，继英国建立沙箱监管模式后，新加坡、澳大利亚等多个国家立足自身金融发展现状，并结合科技创新发展的需要相继出台"监管沙盒指南"，以鼓励金融科技发展和金融创新，各国家沙箱基本情况对比见表 10-2。

表 10-2 各国家沙箱基本情况对比

项目	英国	新加坡	澳大利亚
建立日期	2016 年 5 月	2016 年 11 月	2016 年 12 月
沙箱模式	授权式沙箱、沙箱保护伞及虚拟沙箱	创新项目主导模式	牌照豁免模式、增强型沙箱监管模式
监管机构	英国金融行为监管局	新加坡金融管理局（MAS）	澳大利亚证券和投资委员会（ASIC）
监管依据	《金融科技监管沙盒指南》	MAS 于 2016 年 11 月发布的《金融科技监管沙盒指南》	ASIC 于 2016 年 12 月颁布的《监管指南 257》
主要技术基础	区块链、大数据、人工智能、移动支付	区块链、人工智能	区块链、大数据、人工智能

续表

项目	英国	新加坡	澳大利亚
测试主体	①第一类是未取得金融牌照的创新企业，其在进入沙箱后将获得FCA批准的"受限授权" ②第二类是已有金融牌照的Fintech公司，它们能够获得FCA为其量身定制的个性化指导 ③第三类是提供金融服务和业务平台的科技公司	申请主体类型的限制较少，主要通过对创新项目方案的审核实现参与者的准入	①第一类为提供金融服务的主体 ②第二类为开展信贷业务的主体 能够参与测试并获得许可证豁免的主体必须是未持牌的机构，或者是与其他持牌机构无合作关系的机构
审核重点	在FCA监管范围内；属于真正的创新；保护消费者权益；存在沙盒测试的必要；准备充分	与英国相似，但对于"创新"的评估标准更为严格，采取"填补空白"的评价标准；对于尚未经过评定、无创新性、无推广价值、无测试意义的四类技术，无法被准入监管沙盒	业务范围；暴露限额；客户人数；强调具备充分赔偿安排和争端解决机制
资格审核周期	3个月	21个工作日	14个自然日
消费者权益保障机制	将保护的内涵扩展到"消费者受益"等方面，主要表现为调低价格、提升服务质量、增强交易的互惠性、增强便利性、提高可得性、协助消费者鉴别和降低风险	应告知客户其金融服务或产品是在沙箱中运行的，披露相关关键风险并获得参与试行的客户认可；获批测试公司的相关信息将刊登在MAS的官方网站上，供客户查阅和下载	要求测试企业必须加入"专业赔偿保险"计划，保证至少100万澳元/案的保额，并将此种赔偿义务延续至沙箱测试期结束后的12个月
测试周期	6个月	期限具有弹性	一般为12个月，可申请延期至24个月
风险管理措施	在测试期即将结束时，如果还未获得许可证或延长期限救济，企业应该提前计划测试结束后的相关安排，如停止运行、停业赔偿	MAS认为或者测试公司在测试期结束时无法完全遵守相关的法规要求，或金融服务或产品在测试中发现漏洞且该缺陷在沙箱测试期内无法解决时，将会终止测试	沙箱测试期截止前的两个月内，企业要提交一份报告，内容涵盖客户相关统计数据信息，以帮助监管当局发现消费者面临的风险和问题
退出机制	测试期限满	测试期内无法完成可申请延期	测试期限满或提前申请，并支持延期

通过上述内容，可以看出各国家沙箱运行机制各有特色的同时，存在以下共同点。

（1）实施主体和监管依据明确。

（2）注重创新性。

（3）相对灵活的监管协调机制。

（4）以保护消费者利益为核心。

（5）结合测试者的创新能力与合规意愿进行准入筛选、流程监管、目标设定与成果审核，实现自我约束与外部强制相结合。

三、美国的穿透分析式监管

美国作为区块链活动的重要推动主体之一,一直是区块链和加密虚拟货币交易活动的主要参与国,是 ICO 最重要的目标市场。美国对区块链监管态度较为温和,在保证金融交易安全的前提下,积极鼓励区块链创新。在美国联邦层面,美国对加密数字货币的监管可谓九龙治水,其主要包括:美国司法部,美国财政部下属的金融执法网络等九个执法监管机构。其中,表现活跃起关键作用的主要是美国证券交易委员会(SEC)。

在杰伊·克莱顿(Jay Clayton)领导下的美国证券交易委员会决意以《1933 年证券法》和《1934 年证券交易法》为法源,成为美国加密数字货币监管机构中的执牛耳者。SEC 凭借其在传统证券市场监管中树立的权威和地位,仅仅通过现行适用的证券监管法规,而没有制定或者援引任何新的政策法规就实现了对加密数字货币的"有重点"监管。具体而言,有关涉及证券交易的加密数字货币交易主要在三个方面置于联邦证券法的规制之下。①涉及"证券"的交易受联邦证券法的调整,这无关涉事其中的加密数字货币是否为证券。②如果一项涉及加密数字货币的投资符合《1933 年证券法》或者《1934 年证券交易法》关于证券的定义,则这个投资行为应当由联邦证券法规制,无论牵涉其中的加密数字货币是否属于证券。③如果加密数字货币本身属于证券,则任何与之相关的交易将受联邦证券法的调整。

2018 年 11 月 16 日,SEC 的公司金融部、投资管理部和交易市场部三个部门联合发布了《关于数字资产证券发行和交易的声明》,逐步加强对区块链领域的监管,无论是以虚拟货币、代币还是其他名义开展的违法违规行为,SEC 都要进行穿透分析,判定其业务实质并依法采取监管措施。该声明多次强调"实质大于形式"的原则,指明如果数字资产被认定为证券,联邦证券法会适用于代币发行人、顾问、做市商、经纪商、对冲基金经理和交易所。换而言之,美国通过穿透式分析,将数字货币的发行纳入证券发行框架。美国国家税务局则针对区块链技术特征提出了关于虚拟货币的纳税方法,包括虚拟货币支付的计税方法、虚拟货币交易损益计税方法、挖矿所得虚拟货币计税方法等。

此外,SEC 多次在官方网站以科普形式加强对投资人的风险意识教育,并针对 ICO 的运营提出了两点要求,即注册要求和信息披露要求。SEC 承认 ICO 背后的技术手段可能给金融市场的融资提供有效手段，也认为ICO缺少监管，存在很高的欺诈和市场操纵风险，因此在其官网为投资者提供3R教育，即风险（risks）、奖励（rewards）和责任（responsibilities）。

第五节　中国区块链金融监管政策思考

目前，我国的金融监管在基于区块链的数字货币、数字资产领域呈高压态势。从行业监管和规范性发展方面来看，所涉内容包括数字货币、"监管沙箱"试点和数字货币风险提示。2020年数字货币被写入"十四五"规划，《中共中央关于制定国民经济和社会发展第十四个五年规划和二〇三五年远景目标的建议》中明确提出"稳妥推进数字货币研发"。此外，央行起草了《中华人民共和国中国人民银行法（修订草案征求意见稿）》（以下简称《征求意见稿》），并于2020年10月23日向社会公开征求意见。《征求意见稿》规定：人民币包括实物形式和数字形式，为发行数字货币提供法律依据；防范虚拟货币风险，明确任何单位和个人禁止制作和发售数字代币。中国互联网金融协会在2020年4月2日发布《关于参与境外虚拟货币交易平台投机炒作的风险提示》，提醒任何机构和个人都应严格遵守国家法律和监管规定，不参与虚拟货币交易活动及相关投机行为。

一、与时俱进：转变传统的金融监管理念

我国的区块链金融监管理念容易走向两个极端：①金融监管突出行政监管而忽视行业监管，对监管政策和法律的实施力度存在偏差，金融监管机构不能准确把握金融监管的方向，最终由于监管层层加码抑制区块链技术的应用。②在金融科技企业的产品和服务准入上，存在事前放任、事后规范滞后的监管状态。对于创新的风险无法作出科学合理的判断，交由市场直接检验再确定监管力度与监管方法。当风险发生时，金融监管机构疏于区块链技术应用创新业务的过程监管出现"监管留白"，导致其对风险认知不足，进而引发监管主体不清、适用法规不明等问题。与此同时，金融企业隐藏风险、监管套利行为也提高了金融监管成本，进一步模糊了监管机构对风险的认知，最终演变为"一刀切"式的监管决策。这种决策方式往往会产生两种结果：要么创新活动直接终止，要么创新主体无法继续此前的创新活动。当监管机构认清风险后，授权给具有公信力的机构再发展创

新业务，时间成本以及试错成本较高，且抑制了个体创新的意愿。同时，当该技术进入市场时，消费者出于此前对该类技术的认知而产生迟疑态度，增加了业务推广成本。

对于此类监管困境，可以参考美国"穿透式分析"的监管方式，加强事前监管，在业务建立时便对其进行分类，深究其落脚点，以实现监管主体及适用法规的初步认定。例如，借助大数据对已有的业务数据进行收集与分类，通过人工智能进行数据训练以达到具备一定准度识别业务类型，利用基于区块链 2.0 的智能合约技术实现对于创新业务的分类并且实现实时监控，通过对智能合约接口的编程建立预警机制的同时实现业务流程的可追溯，这样监管机构可以根据监管需要对业务数据进行审查。链上的每一个节点都能完整地保留链上数据，同时避免了因分业监管造成的"信息孤岛"问题。

有一点应该强调，以个人信息保护为例，个人信息保护的最终目的是促进数据的合理使用，而不是存在信息泄露的可能便终止创新业务的发展。对于业务的发展在充分保护个人信息的前提下，探索实现更加精确的数据确权、更加便捷的数据交易、更合理的数据使用，激发市场主体活力和科技创新能力。以区块链技术为例，在去中心化的模式下，相较于传统金融业务以具备较高公信力的金融机构作为中心实现数据的流转，区块链上的信息存在二次流转的问题。事实上，以金融机构为中心的传统业务模式同样存在类似风险，并且难以监控。此时，监管机构是否可以考虑通过向链上企业提供创新业务流程的方式，如服务是否提供基于智能合约执行给出的结果进行判断？这样在减少接触信息的第三者数量的情况下，对于一些程序化的业务实现自动化，似乎相较于传统业务模式更为安全高效。

二、实践出真知：重视实验性金融监管思维

区块链技术给金融监管带来诸多挑战，其中一个重要的原因便是缺少关于区块链运用在新的金融业务领域的运行模式、消费者保障能力、"破坏性创新"引起的风险、所要付出的监管成本等的经验。由于没有可以借鉴的经验，审核周期较长，创新项目"夭折"概率较高，抑制了可能带来较高收益的创新业务的发展，加剧监管者与被监管者之间的"对立"程度。另外，也有可能会因为缺乏对创新业务的认知导致监管宽松，最终引发较大的社会危害。如 P2P 项目由初期的快速发展到后来的频频"爆雷"，体现得尤为明显。

为此，监管机构应当采取相对灵活的监管协调机制，充分运用沙箱监管模式，在区块链技术创新产品和服务进入市场之前营造安全的测试空间。运用中应注重创新性的同时，放松监管、有限授权或者是豁免适用部分监管法律和监管政策，不断检验产品和服务风险，为金融监管体制改革探路。监管机构还应主动参与和监督金融科技创新的发展，与企业协商制订差异化的测试方案，主动邀请企业参与测试，对企业测试全程跟踪指导，采用"线上聊天室"对话、协商调整的方式，保证监管质量。同时，选择合适的客户参与创新产品和服务的测试，在实景环境中获得良好的消费体验，并能对测试数据及时反馈，提出创新方案的改进建议，不断促进产品和服务安全性和创新性，保障消费者权益。目前我国已经开始进行沙盒监管模式的应用，且形成了良好的开端，第二批被批准进入沙盒项目从征集到批准仅用了一个月的时间，从项目分布上来看多为发展较为成熟的技术。

三、温故而知新：基于穿透式分析进行分类监管

对于区块链创新应用的监管思路，世界各国（地区）已逐渐从"准入监管"向"行为监管"转变，诸如德国的"差异化监管"以及美国基于穿透式分析进行的分类监管，通过对技术在不同业务着力点上的应用进行分类监管。

美国对加密数字货币的监管没有断然另起炉灶，而是奉行实用主义原则，以现有成熟、细密而有效的监管法律框架为基础，这一点对我国的金融监管具有重要的启示意义。首先，我国应该进一步完善金融监管法规。其次，充分利用现有法规对如加密数字货币或其他数字资产进行监管，降低立法成本。最后，通过运用创新技术对市场变动进行监控，及时完善监管法规。

除此之外，应注意到智能合约的执行自动化不会像自动执行那样简单，将法律系统从合约程序中剔除，必定会带来巨大的潜在利益与风险。代码无法有效解释诸如"合理"或"最大努力"之类的术语，无论计算速度有多快，计算机终究难以取代人类。前期通过对于业务可实现程序化程度进行分层管理，将可程序化较高的业务通过智能合约的方式实现，采用差异化的监管方案，法律与"信任"并存。

【本章小结】

1. 金融监管是金融监督和金融管理的复合词。其一般性的基本原则包括：依法管理原则；合理适度竞争原则；自我约束和外部强制管理相结合原则；安全稳

定与经济效率相结合原则。

2. 本书的监管科技意为"为满足监管机构的监管需求和金融机构的监管及合规需求而采用的一系列新技术手段"。

3. 区块链保障监管数据安全透明、打造新型信任机制和线上监管、从根本上改变了法律中心化的权威建立方式，智能合约可以促进监管政策智能化，降低监管成本的同时提高监管法规的执行效率。

4. 区块链技术对金融监管的挑战包括：监管主体不清、监管对象不明、监管覆盖不足、技术安全隐患、消费者权益被侵害隐患、诱发金融诈骗隐患、法律定位模糊。

5. 区块链技术下金融监管的困境包括：陈旧的监管技术、滞后的治理理念、监管理论缺失、立法和监管双脱节。

6. 区块链金融监管的国际经验：德国按照区块链技术的应用特点和业务场景分为三类模式，采取差异化监管措施；英国、新加坡、澳大利亚通过建立"监管沙箱"为金融创新创造"安全空间"；美国通过穿透式分析立足于业务属性并通过法律进行区分，利用法律与教育并重的方式进行监管。

7. 中国区块链金融监管政策思考：应当与时俱进，转变传统的金融监管理念；重视实验性金融监管思维，利用沙箱监管模式对金融创新业务或服务进行测试，通过实践得到真实运行状况，并据此进行相应调整；应进一步完善金融监管法规；充分利用现有法规对如加密数字货币或其他数字资产进行监管，降低立法成本；通过运用创新技术对市场变动进行监控，及时完善监管法规；法律与"信任"并存。

【复习思考题】

1. 金融监管是什么？
2. 加入区块链的监管科技可以给金融监管困境带来哪些改善？
3. 区块链在金融业务中的应用给传统的金融监管带来了哪些挑战？
4. 面对在金融领域内快速发展的区块链技术，金融监管存在哪些问题？
5. 对于基于区块链的金融创新活动，世界各国（地区）是如何进行监管的？
6. 我国的金融监管政策应该作出怎样的调整？

第十一章 区块链金融实验

【学习目标】

1. 了解区块链技术的实现原理、应用模式及运营机制。
2. 熟悉区块链技术在不同金融领域的应用价值。
3. 掌握区块链技术在金融领域的创新方法和创新模式。

【能力目标】

1. 了解区块链金融创新的主要特点,培养学生从理论向实践转化的能力。
2. 熟悉区块链在金融领域中的应用风险,培养学生的思辨能力和风险控制能力。
3. 掌握区块链金融的基本应用和业务流程变革,培养学生在实践中发现问题与解决问题的能力。

> 本章通过抽象模拟"区块链技术"的实现原理、应用模式及运营机制,采取仿真模拟的实现方式诠释区块链的基本原理和金融应用。通过区块链建链、区块链钱包搭建、区块链票据融资、区块链跨境保理和区块链商业保险五个代表性实验,全方位展示区块链技术给金融行业与金融机构带来的巨大变革,通过知行合一,从而更好地理解区块链金融创新分析方法,领悟新技术带来的商业模式的创新与应用价值,培养学生的区块链思维能力与金融创新能力。

实验一　区块链建链

一、实验描述

（一）实验目的

掌握区块链搭建的整个流程，理解区块链搭建的实际意义；通过建链过程了解节点账户、节点公私钥、创世区块等是如何在区块链中生成的；理解区块链技术相关的计算机术语；形成数据底层流转思维、计算机执行思维、区块链技术应用思维。

（二）实验任务

本实验从计算机的视角来解读区块链，以百度超级链为建链原型，通过具体的建链流程操作，使学生了解区块链技术原理与相关概念知识。

01 创建节点目录
02 生成节点 node id
03 获取节点地址
04 统一节点 conf 配置
05 创建创世区块
06 运行节点
07 创建节点账号
08 验证节点间信息是否同步

（三）实验流程

区块链建链实验流程如图 11-1 所示。

二、实验操作

图 11-1　区块链建链实验流程

实验二　区块链钱包搭建

一、实验描述

（一）实验目的

掌握区块链钱包搭建的主要步骤，以及每个步骤涉及的区块链技术和该技术的作用；掌握区块链钱包的相关概念；熟悉区块链钱包的使用；了解智能合约的部署规则、交易 Hash 的作用和 Hash 的生成；掌握密码库文件的理念和作用；了解密码库文件的生成。

（二）实验任务

本实验中，学生通过搭建区块链钱包、部署智能合约以及区块链钱包的使用，从而深刻理解区块链的应用价值。

（三）实验流程

区块链钱包搭建实验流程如图11-2所示。

图 11-2　区块链钱包搭建实验流程

二、实验操作

实验三　区块链票据融资

一、实验描述

（一）实验目的

通过区块链票据融资实验过程掌握区块链在供应链金融中的应用，熟悉区块链技术在供应链金融应用中使用到的相关技术，了解传统供应链金融存在的行业痛点，领悟区块链金融创新模式。

（二）实验任务

本实验以金融票据融资案例为背景，使学生切实体验区块链在信用结算中的实际应用。学生从了解传统供应链金融的相关业务开始，分析行业存在的痛点并运用区块链技术解决相关问题。实验过程包括核心企业、一级供应商、二级供应商三类角色。实验包含中小企业办理申请银行贷款、商业承兑汇票贴现、商业承兑汇票质押和区块链应用体验四个实验模块。

（三）实验流程

区块链票据融资实验流程如图11-3所示。

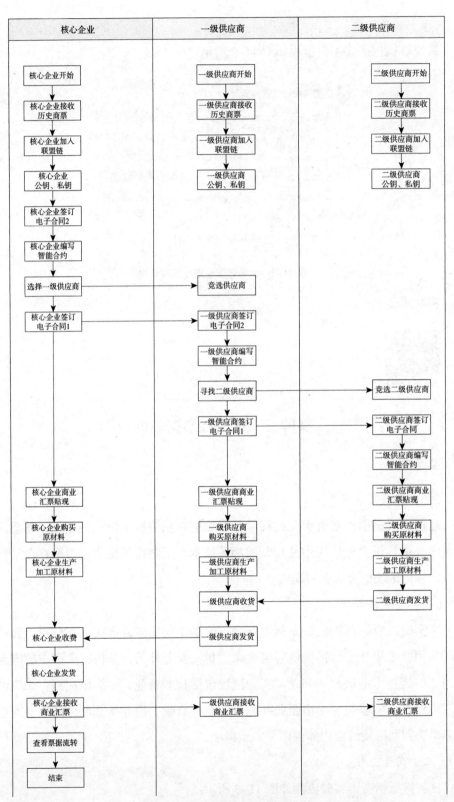

图 11-3　区块链票据融资实验流程

二、实验操作

实验四　区块链跨境保理

一、实验描述

（一）实验目的

掌握区块链在跨境电商保理业务中的应用；熟悉区块链技术在跨境电商保理业务应用中使用到的相关技术；了解传统跨境电商保理业务存在的行业痛点，领悟区块链与金融结合的创新架构模式。

（二）实验任务

本实验以金融行业跨境保理案例为背景，让学生体验区块链在跨境保理中的实际应用。从了解传统跨境电商保理业务开始，分析行业存在的痛点，运用区块链技术解决相关问题。实验包括境外电商、供应商、保理公司、境外支付四类角色，含传统保理业务、融资审核模式、保理业务多头借贷现象和区块链应用体验四个实验模块。

（三）实验流程

区块链跨境保理实验流程如图11-4所示。

二、实验操作

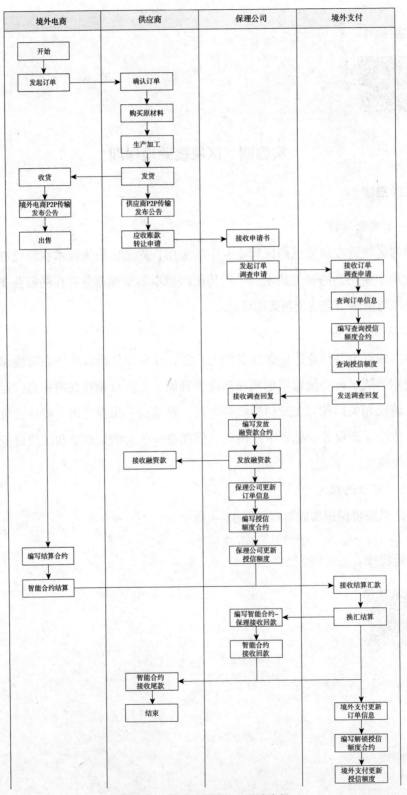

图 11-4　区块链跨境保理实验流程

实验五　区块链商业保险

一、实验描述

（一）实验目的

了解传统商业保险的相关业务以及存在的痛点；理解区块链在保险业务及保险监管中的应用价值；理解区块链在金融中的创新模式。

（二）实验任务

本实验以商业保险案例为背景，从了解传统商业保险业务入手，分析行业主要痛点，并运用区块链技术解决相关问题。实验主要包括投保人、保险经纪人、保险公司、监管机构四类角色。

（三）实验流程

区块链商业保险实验流程如图 11-5 所示。

二、实验操作

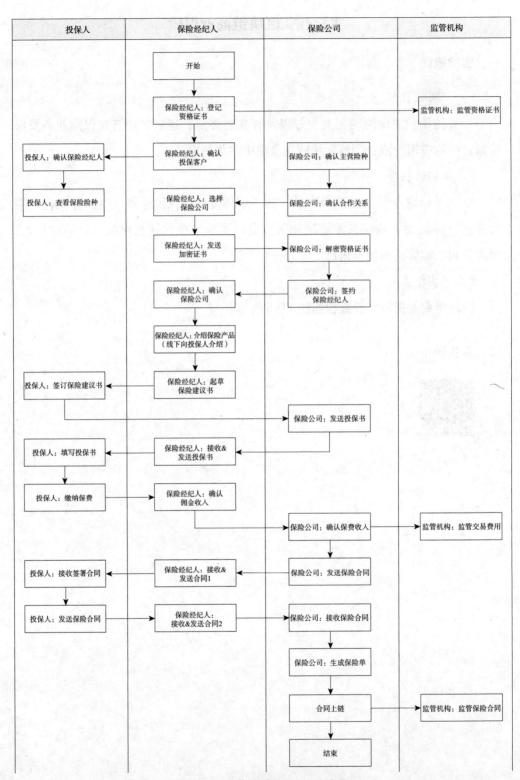

图 11-5 区块链商业保险实验流程

参考文献

[1] NAKAMOTO S. Bitcoin: a peer-to-peer electronic cash system[Z]. Decentralized business review, 2008: 21260.

[2] SWAN M. Blockchain: blueprint for a new economy[M]. Sebastopol, CA: O'Reilly Media, Inc., 2015.

[3] ANTONOPOULOS A M. Mastering Bitcoin: unlocking digital cryptocurrencies[M]. Sebastopol, CA: O'Reilly Media, Inc., 2014.

[4] WERBACH K. The blockchain and the new architecture of trust[M]. Cambridge, MA: Mit Press, 2018.

[5] 中国区块链技术和产业发展论坛. 中国区块链技术和应用发展白皮书 [R]. 2016.

[6] 中国人民银行. 金融分布式账本技术安全规范 [Z]. 2020.

[7] 张健. 区块链:定义未来金融与经济新格局 [M]. 北京:机械工业出版社, 2016.

[8] 邹均, 曹寅, 刘天喜. 区块链技术指南 [M]. 北京:机械工业出版社, 2016.

[9] 纳拉亚南, 等. 区块链:技术驱动金融 [M]. 林华, 等译. 北京:中信出版集团, 2016.

[10] 朱岩, 甘国华, 邓迪, 等. 区块链关键技术中的安全性研究 [J]. 信息安全研究, 2016, 2 (12): 1090-1097.

[11] 袁勇, 王飞跃. 区块链技术发展现状与展望 [J]. 自动化学报, 2016, 42 (4): 481-494.

[12] 翟建宏. 信息安全导论 [M]. 北京:科学出版社, 2011.

[13] 杨波. 现代密码学 [M]. 北京:清华大学出版社, 2007.

[14] 张焕国, 王张宜. 密码学引论 [M]. 武汉:武汉大学出版社, 2009.

[15] 斯廷森. 密码学原理与实践 [M]. 冯登国，等译. 北京：电子工业出版社，2009.

[16] 长铗，韩锋. 区块链：从数字货币到信用社会 [M]. 北京：中信出版集团，2016.

[17] 斯托林斯. 密码编码学与网络安全：原理与实践 [M]. 王张宜，译. 北京：电子工业出版社，2012.

[18] 谷利泽，郑世慧，杨义先. 现代密码学教程 [M]. 北京：北京邮电大学出版社，2015.

[19] 中国人民银行. 金融科技发展规划（2022—2025年）[Z]. 2021.

[20] 中国银保监会. 关于银行业保险业数字化转型的指导意见 [Z]. 2022.

[21] 德勤. 2021年全球区块链调查报告 [R]. 2021.

[22] 中国银保监会. 关于推动供应链金融服务实体经济的指导意见 [Z]. 2019.

[23] 姚国章. 金融科技原理与案例 [M]. 北京：北京大学出版社，2019.

[24] 张荣. 区块链金融：结构分析与前景展望 [J]. 南方金融，2017（2）：57-63.

[25] 付烁，徐海霞，李佩丽，等. 数字货币的匿名性研究 [J]. 计算机学报，2018，42（5）：1045-1062.

[26] 巴曙松，张岱晁，朱元倩. 全球数字货币的发展现状和趋势 [J]. 金融发展研究，2020（11）：3-9.

[27] 姚前. 数字货币的前世与今生 [J]. 中国法律评论，2018（6）：8.

[28] 姚前. Libra2.0与数字美元1.0 [N]. 第一财经日报，2020-05-12（A03）.

[29] 朱建明，高胜，段美姣. 区块链技术与应用 [M]. 北京：机械工业出版社，2017.

[30] 唐塔普斯科特，塔普斯科特. 区块链革命：比特币底层技术如何改变货币、商业和世界 [M]. 凯尔，孙铭，周沁园，译. 北京：中信出版集团，2016.

[31] 任安军. 运用区块链改造我国票据市场的思考 [J]. 南方金融，2016（3）：39-42.

[32] 刘懿中，刘建伟，张宗洋，等. 区块链共识机制研究综述 [J]. 密码学报，2019，6（4）：395-432.

[33] 中国人民银行数字货币研究所区块链课题组. 区块链技术的发展与管理 [J]. 中国金融，2020（4）：28-29.

[34] 中国人民银行数字人民币研发工作组. 中国数字人民币的研发进展白皮书 [R]. 2021.

[35] 巴赫. 区块链与信任新架构 [M]. 北京：机械工业出版社，2020.

[36] 王小燕，刘炳男，等. 数字货币原理与实验 [M]. 北京：清华大学出版社，2023.

[37] 边万莉. 央行数研所副所长狄刚谈区块链：技术上去中心化并不等于管理去中心化 [EB/OL].（2021-09-10）. https: //baijiahao.baidu.com/s?id=1710522688932713103&wfr=spider&for=pc.

[38] 中国互联网金融协会区块链研究工作组. 中国区块链金融应用与发展 [M]. 北京：中国金融出版社，2021.

[39] 赵华伟. 区块链金融 [M]. 北京：清华大学出版社，2020.

[40] 龚鸣. 区块链社会 [M]. 北京：中信出版集团，2016.

[41] 赵永新. 金融科技创新与监管 [M]. 北京：清华大学出版社，2021.

[42] 徐忠，孙国峰，姚前. 金融科技：发展趋势与监管 [M]. 北京：中国金融出版社，2017.

[43] 宫晓林，杨望，曲双石. 区块链的技术原理及其在金融领域的应用 [J]. 国际金融，2017（2）：46-54.

[44] 周国涛. 区块链技术在支付领域的优势与风险 [J]. 金融科技时代，2019（3）：65-68.

[45] 宋焱槟，王潮端. 区块链技术在当代支付领域的应用分析 [J]. 福建金融，2019（6）：58-64.

[46] 马理，朱硕. 区块链技术在支付结算领域的应用与风险 [J]. 金融评论，2018（4）：83-94.

[47] 中国人民银行上海总部课题组. 区块链技术对支付清算系统发展的影响及应用前景研究 [J]. 上海金融，2018（4）：37-41.

[48] 向迪雅，母筱彤. 分布式账簿在支付行业的应用 [J]. 金融会计，2016（9）：30-36.

[49] 卢强. 供应链金融 [M]. 北京：中国人民大学出版社，2022.

[50] 刘蓉，许玫. 供应链金融实务与案例分析 [M]. 北京：经济科学出版社，2021：196-200.

[51] 田江. 供应链金融 [M]. 北京：清华大学出版社，2021.

[52] 储雪俭，高博. 区块链驱动下的供应链金融创新研究 [J]. 金融发展研究，2018（8）：68-71.

[53] 杜军，韩子惠，焦媛媛. 互联网金融服务的盈利模式演化及实现路径研究：以京东供应链金融为例 [J]. 管理评论，2019，31（8）：277-294.

[54] 王丽华，刘玲. 区块链与供应链金融风险管理 [J]. 中国金融，2020（24）：54-55.

[55] 许荻迪. 区块链技术在供应链金融中的应用研究 [J]. 西南金融，2019（2）：74-82.

[56] 杨慧琴，孙磊，赵西超. 基于区块链技术的互信共赢型供应链信息平台构建 [J]. 科技进步与对策，2018，35（5）：21-31.

[57] 张夏恒. 基于区块链的供应链管理模式优化 [J]. 中国流通经济，2018，32（8）：42-50.

[58] 任博，邱国栋. 克服合谋掩饰行为：智能区块链与供应链金融运行机制耦合 [J]. 中国流通经济，2022，36（3）：35-47.

[59] 刘翔. 区块链技术赋能的供应链金融模式研究 [J]. 会计之友，2021（23）：148-152.

[60] 刘婷，李冬. 区块链技术与供应链金融深度融合发展体系研究 [J]. 金融发展研究，2021（11）：81-86.

[61] 王荣. 区块链赋能下供应链金融模式创新研究 [J]. 管理现代化，2021，41（5）：1-3.

[62] 李春花，董千里. 区块链赋能供应链金融模式创新机制研究 [J]. 商业经济研究，2021（18）：161-165.

[63] 王晓燕，师亚楠，史秀敏. 基于区块链的供应链应收账款融资模式探析 [J]. 财会通讯，2021（14）：141-144.

[64] 刘成浩. 区块链背景下的京东供应链金融案例分析 [D]. 保定：河北金融学院，2022.

[65] 周倩霞. 区块链技术在供应链金融中的应用研究 [D]. 广州：广州大学，2022.

[66] 李佳徽. 基于区块链的应收账款供应链金融系统的研究与实现 [D]. 青岛：青岛理工大学，2022.

[67] 李金书. 基于区块链的 G 银行供应链金融产品设计的探索性探究 [D]. 成都：电子科技大学，2022.

[68] 于海静. 互联网＋下商业银行供应链金融创新发展路径研究 [D]. 武汉：武汉理工大学，2018.

[69] 顾超成. 供应商资金约束下的不同供应链金融模式的研究 [D]. 武汉：华中科技大学，2017.

[70] 夏泰凤. 基于中小企业融资视角的供应链金融研究 [D]. 杭州：浙江大学，2011.

[71] 京东数科.2020 京东区块链技术实践白皮书 [EB/OL].（2020-10-30）. https://www.sohu.com/a/428258677_680938.

[72] 艾瑞咨询. 2023 年中国供应链金融数字化行业研究报告 [EB /OL].（2023-04-17）. https://www.iresearch.com.cn/Detail/report?id=4168&isfree=0.

[73] 艾瑞咨询. 2022 年中国供应链数字化升级行业研究报告 [EB/OL].（2022-05-23）. https://www.iresearch.com.cn/Detail/report?id=3998&isfree=0.

[74] 艾瑞咨询. 2021 年中国 IT 服务供应链数字化升级研究报告 [EB/OL].（2021-08-13）. https://www.iresearch.com.cn/Detail/report?id=3828&isfree=0.

[75] 段丹. 区块链视角下个人征信体系优化研究 [D]. 北京：商务部国际贸易经济合作研究院，2021.

[76] 管晓永，任捷. 区块链技术对传统征信的变革研究 [J]. 征信，2020，38（3）：45-50.

[77] 何平平，车云月. 大数据金融与征信 [M]. 北京：清华大学出版社，2017：201-227.

[78] 沈国云，侯宗辰. 互联网时代我国征信体系建设现状与路径研究 [J]. 商业经济，2022（7）：166-170.

[79] 李雪梅. 基于区块链的互联网金融征信体系建设研究 [J]. 征信，2021，39（9）：58-62.

[80] 时明生. 区块链技术在征信业的应用探析 [J]. 征信，2018，36（1）：20-24.

[81] 金兵兵. 区块链技术在企业征信领域的应用 [J]. 征信，2021，39（1）：54-58.

[82] 郝国强. 从人格信任到算法信任：区块链技术与社会信用体系建设研究 [J]. 南宁师范大学学报（哲学社会科学版），2020，41（1）：126-136.

[83] Cloudera. 2021 年保险行业数字化转型四大趋势 [J]. 软件和集成电路，2021（5）：14-15.

[84] 柏思萍. 区块链技术推动保险业创新路径研究 [J]. 中国集体经济，2021（15）：148-150.

[85] 丁萌萌. 区块链技术在保险行业的应用分析 [J]. 中国保险，2019（12）：27-31.

[86] 宫舒，周晓丽. 区块链技术下互联网保险发展研究 [J]. 保险职业学院学报，2019，33（3）：9-12.

[87] 郭金龙，董云云. 区块链技术在保险行业的应用与影响 [J]. 银行家，2018（5）：128-131.

[88] 韩雪. 我国区块链医疗保险发展研究：以"微信智慧医院3.0"为例 [D]. 沈阳：辽宁大学，2019.

[89] 李美华. 分布式身份认证在保险业区块链中的应用 [J]. 北方经贸，2020（3）：108-110.

[90] 汪剑明. 区块链在保险业的应用和展望 [J]. 团结，2020（1）：38-40.

[91] 王丽珍，张简荻. 区块链技术在保险领域的研究现状、应用趋势与问题分析 [J]. 保险理论与实践，2022（11）：15-40.

[92] 夏维华. 区块链技术赋能下保险创新发展模式探索：以相互保险为例 [J]. 财会月刊，2020（21）：128-133.

[93] 许闲. 区块链与保险创新：机制、前景与挑战 [J]. 保险研究，2017（5）：43-52.

[94] 杨骄. 区块链助推我国保险创新研究：以阳光保险公司推出"阳光贝"积分为例 [D]. 沈阳：辽宁大学，2018.

[95] 张志鹏，陈盛伟. 保险科技在农业保险领域的发展现状与应用前景分析 [J]. 对外经贸，2020（5）：107-110.

[96] 张志鹏. 保险科技在农业保险领域的应用研究 [D]. 泰安：山东农业大学，2020.

[97] 赵成军. 区块链技术应用下的保险风险监管 [J]. 中国保险，2021（10）：35-38.

[98] 赵成军. 区块链技术在保险业的应用探析 [J]. 金融纵横，2020（4）：96-100.

[99] 周雷，邱勋，王艳梅，等. 新时代保险科技赋能保险业高质量发展研究 [J]. 西南金融，2020（2）：57-67.

[100] 黄达，张杰. 金融学 [M]. 5 版. 北京：中国人民大学出版社，2020：730-734.

[101] 陈晓静. 区块链：金融应用及风险监管 [M]. 上海：上海财经大学出版社，2018：118-123.

[102] 高太光，王奎. 区块链技术应用与企业融资约束 [J]. 财会月刊，2023（10）：42-49.

[103] 周业军，邓若翰. 区块链应用于碳交易：应用优势、潜在挑战与制度应对 [J]. 西南金融，2023（3）：3-15.

[104] 秦勇，韩世鹏. 区块链金融监管的新维度研究：基于沙箱监管的本土化创新 [J]. 价格理论与实践，2021（8）：132-135.

[105] 孙友晋，王思轩. 数字金融的技术治理：风险、挑战与监管机制创新：以基于区块链的非中心结算体系为例 [J]. 电子政务，2020（11）：99-107.

[106] 李晓楠. 区块链金融基础设施监管研究 [J]. 金融监管研究，2020（10）：85-97.

[107] 马征. 基于区块链的供应链金融监管科技应用探析 [J]. 金融发展研究，2020（9）：82-85.

[108] 蔡维德，姜晓芳. 基于科技视角的区块链监管沙盒模式构建研究 [J]. 金融理论与实践，2020（8）：60-70.

[109] 巴曙松，魏巍，白海峰. 基于区块链的金融监管展望：从数据驱动走向嵌入式监管 [J]. 山东大学学报（哲学社会科学版），2020（4）：161-173.

[110] 顾功耘，邱燕飞. 区块链技术下金融监管的困境及法制进路 [J]. 南昌大学学报（人文社会科学版），2020（2）：56-66.

[111] 王艳梅，李泽昱. 区块链金融监管模式研究：问题、借鉴、路径 [J]. 商业研究，2020（3）：145-152.

[112] 吴桐. 区块链在货币金融领域的应用：理论和实证 [D]. 北京：中央财经大学，2020.

[113] 李晶. 运用"监管沙盒"促进区块链权力与权利的平衡：以数字货币为研究的逻辑起点 [J]. 上海政法学院学报（法治论丛），2020（1）：115-124.

[114] ABDEL-MONEM A，GAWAD A A，RASHAD H. Blockchain risk evaluation on enterprise systems using an intelligent MCDM based model[J]. Neutrosophic sets and systems，2020，38：368-382.

[115] 吴桐，李铭. 区块链金融监管与治理新维度 [J]. 财经科学，2019（11）：1-11.

[116] 张礼卿，吴桐. 区块链在金融领域的应用：理论依据、现实困境与破解策略 [J]. 改革，2019（12）：65-75.

[117] 盛安琪，耿献辉. 基于区块链技术的金融科技监管路径研究 [J]. 科学管理研究，2019，37（5）：157-161.

[118] 张玉智，潘玥. 新时代金融监管的信息孤岛及其破解思路研究 [J]. 情报科学，2019，37（9）：22-28.

[119] 杨，林少伟. 区块链监管："法律"与"自律"之争 [J]. 东方法学，2019（3）：121-136.

[120] 朱娟. 我国区块链金融的法律规制：基于智慧监管的视角 [J]. 法学，2018（11）：129-138.

[121] 何海锋，银丹妮，刘元兴. 监管科技（Suptech）：内涵、运用与发展趋势研究 [J]. 金融监管研究，2018（10）：65-79.

[122] 杨东. 区块链如何推动金融科技监管的变革 [J]. 人民论坛·学术前沿，2018（12）：51-60.

[123] 李文红，蒋则沈. 分布式账户、区块链和数字货币的发展与监管研究 [J]. 金融监管研究，2018（6）：1-12.

[124] 沈伟. 金融科技的去中心化和中心化的金融监管：金融创新的规制逻辑及分析维度 [J]. 现代法学，2018，40（3）：70-93.

[125] 吴燕妮. 金融科技前沿应用的法律挑战与监管：区块链和监管科技的视角 [J]. 大连理工大学学报（社会科学版），2018，39（3）：78-86.

[126] 陈志峰，钱如锦. 我国区块链金融监管机制探究：以构建"中国式沙箱监管"机制为制度进路 [J]. 上海金融，2018（1）：60-68.

[127] 杨慧琴，孙磊，赵西超. 基于区块链技术的互信共赢型供应链信息平台构建 [J]. 科技进步与对策，2018，35（5）：21-31.

[128] 中国人民银行广州分行课题组，李思敏. 中美金融科技发展的比较与启示 [J]. 南方金融，2017（5）：3-9.

[129] 刘瑜恒，周沙骑. 证券区块链的应用探索、问题挑战与监管对策 [J]. 金融监管研究，2017（4）：89-109.

[130] 黄锐. 金融区块链技术的监管研究 [J]. 学术论坛，2016，39（10）：53-59.

[131] 孙慧中. 金融监管中的监管信息与监管效率 [J]. 上海金融，2007（9）：48-50.

[132] 项卫星，傅立文. 金融监管中的信息与激励：对现代金融监管理论发展的一个综述 [J]. 国际金融研究，2005（4）：51-57.

[133] 徐明星，田颖，李霁月. 图说区块链 [M]. 北京：中信出版集团，2017.

[134] 狄刚. 区块链技术在数字票据场景的创新应用 [J]. 中国金融家，2018（5）：69-71.

教师服务

感谢您选用清华大学出版社的教材！为了更好地服务教学，我们为授课教师提供本书的教学辅助资源，以及本学科重点教材信息。请您扫码获取。

≫ 教辅获取

本书教辅资源，授课教师扫码获取

≫ 样书赠送

财政与金融类重点教材，教师扫码获取样书

 清华大学出版社

E-mail: tupfuwu@163.com
电话：010-83470332 / 83470142
地址：北京市海淀区双清路学研大厦 B 座 509

网址：https://www.tup.com.cn/
传真：8610-83470107
邮编：100084